# 신 판
## 생활 일본어

# 生活 日本語

인하대학교 일본문화학과

이 성 규

New Edition Japanese Alive

도서출판 시간의 물레

# 머리말

본『신판 생활일본어』는 일본어를 처음 대하는 학습자를 대상으로 하는, 이른바 초급 수준의 일본어를 강의 대상으로 삼고 있습니다. 그러나 (1)일본어를 여러 번 도전했다가 중도에서 하차한 사람, 혹은 (2)일본어를 공부하기는 했지만, 곳곳에 구멍이 있어, 제대로 활용하지 못하는 사람들과 같이 일본어를 이미 접한 경험이 있는 독자 - 자신의 일본어에 대해 자신이 없거나, 궁금증이 사라지지 않는, 그런 분 - 을 위해 가능한 한 접근성이 용이하도록 엮었습니다.

**『신판 생활일본어』에서는 일본어의 문자와 발음, 일본어의 기초부터 자세히 서술하고 있습니다. 이 책은 최소한의 어휘와 문법적 지식으로 언어의 경제성을 추구하며 일본어의 운용 능력을 극대화하는 방향으로 구성되어 있습니다.**

**본 서는『이성규 · 神谷健児(Kamiya Kenji)교수의 생활일본어 · 클릭 일본어 속으로 -』(현학사 발행, 2000년 초판 : 2005년 개정판)로 선보인 책의 일종의 업그레이드 버전입니다.**

동서는 국내 최초로 〈저서〉에 〈CD롬〉을 탑재하여 컴퓨터 학습이 가능하도록 만든, 그런 의미에서는 첨단 시스템으로 구성되어 있다고 자부할 수 있었습니다. 이 교재를 이용하여, OCU(열린 사이버 대학 : 가상대학)이라고 하는 국내 대학 연합체에서 인터넷으로 일본어 강의를 시작했습니다. 이후 인하대학교에서 독자적인 이러닝시스템이 구축된 연후 〈CD롬〉에 기초한 원격강의가 시작되었습니다. 그 이후 2013년에는 동영상 촬영에 기반을 둔 외국어 교육이 정착되어 1차적인 수정을 했고, 금번 2017년 7월에는 다시금 재개발에 들어가 학습자의 변화된 니즈에 부응하여 이전의 다소 복잡하고 다양한 콘텐츠로 구성되어 있던 강의록을 심도가 있고 외연은 넓으면서도 단순한 체제로 대폭 수정했습니다. 그 이유는 초급 단계의 일본어 교육에서 지나치게 망라적인 지식의 나열은 오히려 학습자의 부담이 될 수 있다고 판단했기 때문입니다.

지난 17년 동안 다양한 수강생들의 다종다양한 질의를 받고, 답변을 하다 보니, 어떻게 하면 일본어를 가능하면 쉽고 접근성이 용이하게 강의할 수 있을 것인지 고민하게 되었습니다. 짧지 않은 교육 경력 동안, 대학 강단, KBS 일본어 강좌, 기업체 강의, 공무원 교육 등 나름대로 여러 방면의 교육을 담당해 보았고, 초급에서 고급까지의 전문 교재도 적지 않게 집필해 보았습니다만, 아직도 제가 해결해야 할 과제가 산적해 있다는 것을 절감하고 있습니다.

그런 의미에서 이 『신판 생활일본어』는 그간의 제반 문제점을 해결하는 시발점으로서의 의의를 지니고 있습니다. 그러나 모든 학문 분야가 그렇듯이 이 책에서 미처 다루지 못한 내용, 미진한 부분은 여전히 향후 과제로 남습니다. 앞으로도 지속적으로 내용과 체제를 수정, 보완해 나갈 생각입니다.

1 **『신판 생활일본어』에서는 문장체 언어에 기초한 독해 위주의 본문을 탈피하여, 생생한 일본어 회화체 언어를 중심으로 일본어를 현실세계의 다양한 상황에 맞게 자연스럽게 학습할 수 있도록 엮었습니다. 그리고 어휘와 문법 그리고 문형을 체계적으로 제시하여 처음 일본어를 접하는 학습자도 부담 없이 학습할 수 있게 구성했습니다.**

---

2 **이 책은 각 과가 [기본문형][학습내용], [회화 본문][어휘풀이], [중요어구해설], [문형연습]과 같이 구성되어 있어 기본적으로 반복 학습을 통해 외우는 것이 아니라 익숙해지도록 하는 데에 주안점을 두었습니다.**

---

〈1〉 **먼저 각 과에서 학습할 주요 내용을 [기본문형]과 [학습내용]에 제시해 두었습니다.**

〈2〉 **[회화 본문]은 강독 위주의 독해문이 아니라 시나리오식 회화문으로 구성하되, 장소를 대학 교내에서 일반 사회로 설정하여, 현장 대응 능력을 제고하도록 했습니다. 이에 학습자 제위께서는 본인을 회화문의 주인공으로 상정하고 상황과 문맥에 맞게 면학에 힘쓰기 바랍니다.**

〈3〉 **[회화 본문]에 나오는 신출 어휘나 주요 문법상항은 [어휘풀이]에 정리해 두었으니 이를 참조하여 [회화본문]의 내용을 음미하기 바랍니다.**

〈4〉 **[중요어구해설]에서는 기술적 타당성을 유지하기 위해 본문에서 다룬 문법사항을 가능한 한 평이하고 체계적으로 설명하고 그에 관련된 어휘와 예문도 적절하게 추가해 두었습니다. 단어와 예문이 많다고 해서 [중요어구해설]에서 다루고 있는 것을 한꺼번에 전부 소화하라는 의미는 아닙니다. 어디까지나 반복학습을 위한 장치이니 만큼 어휘나 예문을 잊어도 전혀 개의치 마십시오. 망각되는 것이 아니라 뇌리에 각인되며 잠재화되는 것입니다. 반복해서 연습하는 과정에서 일견 사라진 것으로 생각되는 것이 다시 현재화될 것입니다.**

〈5〉 **[문형연습]에서는 [기본문형][회화본문]을 통해 습득한 내용을 반복 학습할 수 있도록, 다른 한편으로는 어휘의 공백을 메우기 위해 새로운 어휘와 다양한 예문을 제시하고 있습니다. 요컨대 외국어 학습에 있어서는 잠재화되는 것을 두려워하거나 어렵다고 물러서지 말고 적극적으로 정면 돌파하는 자세가 간요(肝要)합니다.**

마지막으로 노파심에서 말씀드립니다. 시중에는 아직도 「1개월/2개월/3개월/6개월 완성 일본어」 등등의 문구로 무장된 무시무시한 교재가 난무하고 그에 기초한 교육과정이 여전히 성행하고 있습니다. 거두절미하고 그런 식으로 단기간에 완성할 수 있는 교재와 교육 과정이 있다고 한다면, 일본어 때문에 고생해 본 경험이 있는 분들과 이 책의 저자는 정상적인 인간이 아니라는 결론에 도달합니다. 언뜻 보기에 첩경으로 보이는 길에는 항상 함정이 도사리고 있습니다. 급하게 빨리 가려는 조바심을 버리고 [언어는 습관이다]라는 말을 염두에 두고 본 『신판 생활일본어』를 통해 여러분의 일본어의 지평을 넓혀 가시기 바랍니다.

*2017년 8월*

*인하대학교 일본언어문화학과* ***이성규***

# Contents

## 머리말

○심화학습○

## ❶ 일본어의 문자

**현대일본어**의 **표기 수단**으로는 한국어의 한글에 해당하는
**「히라가나(ひらがな : 平仮名 : hiragana)」**와
**「가타카나(カタカナ : 片仮名 : katakana)」**, 그리고
**「한자(漢字)」**가 사용되고 있으며, 특수한 경우에 한해 **로마자**가 사용되고 있다.
**「히라가나(ひらがな)」**와 **「가타카나(カタカナ)」**는 모두 한자에서 유래된 문자로 한글과 달리 음절(音節)을 단위로 하는 **음절문자(音節文字)**이다.
즉, **한국어의 한글**은 예를 들어 「한글」의 **「한」**은 **「ㅎ+아+ㄴ」**와 같은 식으로 나눌 수 있으나, **일본어의 「가나(かな : 仮名)」**는 문자 하나가 하나의 음을 나타내고 있어, 예를 들어 **「かな」**의 **「か」**는 **「か」** 이하로는 분석할 수 없다. 따라서 **일본어의 「かな」**를 언어학적으로 표기하고자 할 경우에는, **[か : ka]**와 같이 **로마자**를 원용해서 나타낸다.

☆ *먼저 「히라가나」를 외우고, 그 다음 「가타카나」를 익히도록 합시다.*
☆ *눈으로 보고 쓰지만 말고, 실제 소리를 내며 공부하면 자연히 친숙해집니다.*

### [1] 히라가나(ひらがな : 平仮名 : hiragana)

**「히라가나(ひらがな : 平仮名)」**는 한자의 초서체에서 따온 것으로, 현대일본어를 표기할 때는 기본적으로 **「ひらがな」**와 **「한자(漢字)」**를 섞어 쓰는 것이 원칙이다.

### [2] 가타카나(カタカナ : 片仮名 : katakana)

**「가타카나(カタカナ : 片仮名)」**는 한자의 획의 일부를 따거나, 변형한 것으로 현대일본어에서는 ①**외래어 표기**, ②**외국의 인명이나 지명**, ③**의성어 · 의태어의 표기**, ④**동 · 식물명**, ⑤**전보문**, **또는** ⑥**어감을 강조**할 때 쓴다.

이렇게 보면, 「히라가나」는 주(主)이고 「가타카나」는 종(従)이라고 생각해서 등한시하기 쉬운데, 「가타카나」는 「히라가나」의 부속물이 아니다. 특히 현대일본어는 외래어를 적극적으로 수용하고 있어, **전문 용어**는 말할 것도 없고, **강조 효과를 극대화**하기 위해 **상품**, **상호**나 **광고**에도 많이 사용되고 있는 등, 그 사용 비중이 높아지고 있으니 빠른 시일 내에 익혀야 한다.

## [3] 한자(漢字 : かんじ : kanji)

한자는 한반도를 거쳐 일본에 전해졌다는 설이 가장 유력한데, 일본은 한국이나 중국과는 다른 독특한 방식으로 한자를 사용하고 있다.

**한자**에는 **음(音, 소리)**과 **훈(訓, 뜻)**이 있어, 예를 들어 우리가 **『天』**이라는 글자를 **『(하늘) 천』**과 같이 읽으면, **『하늘』**은 뜻으로 **『訓』**에 해당하고, **『천』**은 소리로 **『音』**에 해당한다.

그런데, 한국이나 중국에서는 한자를 읽을 때는 음(音)만을 사용하는데, 일본에서는 음(音)과 훈(訓) 양쪽을 모두 이용하고 있다. 예를 들어 「山」의 경우,

**한국**에서는 **『(뫼) 산』**이라고 음으로만 읽는데,

**일본**에서는 **『san : さん』**과 같이 음으로도 읽고,

**『yama : やま』**와 같이 훈으로도 읽는다.

**일본어**는 음절 구조가 단순하고, 표기에 있어서도 「띄어쓰기」를 하지 않는다. 이러한 점에서 일본에서 한자의 음(音)과 훈(訓)을 모두 사용하는 것은 **표어(表語) 기능**을 높이기 위해 안출된 것으로 해석된다.

## [4] 오십음도(五十音図 : ごじゅうおんず : gojuuonzu)

『오십음도(五十音図)』는 일종의 **자모표(字母表)**로서, 일본어의 문자인 「かな(仮名)」를 일정한 순서로 **『5자(字) 10행(行)』**으로 나열한 것이다. 세로로 배열한 것을 **『행(行)』**이라고 하고, 각 행의 첫 글자를 따서 「あ(a)行, か(ka)行, さ(sa)行…」이라고 부른다. 가로로 배열한 것은 **『단(段)』**이라고 하며 이 경우도 첫 글자를 따서 「あ(a)段・い(i)段・う(u)段・え(e)段・お(o)段」이라고 부른다.

「오십음도」에는 일본어의 기본적인 음절만 제시되어 있는데, 여기에 **「탁음(濁音：だくおん：dakuon)」**과 **「반탁음(半濁音：はんだくおん：handakuon)」**, 그리고 **「요음(拗音：ようおん：youon)」**을 첨가하면 다음과 같다.

### [4-1] ひらがな(平仮名：hiragana)

#### (1) 청음(清音：せいおん：seion)

段

| あ a | か ka | さ sa | た ta | na は | は ha | ま ma | や ya | ら ra | わ wa | ん N |
|---|---|---|---|---|---|---|---|---|---|---|
| い i | き ki | し si | ち chi | に ni | ひ hi | み mi |  | り ri |  |  |
| う u | く ku | す su | つ tsu | ぬ nu | ふ hu | む mu | ゆ yu | る ru |  |  |
| え e | け ke | せ se | て te | ね ne | へ he | め me |  | れ re |  |  |
| お o | こ ko | そ so | と to | の no | ほ ho | も mo | よ yo | ろ ro | を wo |  |

行

*☆ 각 문자 밑의 로마자는 표기 수단에 불과하며, 실제 음성을 나타내는 발음 기호는 아니다. 따라서 실제로 일본어의 발음을 읽힐 때는 로마자 표기를 따라 해서는 안 된다.*

(2) 탁음(濁音：だくおん：dakuon)·반탁음(半濁音：はんだくおん：handakuon)

| | | | | |
|---|---|---|---|---|
| が<br>ga | ざ<br>za | だ<br>da | ば<br>ba | ぱ<br>pa |
| ぎ<br>gi | じ<br>ji | ぢ<br>ji | び<br>bi | ぴ<br>pi |
| ぐ<br>gu | ず<br>zu | づ<br>zu | ぶ<br>bu | ぷ<br>pu |
| げ<br>ge | ぜ<br>ze | で<br>de | べ<br>be | ぺ<br>pe |
| ご<br>go | ぞ<br>zo | ど<br>do | ぼ<br>bo | ぽ<br>po |

(3) 요음(拗音：ようおん：youon)

| | | | | | | | | | | |
|---|---|---|---|---|---|---|---|---|---|---|
| きゃ<br>kya | しゃ<br>sya | ちゃ<br>cha | にゃ<br>nya | ひゃ<br>hya | みゃ<br>mya | りゃ<br>rya | ぎゃ<br>gya | じゃ<br>zya | びゃ<br>bya | ぴゃ<br>pya |
| きゅ<br>kyu | しゅ<br>syu | ちゅ<br>chu | にゅ<br>nyu | ひゅ<br>hyu | みゅ<br>myu | りゅ<br>ryu | ぎゅ<br>gyu | じゅ<br>zyu | びゅ<br>byu | ぴゅ<br>pyu |
| きょ<br>kyo | しょ<br>syo | ちょ<br>cho | にょ<br>nyo | ひょ<br>hyo | みょ<br>myo | りょ<br>ryo | ぎょ<br>gyo | じょ<br>zyo | びょ<br>byo | ぴょ<br>pyo |

## [4-2] カタカナ(片仮名 : katakana)

### (1) 청음(清音 : せいおん : seion)

段

| ア<br>a | カ<br>ka | サ<br>sa | タ<br>ta | ナ<br>na | ハ<br>ha | マ<br>ma | ヤ<br>ya | ラ<br>ra | ワ<br>wa | ン<br>N |
|---|---|---|---|---|---|---|---|---|---|---|
| イ<br>i | キ<br>ki | シ<br>si | チ<br>chi | ニ<br>ni | ヒ<br>hi | ミ<br>mi | | リ<br>ri | | |
| ウ<br>u | ク<br>ku | ス<br>su | ツ<br>tsu | ヌ<br>nu | フ<br>hu | ム<br>mu | ユ<br>yu | ル<br>ru | | |
| エ<br>e | ケ<br>ke | セ<br>se | テ<br>te | ネ<br>ne | ヘ<br>he | メ<br>me | | レ<br>re | | |
| オ<br>o | コ<br>ko | ソ<br>so | ト<br>to | ノ<br>no | ホ<br>ho | モ<br>mo | ヨ<br>yo | ロ<br>ro | ヲ<br>wo | |

行

(2) 탁음(濁音 : だくおん : dakuon) · 반탁음(半濁音 : はんだくおん : handakuon)

| ガ ga | ザ za | ダ da | バ ba | パ pa |
|---|---|---|---|---|
| ギ gi | ジ ji | ヂ ji | ビ bi | ピ pi |
| グ gu | ズ zu | ヅ zu | ブ bu | プ pu |
| ゲ ge | ゼ ze | デ de | ベ be | ペ pe |
| ゴ go | ゾ zo | ド do | ボ bo | ポ po |

(3) 요음(拗音 : ようおん : youon)

| キャ kya | シャ sya | チャ cha | ニャ nya | ヒャ hya | ミャ mya | リャ rya | ギャ gya | ジャ zya | ビャ bya | ピャ pya |
|---|---|---|---|---|---|---|---|---|---|---|
| キュ kyu | シュ syu | チュ chu | ニュ nyu | ヒュ hyu | ミュ myu | リュ ryu | ギュ gyu | ジュ zyu | ビュ byu | ピュ pyu |
| キョ kyo | ショ syo | チョ cho | ニョ nyo | ヒョ hyo | ミョ myo | リョ ryo | ギョ gyo | ジョ zyo | ビョ byo | ピョ pyo |

## ② 일본어의 발음

**일본어 발음**을 설명하는 데 있어서는 통상「일본어의 이런 발음은 한국어의 어디에 해당한다」라는 방식을 취하고 있는데, 이것은 어디까지나 편의적인 설명에 지나지 않는다.

**일본어와 한국어의 음운체계(音韻体系)**, 특히 **자음(子音)의 발음**에 있어서는 근본적인 차이가 있다. **한국어의 자음**은 예를 들어,

> **[달]의 [ㄷ]은 [예사소리, 평음(平音)**, 무기음(無気音)] ·
> **[딸]의 [따]는 [된소리, 경음(硬音), 농음(濃音)**] ·
> **[탈]의 [ㅌ]는 [거센소리, 격음(激音)**, 유기음(有気音)]

과 같은 대립을 이루고 있는데

**일본어의 자음은**

> [**か:ka]의 자음은** [무성음(無声音)] ·
> [**が:ga]의 자음은** [유성음(有声音)]

의 대립을 이루고 있다.

따라서 한국어와 일본어 발음의 **유사성**보다는 어느 점에서 차이가 있는지, 그 **상위점**에 관심을 가지고 발음연습을 해야 한다.

### [1] 청음(清音 : せいおん : seion)

#### [1-1] 모음(母音 : ぼいん : boin)

**「あ行」**(모음)

| あ | い | う | え | お |
|---|---|---|---|---|
| [a] | [i] | [ɯ] | [e] | [o] |

일본어의 기본 모음은 5개로 한국어의 9개에 비해 간단하다.

**①「あ」,「い」,「お」: 한국어의 「아」,「이」,「오」와 거의 비슷하다.**

**☆[주의]☆**

**②「う」:「う」는 한국어의 「우」와 다르다.**

**한국어의 「우」**나 영어의 「u」는 **입술을 둥글게 해서 내는 소리(원순모음 : 円唇母音)**이지만, **일본어의 「う」**는 **입술을 앞으로 내밀지 않고 약간 벌린 채 내는 소리(평순모음 : 平唇母音)**이다.

**③「え」: 한국어의 「에」에 가깝게 발음한다.**

[발음연습]

[例] 愛(あい):사랑 石(いし):돌 魚(うお):생선, 물고기 駅(えき):역 おい:남자 조카

☆[참고]☆

[발음연습]에 나오는 단어는 지금 외울 필요가 없습니다. 부담감을 가지지 말고 편하게 발음을 듣고 익히도록 합시다.

## 「や行」·「わ行」(반모음)

| や | ゆ | よ | わ | を |
|---|---|---|---|---|
| [ya] | [yu] | [yo] | [wa] | [o] |

명칭은 **[반모음]**이지만, 실제로는 **하나의 독립된 모음**으로 이해해야 한다.

**「や」,「ゆ」,「よ」**는 각각 **한국어의 「야」,「유」,「요」**에 가깝다.

**☆주의☆**

**한국어의 「야」,「유」,「요」는 이중모음으로 길게 소리가 나지만, 일본어의 「や」,「ゆ」,「よ」는 다른 모음과 마찬가지로 각각 1음절이니, 한국어 식으로 이중 모음이 되지 않도록 발음한다.** 특히 어두(語頭)에 오는 「や」,「ゆ」,「よ」는 긴장감을 수반하며 발음하지 않으면 한국어 발음 습관으로 인하여 2음절이 되니 각별히 유의한다.

[발음연습]

[例] 山(やま):산　雪(ゆき):눈　夜(よる):밤

　　わたし:나　わたしを:나를

[1-2] 자음(子音 : しいん : shiin)

## 「か行」

| か | き | く | け | こ |
|---|---|---|---|---|
| [ka] | [ki] | [ku] | [ke] | [ko] |

**「か行」의 자음**은 **어두(語頭)**에서는 한국어의 **「ㄱ」**과 **「ㅋ」의 중간 소리**인데 **「ㅋ」**보다 약하게 발음하면 된다. **어중(語中)이나 어말(語末)**에서는 한국어의 된소리인 **「ㄲ」**에 가깝게 발음한다.

[발음연습]

● 어두(語頭)

[例] 顔(かお):얼굴　菊(きく):국화　草(くさ):풀

　　景色(けしき):경치　声(こえ):목소리

● 어중(語中)·어말(語末)

[例] 医科(いか):의과　柿(かき):감　行く(いく):가다

　　池(いけ):연못　過去(かこ):과거

## 「さ行」

| さ | し | す | せ | そ |
|---|---|---|---|---|
| [sa] | [ʃi] | [su] | [se] | [so] |

**「さ行」의 자음은 「사, 시, 스, 세, 소」**와 같이 발음한다.

①**「し」**는 **한국어 「시」**보다 강하게 발음한다.

②**「す」**가 **어말(語末)**에 오는 경우에는 **모음이 무성화(無声化 : むせいか)**되어 [su→s]로 되는 경우가 많다.

[발음연습]

[例] 酒(さけ):술　塩(しお):소금　寿司(すし):초밥·椅子(いす): 의자
汗(あせ):땀　嘘(うそ):거짓

## 「た行」

| た | ち | つ | て | と |
|---|---|---|---|---|
| [ta] | [tʃi] | [tsu] | [te] | [to] |

①**「た」「て」「と」**:**어두**에서는 한국어의 「ㄷ」과 「ㅌ」의 중간 소리로 **한국어의 「ㅌ」**보다 약하게 발음하고, **어중이나 어말**에서는 **「ㄸ」**에 가깝게 발음된다.

②**「ち」**:**어두**에서는 **한국어의 「치」**보다 약하게 발음하고, **어중이나 어말에서**는 **「찌」**에 가깝게 발음한다.

③**「つ」**:한국어에 없는 소리로 자칫하면 「쓰」나 「쯔」로 발음하기 쉬우니 각별한 주의를 요한다. 혀끝을 윗잇몸의 뒷부분에 가볍게 붙였다 떼어내며 **한국어의 「츠」**보다 약하게 발음한다.

[발음연습]

●어두

[例] 滝(たき):폭포　地下(ちか):지하　机(つくえ):책상
手(て):손　年(とし):해

●어중 · 어말

[例] 肩(かた):어깨　家(うち):집　靴(くつ):신발
相手(あいて):상대　絲(いと):실

## 「な行」

| な | に | ぬ | ね | の |
|---|---|---|---|---|
| [na] | [ni] | [nu] | [ne] | [no] |

**「な行」의 자음은 한국어의 초성「ㄴ」**과 같다.

[발음연습]

[例] 夏(なつ):여름　西(にし):서쪽　主(ぬし):주인

猫(ねこ):고양이　角(つの):뿔

## 「は行」

| は | ひ | ふ | へ | ほ |
|---|---|---|---|---|
| [ha] | [çi] | [ɸu] | [he] | [ho] |

①**「は」「へ」「ほ」**:**성문(声門)마찰음(摩擦音)**으로 **한국어「ㅎ」**과 같다.

②**「ひ」**:**경구개(硬口蓋)마찰음(摩擦音)**으로 구개음화된 음인데, **한국어의 「히」**보다 힘을 준다.

③**「ふ」**:**「ふ」의 자음**은「は」「へ」「ほ」나「ひ」의 자음과는 달리 **양순(両唇)마찰음(摩擦音)**으로 촛불을 끄는 듯한 기분으로 발음한다.

[발음연습]

[例] 箸(はし):젓가락　人(ひと):사람　船(ふね):배

部屋(へや):방　星(ほし):별

## 「ま行」

| ま | み | む | め | も |
|---|---|---|---|---|
| [ma] | [mi] | [mu] | [me] | [mo] |

**「ま行」의 자음은 한국어 초성「ㅁ」**과 같다.

[발음연습]

[例] 町(まち):마을 店(みせ):가게 娘(むすめ):딸

雨(あめ):비 雲(くも):구름

## 「ら行」

| ら | り | る | れ | ろ |
|---|---|---|---|---|
| [ra] | [ri] | [ru] | [re] | [ro] |

**「ら行」의 자음은 [ɺ](치경측면탄음:歯茎側面弾音)**으로 **영어의 [r]**과는 다른 음(音)이지만, 일본어에서는 양자의 구별이 없으므로 **[r]**로 나타내도 무방하다.

[발음연습]

[例] 空(そら):하늘 鳥(とり):새 猿(さる):원숭이

これ:이것 六(ろく):여섯

## [2] 탁음(濁音 : だくおん : dakuon)

일본어의 **[탁음(濁音 : だくおん : dakuon)]**은 현대 음성학 용어로는 **유성음(有声音)**을 가리킨다.

**[유성음(有声音 : ゆうせいおん)]**이란 성대 진동을 수반하는 소리를 의미한다.
앞에서 배운 **청음(清音 : せいおん)** 중에서도 ①**모음**「あ行」, ②**반모음**「や行」③**「な行」,「ま行」 등의 자음**은 **유성음**이지만, 이들 유성음은 쌍을 이루는 **[무성음(無声音 : むせいおん)]**이 없다.

이에 대해 **「か行」·「さ行」·「た行」의 [두자음(頭子音)]**은 짝을 이루는 **[유성음]**, 즉, **「が行」·「ざ行」·「だ行」**이 있는데 이를 일본어에서는 전통적으로 **[탁음(濁音 : だくおん)]**이라고 한다. 그리고 **「ば行」의 자음**도 **유성음**으로 음운론적으로는 **[반탁음(半濁音)]**인 **「ぱ行」**과 대립을 이룬다.

<table>
<tr><td rowspan="4">무 성 음<br>(無声音)</td><td>청음(清音)</td><td>「か行」</td><td>「が行」</td><td>탁음(濁音)</td><td rowspan="4">유 성 음<br>(有声音)</td></tr>
<tr><td>청음(清音)</td><td>「さ行」</td><td>「ざ行」</td><td>탁음(濁音)</td></tr>
<tr><td>청음(清音)</td><td>「た行」</td><td>「だ行」</td><td>탁음(濁音)</td></tr>
<tr><td>반탁음(半濁音)</td><td>「ぱ行」</td><td>「ば行」</td><td>탁음(濁音)</td></tr>
</table>

**☆주의☆**

**유성음(有声音)**인 **[탁음(濁音:だくおん, dakuon)] 「が行」·「ざ行」·「だ行」·「ば行」은 한국어에 존재하지 않는 음**이다. 따라서 「が行」·「ざ行」·「だ行」·「ば行」을 정확히 발음하기 위해서는 상당한 연습과 노력이 필요하다. 따라서 단숨에 익힌다는 생각을 하지 말고 지속적으로 반복해서 연습하는 것이 중요하다.

**☆[참고]☆**

탁음은 유성음이기 때문에 〈성대의 진동〉을 수반해서 발음한다. 이를 위해서는 해당 자음을 발음할 때 목 한가운데에 손가락을 대고 성대 진동 여부를 느끼면서 연습한다.

### 「が行」

| が | ぎ | ぐ | げ | ご |
|---|---|---|---|---|
| [ga/ŋa] | [gi/ŋi] | [gu/ŋu] | [ge/ŋe] | [go/ŋo] |

①「が行」의 자음은 영어의 [g]와 같은데, 성대의 진동을 수반하기 때문에 한국어에 존재하지 않는 음이다. **「が行」이 어두**에 올 때는, **한국어의 「가, 기, 구, 게, 고」** 앞에 짧게 **「으」**를 넣고 발음한다.

②**「일본의 도쿄(東京：とうきょう)방언**에서는 **어중이나 어말의 「が行」**을 **[ŋ]**으로 발음하는 경향이 있었으나, 최근에는 지역 구분 없이 어두에서와 마찬가지로 **[g]**로 발음하는 변화가 일어나고 있다.

[발음연습]

● 어두

[例] 外国(がいこく):외국 議会(ぎかい):의회 具体(ぐたい):구체

月末(げつまつ):월말 五分(ごふん):5분

● 어중 · 어말

[例] 鏡(かがみ):거울 釘(くぎ):못 入り口(いりぐち):입구

髭(ひげ):수염 孫(まご):손자

## 「ざ行」

| ざ | じ | ず | ぜ | ぞ |
|---|---|---|---|---|
| [dza] | [ʤi] | [dzu] | [dze] | [dzo] |

①「ざ行」의 자음도 한국어에 존재하지 않는 유성음이다.

②**「ざ」**·**「ぜ」**·**「ぞ」**는 [ʤa]·[ʤe]·[ʤo]로 발음하기 쉬운데,

**「さ」**·**「せ」**·**「そ」**의 **조음**(調音) **위치에서 성대를 진동시켜 발음한다.**

③**「じ」**는 **한국어의 「지」** 앞에 짧게 모음 **「으」**를 넣고 발음한다.

④**「ず」**는 원래는 [zu]이었는데, **「だ行」**의 **「づ」**와 합류되어 현재는 **[dzu]**로 발음된다.

**「つ」의 조음 위치**에서 성대를 진동시킨다.

[발음연습]

[例] 膝(ひざ):무릎 虹(にじ):무지개 地図(ちず):지도

風(かぜ):바람 謎(なぞ):수수께끼

## 「だ行」

| だ | ぢ | づ | で | ど |
|---|---|---|---|---|
| [da] | [ʤi] | [dzu] | [de] | [do] |

①「だ」·「で」·「ど」의 자음도 한국어에 존재하지 않는 유성음이다.

**「だ」·「で」·「ど」의 자음은 영어의** [d]와 같은데,「が行」과 마찬가지로 **한국어의「다」·「데」·「도」 앞에 짧게「으」를 넣어 성대를 진동시켜** 발음하도록 연습한다.

②**「ぢ」·「づ」**는 원래 **「ざ行」의「じ」·「ず」**와 별개 음이었으나 현재는 **「じ」·「ず」**에 합류되어 동일한 발음이 되었고, 글자도 특수한 경우를 제외하고는 쓰지 않는다.

[발음연습]

[例] 誰(だれ) : 누구 筆(ふで) : 붓 泥(どろ) : 진흙

## 「ば行」

| ば | び | ぶ | べ | ぼ |
|---|---|---|---|---|
| [ba] | [bi] | [bu] | [be] | [bo] |

「ば行」의 자음도 한국어에 존재하지 않는 유성음이다.「が行」·「ざ行」·「だ行」의 경우와 마찬가지로, 성대를 진동시켜 발음하는데, **한국어의「바」·「비」·「부」·「베」·「보」** 앞에 짧게 **「으」**를 넣는 식으로 발음한다.

**「ば行」**과 대립하는 무성음으로는 **「ぱ行」**이 있다.

[발음연습]

[例] 馬鹿(ばか) : 바보 首(くび) : 목 豚(ぶた) : 돼지
壁(かべ) : 벽 壺(つぼ) : 항아리

## [3] 반탁음(半濁音 : はんだくおん : handakuon)

**반탁음**이란 용어는 생소하지만, **「ぱ行」의 자음**은 언어학 용어로는 **「か行」·「さ行」·「た行」**과 마찬가지로 **무성음(無声音 : むせいおん)**이다.

「ぱ行」

| ぱ | ぴ | ぷ | ぺ | ぽ |
|---|---|---|---|---|
| [pa] | [pi] | [pu] | [pe] | [po] |

①**「ぱ行」의 자음**은 **무성음(無声音:むせいおん)**으로 유성음인 **「ば行」**의 자음과 음운론적으로 대립을 이룬다.**「ぱ行」의 자음**은 **영어의** [p]와 **한국어「ㅍ」**의 중간 소리인데 **한국어의「ㅍ」보다 약하게 발음한다.**

②**「ぱ行」의 어두에 오는 단어**는 일부 의성어나 의태어와 같은 **음상징어**를 제외하고는 거의 대부분이 **외래어**이다.

[발음연습]

●어두

[例] パパ:아빠 ピアノ:피아노 プロ:프로

ペダル:페달 ポスター:포스터

●어중 · 어말

[例] ぱらぱら:펄펄 ぴりぴり:얼얼 ぷかぷか:둥실둥실

ぺたぺた:철썩철썩 ぽかぽか:따끈따끈

## [4] 요음(拗音 : ようおん : youon)

**「요음」**은 **「い段」의 각 자음**(子音)에 **반모음「や · ゆ · よ」**를 **「ゃ · ゅ · ょ」**와 같이 작게 써서 나타낸 것이다.

한국어 식 발음으로는 이중모음이지만, **일본어의「요음」**은 그 전체가 1음절이기 때문에, 특히 어두에 오는 경우에는 긴장감을 수반하면서 발음하지 않으면, 한국어 발음 습관으로 인하여, 장음화(長音化)되기 쉬우니 주의를 요한다.

[「い段」+「ゃ」・「ゅ」・「ょ」]

| 「き+や・ゆ・よ」 | きゃ(kya) | きゅ(kyu) | きょ(kyo) |
|---|---|---|---|
| 「し+や・ゆ・よ」 | しゃ(sya/sha) | しゅ(syu/shu) | しょ(syo/sho) |
| 「ち+や・ゆ・よ」 | ちゃ(tya/cha) | ちゅ(tyu/chu) | ちょ(tyo/cho) |
| 「に+や・ゆ・よ」 | にゃ(nya) | にゅ(nyu) | にょ(nyo) |
| 「ひ+や・ゆ・よ」 | ひゃ(hya) | ひゅ(hyu) | ひょ(hyo) |
| 「み+や・ゆ・よ」 | みゃ(mya) | みゅ(myu) | みょ(myo) |
| 「り+や・ゆ・よ」 | りゃ(rya) | りゅ(ryu) | りょ(ryo) |
| 「ぎ+や・ゆ・よ」 | ぎゃ(gya) | ぎゅ(gyu) | ぎょ(gyo) |
| 「じ+や・ゆ・よ」 | じゃ(zya/ja) | じゅ(zyu/ju) | じょ(zyo/jo) |
| 「び+や・ゆ・よ」 | びゃ(bya) | びゅ(byu) | びょ(byo) |
| 「ぴ+や・ゆ・よ」 | ぴゃ(pya) | ぴゅ(pyu) | ぴょ(pyo) |

[4-2] [「い段」+ゃ]

[발음연습]

[例] 客(きゃく):손님 逆(ぎゃく):거꾸로 邪魔(じゃま):방해

お茶(ちゃ):차 百(ひゃく):100

[4-3] [「い段」+ゅ]

[발음연습]

[例] 種類(しゅるい):종류 真珠(しんじゅ):진주

[4-4] [「い段」+ょ]

[발음연습]

[例] 距離(きょり):거리 食事(しょくじ):식사 女子(じょし):여자

## [5] 특수음절

**일본어**는 기본적으로 **『자음(子音)+모음(母音)』**과 같은 **개음절(開音節)** 구조를 하고 있어서, 원칙적으로 자음은 모음 뒤에 오지 않는다. 그런데, 일본어에는 단독으로 쓰이지 못하고, 어두에 나타나지 않는 **특수 음절**이 있다.

**『발음(撥音:はつおん):hatsuon』**인 **『ん』**과

**『촉음(促音:そくおん):sokuon』**인 **『っ』**는 모음 뒤에서 마치 한국어의 받침과 같은 역할을 한다.

그러나 이들 특수 음절은 **①한국어의 받침과는 달리 음절로서 독립되어 있기 때문에, ②발음할 때에는 반드시 1음절(한 박자) 길이를 유지**해 주어야 한다. 따라서 처음에는 한국어의 받침보다 길게 발음하도록 연습한다.

### [5-1]발음(撥音:はつおん:hatsuon)

**『ん』**은 **①그 자체가 정해진 음가(音価)가 없고, ②뒤에 오는 자음, 즉 후속 자음에 따라 [m]·[n]·[ŋ]·[N]으로 발음되는데,** 이것은 자연스러운 발음을 위한 변화이니 어떤 경우에 어느 음가로 나타나는지 일일이 외울 필요는 없다.

☆**[참고]**☆

**『ん』**는 한국어의 [ㅁ]·[ㄴ]·[ㅇ]·[「ㄴ」과 「ㅇ」의 중간 소리]에 상당하는데, 가장 중요한 것은 한국어 받침과 달리, 그 자체가 1음절(1박자) 길이를 가지고 있으니, 충분히 길이를 유지해야 한다는 점이다. 따라서 처음에는 한국어의 받침보다 길게 발음하도록 한다. 다시 말하면, **『ん』 부분에서 일단 멈추고 다음 발음으로 넘어가도록 연습한다.**

[발음연습]

[例] 新聞(しんぶん):신문　散歩(さんぽ):산책

案内(あんない):안내　漢字(かんじ):한자

金貨(きんか):금화　金庫(きんこ):금고

日本(にほん):일본　店員(てんいん):점원

[5-2]촉음(促音:そくおん:sokuon)

**촉음은 『つ』를 『っ』와 같이 다른 글자 뒤에 작게 써서 나타내는데,** 외래어를 제외하고는 원칙적으로 「탁음」 앞에는 오지 않는다.

**『っ』**도 **『ん』**과 마찬가지로 **①그 자체가 정해진 음가(音価)가 없고, ②뒤에 오는 자음, 즉, 후속 자음에 따라 [k]·[s]·[t]·[p]로 발음되는데,** 이것은 음성적 환경에 의해 결정되는 것이니 만큼, 어떤 경우에 어느 음가로 발음되는지 일일이 신경 쓸 필요는 없다.

**☆[참고]☆**

**촉음 『っ』**은 한국어의 [ㄱ]·[ㅅ]·[ㄷ]·[ㅂ]에 상당하는데, 가장 중요한 것은 한국어 받침과 달리, 그 자체가 1박자 길이를 가지고 있으니, 1음절(1박자) 길이를 유지하지 않으면, [혀 짧은 소리]가 된다는 점이다. 따라서 처음에는 **한국어의 받침보다 길게 발음한다고 생각하고, 「っ」 부분에서 일단 숨을 멈추고 다음 발음**으로 넘어가도록 연습한다.

[발음연습]

[例] 一回(いっかい):일회 学校(がっこう):학교
一切(いっさい):일체 雑誌(ざっし):잡지
一体(いったい):도대체 切手(きって):우표
一杯(いっぱい):한 잔 切符(きっぷ):표

[5-3]장음(長音:ちょうおん:chyouon)

일본어의 **『장음(長音:ちょうおん)』**은 **『발음(撥音:はつおん)』**과 **『촉음(促音:そくおん)』**과 마찬가지로 **1음절의 길이**를 가지고 있고, **단어의 의미를 변별시켜 주는** 중요한 기능을 하고 있으니 발음에 주의한다.

「장음」은
[あ단(段)+あ]
[い단(段)+い]

[う단(段)＋う]

[え단(段)＋え·い]

[お단(段)＋う] (**「お」로 고정된 단어를 제외하고는**)

와 같이 표기한다.

**☆주의☆**

**「가타카나(カタカナ)」 표기**에서는 **장음**은 모음을 쓰지 않고 **「ー」**로 표기하게 되어 있다.

**☆[참고]☆**

일본어 장음의 특징을 이해하기 위해서는 다음과 같이 **[장음] 단어와 그렇지 않은 단어를 비교하면 알 수 있다.**

①「あ段 장음(長音)」

[발음연습]

[例] おかあさん(お母さん)：어머니

おばあさん(お祖母さん)：할머니 cf. おばさん(叔母さん)：작은 어머니

②「い段 장음(長音)」

[발음연습]

[例] いいえ：아니오 cf. いえ(家)：집

おじいさん(お祖父さん)：할아버지 cf. おじさん(叔父さん)：작은 아버지

③「う段 장음(長音)」

[발음연습]

[例] くうき(空気)：공기 cf. くき(茎) 줄기

④「え段 장음(長音)」

[발음연습]

[例] おねえさん(お姉さん):누나 / 언니 えいご(英語 ; eigo, e:go):영어

⑤「お段 장음(長音)」

[발음연습]

[例] そうこ(倉庫):창고 cf. そこ(底):바닥

とおり(通り):길 cf. とり(鳥):새

## 3 일본어의 표기

### [1] かなづかい(仮名遣い : kanazukai)

**「일본어의 표기법」**, 또는 **「일본어 철자법」**을 **「かなづかい(kanazukai)」**라고 하는데, 여기에는 고전어(古典語) 표기의 규범을 정한**「歴史的(れきしてき)かなづかい」**와 현대어 표기의 규범을 정한 **「現代(げんだい)かなづかい」**의 2종류가 있다.

현재, **「歴史的(れきしてき)かなづかい」**는 고전어 표기에만 사용되고, 그 이외에는 **「現代(げんだい)かなづかい」**가 사용되고 있다.

**「現代(げんだい)かなづかい」**는 **소리가 나는 대로 쓰는 것을 원칙으로 하고 있지만, 다음과 같은 예외 사항이 있다.**

### [2] 「現代(げんだい)かなづかい:(현대 맞춤법)」의 주의 사항

[2-1]조사(助詞)「は・へ・を」

**「現代仮名遣(げんだいかなづか)い(1946.11.)」**에서는 **「현대어의 음운(音韻)에 따라 표기하는」** 것을 원칙으로 하고 있다.

단, **조사(助詞) 「~は:-wa」·「~へ:-e」·「~を:-o」**의 경우에는 표기법의 관습을 존중해서 다음과 같이 쓴다고 되어 있으나, 이것은「かな(仮名)」의 표어성(表語性)을 이용한다는 취지에서 일부 조사의 경우 역사적인 표기를 채택하고 있는 것이다.

①현대어에서 **「は」**와 **「へ」**는 일반 단어에 쓰일 경우에는 각각 **「は(ha)」·「へ(he)」**이지만, 조사로 쓰일 경우에 한하여, **「は(wa)」·「へ(e)」**로 읽는다.

②그리고 현대어에서는 **「を(o)」**와 **「お(o)」**는 똑같은 음(音)이나, 한국어의「~을/~를」과 같은 **목적격조사**를 나타낼 경우에는 **「を」**를 쓴다.

(1)조사 [-wa]는「-は」로 표기한다.

[例] わたしは:나는　こんにちは:안녕하세요

(2)조사 [-e]는「-へ」로 표기한다.

[例] うちへ:집에　いなかへ:시골에

(3)조사 [-o]는 「-を」로 표기한다.

[例] おかねを:돈을　ひとを:사람을

[2-2]장음 표기

장음 표기의 원칙에 대해서는 앞에서 설명했는데, **이하의 단어에 관해서는 표기상의 관습을 존중하여 다음과 같이 쓴다.**

(1)「お단 장음」

현대어에서 **『お단(段) 장음』**은 원칙적으로 **『お단(段)+う』**로 나타내지만, 「歴史的(れきしてき)かなづかい:옛날 철자법」에서 「お단+ほ」 또는 「お단+を」로 표기된 단어에 한해서, 현대어에서 「お단+お」로 표기한다.

현대 일본어에서는 **『とうさん(아버지)』**의 **『とう(tou)』**나 **『とおり(길)』**의 **『とお(too)』**나 같은 음이다.

[例] おおかみ(狼):이리　こおり(氷):얼음

ほお(頰):볼/뺨　おおい(多い):많다

おおきい(大きい):크다　とおい(遠い):멀다

(2)「じ・ぢ・ず・づ」

**『じ・ぢ・ず・づ』**는 「よつがな(四つ仮名)」로 불리는 것인데, 현대어에서는 「ぢ」와 「じ」의 발음이 합류해서 **『じ』**로 표기하고, 「づ」와 「ず」의 발음이 합류해서 **『ず』**로 표기한다.

[例] あじ(味):맛　しょうじき(正直):정직

すず(鈴):방울　みず(水):물

[예외] 단, 다음의 경우에는 「ぢ・づ」로 표기한다.

(3)「ちぢ」・「つづ」와 같이 동일한 음이 연속되어 생긴 탁음(濁音)의 경우에는 「ぢ」・「づ」는 그대로 쓴다.

[例] ちぢむ(縮む):줄어들다　つづく(続く):계속되다

(4)「はな＋ち⇒はなぢ(鼻血)」와 같이 두 단어가 합성해서 생긴「ぢ」·「づ」는 그대로 쓴다.

[例] はなぢ(鼻血)[←　鼻(はな)＋血(ち)]:코피

こづつみ(小包)[←　小(こ)＋包(つつみ)]:소포

## 4 일본어의 한자 운용 방식

### [1] 일본어의 한자 운용 방식

일본에서는 한자를 최대한 이용하고 있다. 즉, 중국의 발음을 모방한 **『음(音)』**과 그 뜻을 풀은 **『훈(訓)』**을 동시에 사용하고 있다. 한국어에서 「음(音)」만 사용하는 것과는 대조적이다. **일본의 한자 운용 방식**은 다음과 같이 4가지 있는데, 이 중에서 가장 많은 것은 한국어와 마찬가지로 **『음(音)+음(音)』**이다.

[음(音)+음(音)] : **国家(こっ+か : kokka)**:국가
[훈(訓)+훈(訓)] : **相手(あい+て : aite)**:상대
[음(音)+훈(訓)] : **職場(しょく+ば: syokuba)**:직장
[훈(訓)+음(音)] : **身分(み+ぶん : mibun)**:신분

**☆주의☆**

일본에서는 **『훈(訓)』**으로 읽히는 한자어가 한국어에 차용될 경우, **『음(音)』**으로 읽힌다. 따라서 다음과 같은 일부 한자어의 경우, 읽기에 주의를 요한다.

[例] **建物(たてもの)**:**건물**
**取消(とりけし)**:**취소**
**手続(てつづ)き**:**수속**
**取扱(とりあつかい)**:**취급**

### [2] 신자체(新字体 : しんじたい)와 구자체(旧字体 : きゅうじたい)

제2차 세계대전 이후 일본 **국어심의회(国語審議会:こくごしんぎかい)**에서 한자 사용의 규범으로, 한자의 **자종(字種 : じしゅ)** · **자체(字体 : じたい)** · **음훈(音訓 : おんくん)**을 정리하여,

(1)**1946年**「당용한자(当用漢字 : とうようかんじ)」1850자가 제정되었다.

(2)이후, 1981년에는「당용한자」를 대신하여,「상용한자(常用漢字 : じょうようかんじ)」**1945자**(4087음훈(音訓) : [2187음(音)•1900훈(訓)])가 새로 제정되었고,

(3)**2010년** 6월 7일에 **[문화심의회(文化審議会:ぶんかしんぎかい)]**가 「개정상용한자표(改定常用漢字表)」[1] 로 답신하여 동년 11월 30일에 고시되었다. **2136자** (4388음훈(音訓)[2352음(音)・2036훈(訓)]로 되어 있다.

**『상용한자(常用漢字)』**는 한자의 수뿐만 아니라, 한자 읽기도 제한하고 있으며, 한자(漢字) 자체(字体)도 기존의 한자 자체를 간략하게 한 **『신자체(新字体:しんじたい)』**가 쓰이고 있다. 「신자체(新字体)」에는 기존의 한자 약자도 포함되어 있지만, 새로이 복잡한 한자(漢字) 자체(字体)를 간단하게 변형시킨 자체(字体)도 많다.

따라서, 일본의 **『신자체(新字体)』**를 **일본식 약자**라고 이해해서는 안 된다. 현재 일본에서는 소위 「정자(正字)」・「약자(略字)」의 구별은 없고, 「신자체」만 쓰이고 있다.

**☆주의☆**

일본어를 학습하는 수강생들은 **일본의 『신자체(新字体)』**에 익숙해지도록 노력해야 한다. 참고로 일본의 **『신자체(新字体)』**와 **『구자체(旧字体)』**의 대표적인 예를 정리하면 다음과 같다.

| 新字体 | 学 | 国 | 万 | 円 | 号 | 台 | 両 | 会 | 当 | 来 | 声 | 売 | 医 | 体 | 単 | 団 | 県 | 点 | 区 |
|---|---|---|---|---|---|---|---|---|---|---|---|---|---|---|---|---|---|---|---|
| 旧字体 | 學 | 國 | 萬 | 圓 | 號 | 臺 | 兩 | 會 | 當 | 來 | 聲 | 賣 | 醫 | 體 | 單 | 團 | 縣 | 點 | 區 |
| 新字体 | 読 | 駅 | 観 | 権 | 検 | 乱 | 帰 | 気 | 旧 | 庁 | 余 | 与 | 断 | 欠 | 総 | 双 | 写 | 弁 | 争 |
| 旧字体 | 讀 | 驛 | 觀 | 權 | 檢 | 亂 | 歸 | 氣 | 舊 | 廳 | 餘 | 與 | 斷 | 缺 | 總 | 總 | 寫 | 辯 | 爭 |
| 新字体 | 尽 | 壱 | 研 | 寿 | 麦 | 並 | 党 | 厳 | 粛 | 関 | 恵 | 変 | 聴 | 芸 | 参 | 辺 | | | |
| 旧字体 | 盡 | 壹 | 硏 | 壽 | 麥 | 竝 | 黨 | 嚴 | 肅 | 關 | 惠 | 變 | 聽 | 藝 | 參 | 邊 | | | |

---

1) 서두의 다음과 같은 내용에 있다.

① 이 표는 법령, 공용문서, 신문, 잡지, 방송 등, 일반 사회생활에 있어서 현대 국어를 써서 나타내는 경우의 한자 사용의 기준을 나타내는 것이다.

② 이 표는 과학, 기술, 예술 기타 각종 전문분야나 개개인의 표기에까지 미치려고 하는 것은 아니다. 다만, 전문분야의 말이라고 하더라도 일반 사회생활과 밀접하게 관련된 말의 표기에 관해서는 이 표를 참고로 하는 것이 바람직하다.

③ 이 표는 都道府県(とどうふけん)명칭에 사용되는 한자 및 이에 준하는 한자를 제외하고, 고유명사를 대상으로 하는 것은 아니다.

④ 이 표는 과거의 저작이나 문서에 있어서의 한자 사용을 부정하는 것은 아니다.

⑤ 이 표의 운용(運用)에 있어서는 개개의 사정에 따라 적절한 고려를 덧붙일 여지가 있다.

# 신판

# 생활일본어

이 성 규

# はじめまして、李(イー)です

## 처음 뵙겠습니다. 이승민입니다

# 第1課 はじめまして、李(イー)です

## 처음 뵙겠습니다. 이승민입니다.

### 기본문형

1. A：あのう、山田(やまだ)さんの部署(ぶしょ)は広報(こうほう)ですか。

   (저, 야마다 씨의 부서는 홍보입니까?)

   B：いいえ、広報(こうほう)じゃありません。企画(きかく)です。

   (아니오, 홍보가 아닙니다. 기획입니다.)

2. A：李(イー)さんは、営業(えいぎょう)ですか。

   (이승민 씨는 영업입니까?)

   B：はい、わたしは営業(えいぎょう)担当(たんとう)です。

   (네, 저는 영업 담당입니다.)

### 학습내용

1. **「～は～です：～는 ～입니다」**와 같은 명사문의 정중체와 그 부정인 **「～は～{では/じゃ}ありません：～는 ～이 아닙니다」**에 대해 학습한다.

2. **「山田(やまだ)さんの部署(ぶしょ)：야마다 씨의 부서」**와 같이 명사와 명사가 연결될 때 쓰이는 **격조사「の」**의 용법에 대해 학습한다.

3. **「李(イー)さん：이승민 씨」**, **「山田(やまだ)さん：야마다 씨」**와 같이 사람의 이름을 부르는 표현과 이때 쓰이는 **호칭 접사「～さん」**의 용법에 대해 학습하고, 동시에 **「はい：예/네」**, **「いいえ：아니오」**와 같은 **응답사(応答詞)**의 용법을 익힌다.

# 회화본문

〈初対面(しょたいめん)〉
〈첫 만남〉

李　: [1]はじめまして、[2]李(イー)です。

이승민 : 처음 뵙겠습니다. 「이승민」입니다.

山田　: はじめまして、[3]山田(やまだ)太郎(たろう)です。

야마다 : 처음 뵙겠습니다. 「야마다 다로」라고 합니다.

李　: これから、[4-1]どうぞよろしくお願(ねが)いします。

이승민 : 앞으로 잘 부탁합니다.

山田　: こちらこそ、[4-2]どうぞよろしく。

야마다 : 저야말로 잘 부탁합니다.

李　: [5]あのう、[6]山田(やまだ)さんの部署(ぶしょ)は広報(こうほう)ですか。

이승민 : 저, 야마다 씨 부서는 홍보입니까?

山田　: [7]いいえ、広報(こうほう)じゃありません。企画(きかく)です。
李(イー)さんは、営業(えいぎょう)ですか。

야마다 : 아니오, 홍보가 아닙니다. 기획입니다.
이승민 씨는 영업입니까?

李　: [8]はい、わたしは営業(えいぎょう)担当(たんとう)です。

이승민 : 네, 저는 영업 담당입니다.

山田　: [9]そうですか。

야마다 : 그렇습니까?

## 어휘 풀이

| | |
|---|---|
| 初対面(しょたいめん) | 처음 만나는 것. 첫 만남. 첫 대면. |
| はじめまして | 처음 뵙겠습니다 : 인사말. |
| 李(イー) | 이(승민) : 한국인 성(姓). |
| ～です | ～입니다 : 정중의 조동사. |
| 山田(やまだ)太郎(たろう) | 야마다 다로 : 일본인 성과 이름. |
| これから | 이제부터 / 앞으로 |
| どうぞよろしくお願(ねが)いします | 잘 부탁합니다 : 인사말.저야말로 : 인사말. |
| こちらこそ | 잘 부탁합니다 : 단축 표현. |
| どうぞよそしく | |
| あのう | 저 : 남의 주의를 끌 때 쓰는 말. |
| ～さん | ～님 / ～씨 : 존경의 접두사. |
| [山田さん]の[部署(ぶしょ)] | [야마다 씨] [부서] : 「の」는 체언과 체언을 연결할 때 쓰이는 연체격(連体格) 조사. |
| 部署(ぶしょ) | 부서 |
| ～は | ～는/～은 : 부조사(副助詞) |
| 広報(こうほう;弘報) | 홍보 |
| ～ですか | ～입니까 : 「～です＋～か(질문)」 |
| ～か | ～까 : 질문이나 의문을 나타내는 조사. |
| いいえ | 아니오. |
| ～じゃありません | ～이 아닙니다 : 「～です(～입니다)」의 부정인 「～ではありません」의 축약형. |
| 企画(きかく) | 기획 |
| 営業(えいぎょう) | 영업 |
| はい | 예 / 네 |
| わたし | 저 / 나 : 1인칭 대명사 |
| 担当(たんとう) | 담당 |
| そうですか | 그렇습니까 : 「そうです＋か(질문)」 |

## 중요 어구 해설

### [1]はじめまして

**□「はじめまして」:「처음 뵙겠습니다」**

「はじめまして」는 한국어의「처음 뵙겠습니다」에 해당하는 인사말로 처음 만났을 때 쓰는 전형적인 인사말이다.

[例] A：<u>はじめまして。</u>{金(きむ;キム) / 朴(ぱく;パク) / 崔(ちぇ;チェ) / 鄭(ちょん;チョン)}です。

(처음 뵙겠습니다. {김영삼 / 박찬숙 / 최민규 / 정영수}입니다.)

B：<u>はじめまして。</u>{佐藤(さとう) / 青木(あおき) / 池田(いけだ)}です。

(처음 뵙겠습니다. {사토 / 아오키 / 이케다}입니다.)

☆[인사말 익히기]☆

인사말은 일본인들 사이에 오랫동안 쓰여 표현이 정형화된 것으로, 학습 초기 단계에서는 인사말을 문법적으로 분석하지 말고, 그냥 익숙해지도록 연습한다.

### [2]李(イー)です

(1)「李(イー)」:「한국인의 성명 표기」(「이승민 / 이경민 / 이성규……」)

일본에서 자기 이름을 말하거나 남의 이름을 부를 때는「山田(やまだ)」「山田(やまだ)さん」과 같이 성(姓)만 쓰는 것이 일반적이다. 물론 같은 성이 있어 혼동이 생길 경우나, 정중한 표현이 요구되는 자리에서는 성과 이름을 함께 쓴다.

따라서 한국 사람이 자기 성명을 말할 때는 이름은 생략하고 성(姓)만 쓰면 된다. 예를 들어,「이승민」,「이경민」,「이성규」를 일본어로 나타내면 전부「イー(いい)」가 되는 셈이다.

(2)「李(イー)です」

**□「～です」:「～입니다」(정중한 단정을 나타내는 조동사)**

「～です」는 명사나 형용사에 접속되어 정중한 단정을 나타내는 조동사로,

한국어의 「～입니다」에 해당한다.

그리고 「～です」의 보통체는 「～だ / ～である(～이다)」이다.

[例] 金(キム)です。(김영삼입니다.)

佐藤(さとう)です。(사토입니다.)

学生(がくせい)です。(대학생입니다.)

☆[참고]☆

**「はじめまして、李(イー)です。」**

**□ 일본어 문장의 표기법**

(1)한국어에서는 요즘 일부 전문 서적을 제외하고는 한글 전용을 많이 하고 있으나, 일본어에서는 **한자**와 **「平仮名(ひらがな)」** 또는 **「片仮名(かたかな)」**를 섞어서 쓴다. 이때 명사와 용언의 개념적인 부분은 한자로 나타내고, 조사, 조동사, 활용어미는 「平仮名(ひらがな)」로 나타낸다.

(2)일본어 문에서는 한국어의 쉼표에 해당하는 것을, 「,」(가로쓰기)나 「、」(가로쓰기 / 세로쓰기)로 나타내는데 **「、」**를 일본어로는 **「読点(とうてん)」** 또는 **「点(てん)」**이라고 한다.

(3)그리고 한국어의 마침표에 해당하는 것을, 「.」(가로쓰기)나 「。」(가로쓰기/세로쓰기)로 나타내는데, **「。」**를 일본어로는 **「句点(くてん)」** 또는 **「丸(まる)」**라고 한다.

### [3]山田(やまだ)太郎(たろう)です

**□ 「山田(やまだ)太郎(たろう)」 : 「야마다 다로」(일본인의 성명(姓名) 표기)**

**「山田(やまだ)」**는 한국의 성(姓)에 해당하는데, 일본어에서는 「名字(みょうじ) / 苗字(みょうじ)」라고 한다. 그리고 **「太郎(たろう)」**는 한국의 이름에 해당한다.

**일본의 성(姓)**은 **「山田(やまだ)」**, **「田中(たなか)」**, **「鈴木(すずき)」**와 같이 한자 2자인 경우가 일반적인데, **「林(はやし)」**와 같이 한자 1자인 경우, **「長谷川(は**

**せがわ)」**와 같이 한자 3자인 경우도 있다. 그리고 일본의 성의 종류는 대략 15만이라고도 혹은 20만 정도라고 헤아릴 만큼 상당히 많고, 게다가 특이한 성이 많아, 일본 사람끼리도 읽지 못하는 경우도 있다. 따라서 **난독(難読)의 성(姓)**은 읽지 못해도 큰 흉은 되지 않는다.

## [4]どうぞよろしくお願(ねが)いします / こちらこそ、どうぞよろしく

### [4-1]「どうぞよろしく[お願いします]」:「잘 부탁합니다」

**「どうぞよろしく」**는 한국어의 「잘 부탁합니다」에 해당하는 인사말로 처음 만났을 때 쓰는 인사말이다. 그리고 「どうぞよろしく」를 더 정중하게 표현하면 **「どうぞよろしくお願(ねが)いします」**라고 한다.

[例] A : はじめまして。鈴木(すずき)です。どうぞよろしく。
(처음 뵙겠습니다. 스즈키입니다. 잘 부탁합니다.)
B : はじめまして。北原(きたはら)です。どうぞよろしく。
(처음 뵙겠습니다. 기타하라입니다. 잘 부탁합니다.)

A : 青木(あおき)です。どうぞよろしく[お願(ねが)いします]。
(아오키입니다. 잘 부탁합니다.)
B : こちらこそ、どうぞよろしく[お願(ねが)いします]。
(저야말로 잘 부탁합니다.)

### [4-2]こちらこそ、どうぞよろしく

**□「こちらこそ」:「저야말로」**

**「こちらこそ」**는 한국어의 「저야말로 [잘 부탁합니다]」에 해당하는 인사말로, 뒤에 **「どうぞよろしく」**와 같은 표현이 오지 않아도 이에 상당하는 의미를 나타낸다. 그리고 이때의 **「こちら」**는 말하는 사람 자신을 가리키는 용법으로 1인칭대명사 **「わたし(저 / 나)」**에 해당하는 의미를 나타낸다.

[例] A：はじめまして、山田(やまだ)裕子(ゆうこ)です。どうぞよろしく。

(처음 뵙겠습니다. 야마다 유코입니다. 잘 부탁합니다.)

B：いいえ、こちらこそ、よろしく。

(아니오, 저야말로 잘 부탁합니다.)

## [5]あのう

**□「あのう」:「저」(감동사)**

**「あのう」**는 한국어의 「저,」에 해당하는 말로 상대방에게 말을 걸거나 주의를 환기시키고자 할 때 쓴다. 일본어에서 이런 부류의 품사를 감동사(感動詞：かんどうし)라고 하는데 한국어의 감탄사에 상당한다.

[例] あのう、田中(たなか)さんは会社員(かいしゃいん)ですか。

(저, 다나카 씨는 회사원입니까?)

あのう、李(り)さんは中国(ちゅうごく)の方(かた)ですか。

(저, 리소령 씨는 중국 분입니까?)

★「方(かた)」: 한국어의 「분」에 해당하는 말이다.

## [6]山田(やまだ)さんの部署(ぶしょ)は広報(こうほう)ですか

### (1)山田(やまだ)さん

**□「～さん」:「～님 / ～씨」(존경의 접미사)**

**「～さん」**은 존경을 나타내는 접미사로서 대략 한국어의 「～님」「～씨」에 해당하는데, 일본어에서는 ①상대를 부르거나 가리킬 때 성(姓)에 붙이거나 ②사람과 관계있는 명사 또는 직업, 직함 등에 붙인다.

[例] 鈴木(すずき)さん (스즈키 씨)　　上田(うえだ)さん (우에다 님)

学生(がくせい)さん (대학생)　　お客(きゃく)さん (손님)

**☆[참고]☆**

①일본어의 「～さん」은 한국어의 「～님」이나 「～씨」보다 사용 용도가 넓어 손아랫사람, 손윗사람에게 두루 쓰일 수 있다.

[例] 上田(うえだ)<u>さん</u> (우에다 씨 : 선배가 여자 후배에게)

和田(わだ)<u>さん</u> (와다 선배님 : 후배가 선배에게)

②그리고「～さん」은 상호나 회사명에도 사용한다.

[例] ソニー(そにい)<u>さん</u> (소니 회사)

**☆[주의]☆**

ㅁ한국어에서는「선생님」과 같이 직함에도「～님」을 붙이지만, 일본어에서는「**先生**(せんせい) : 선생님」에게는「～さん」을 붙이지 않는다.

[例] **先生(せんせい)** 선생님 [「× 先生(せんせい)さん」: 틀린 표현]

□ 같은 성(姓)을 가진 사람이 있어 혼동을 피하고자 할 때는 **『山田(やまだ)太郎(たろう)さん : 야마다 다로 씨』**와 같이 성과 이름 전체에 붙인다. 그리고 부부나 연인과 같이 친근한 사이에서는 **『太郎(たろう)さん : 다로 씨』**와 같이 이름 뒤에 붙이기도 한다.

[例] **田中(たなか)洋子(ようこ)<u>さん</u>** (다나카 요코 씨) / **洋子(ようこ)<u>さん</u>** (요코 씨)

(2)山田(やまだ)さんの部署(ぶしょ)

**□ 「명사＋の＋명사」:「명사＋(의)＋명사」(연체격 조사)**

**『～の』**는 한국어의「～의」에 해당하는 말로 앞뒤의 명사를 연결할 때 쓰는데 일본어에서는 체언에 연결된다고 해서 **『연체격 조사 : 連体格(れんたいかく)助詞(じょし)』**라고 한다.

그런데 한국어에서는「이승민 씨 집」,「한국 분」,「일본어 교과서」와 같이 소유관계를 나타내는 조사「～의」가 불필요한 경우에는 사용되지 않는다.

이에 대해 일본어는 고유명사나 복합어를 제외하고는 명사와 명사가 연결될 때에는 반드시「～の」가 필요하니 주의한다.

[例] 田中(たなか)さん<u>の</u>家(うち) (다나카 씨 집)

島田(しまだ)さん<u>の</u>会社(かいしゃ) (시마다 씨 회사)

(3)[山田(やまだ)さんの部署(ぶしょ)]は

**□「~は」:「~는 / ~은」(부조사)**

**「~は」**는 한국어의「~는/~은」에 해당하는 **부조사(副助詞 : ふくじょし)**인데, 「~は」가 조사로 쓰일 때는 [wa]로 읽으니 주의한다. 그리고 한국어의「~가 / ~이」에 해당하는 조사에는 **「~が」**가 있다.

[例] 和田(わだ)さんの部署(ぶしょ)は人事(じんじ)です。

(와다 씨의 부서는 인사입니다.)

(4)[広報(こうほう)]ですか

**□「~か」:「~까」(종조사)**

**「~か」**는 문장 끝에 붙어 질문이나 의문을 나타내는 **종조사(終助詞 : しゅうじょし)**인데, 한국어의「~까」에 해당한다. 그리고 일본어에서는 의문문에도 원칙적으로 의문 부호「?」를 붙이지 않는다. 본문의 **「~ですか」**는 단정의 조동사 **「~です : ~입니다」**에 질문의 **「~か : ~까」**가 접속된 것이다.

[例] あのう、田中(たなか)さんの部署(ぶしょ)は経理(けいり)ですか。

(저, 다나카 씨 부서는 경리입니까?)

## [7]いいえ、[広報(こうほう)]じゃありません

**(1)「いいえ」:「아니오」**

**「いいえ」**는 질문 내용에 대해 부정으로 대답할 때 쓰는 말로 한국어의「아니오」에 해당한다. 부정의 응답사(応答詞)를 정중한 순서대로 나열하면 다음과 같다.

**◆ 부정의 응답사(정중한 순서)**

[いいえ(아니오) ⇒ いえ(아뇨) ⇒ いや(아니)]

[例] A : あの、会社員(かいしゃいん)ですか。

(저, 회사원입니까?)

B : いいえ、学生(がくせい)です。

(아니오, 대학생입니다.)

A ：高山(たかやま)さんは京都(きょうと)ですか。

(다카야마 씨는 교토 출신입니까?)

B ：いえ、伊勢(いせ)です。

(아뇨, 이세입니다.)

(2)[広報(こうほう)]じゃありません

**☐ 「～{では/じゃ}ありません」:「～이 아닙니다」⇔「～です(～입니다)」**

**「～ではありません」**은 정중의 조동사 **「～です:～입니다」**의 부정으로 한국어의「～이 아닙니다」에 해당하는데, 스스럼없는 사이의 회화체에서는「～ではありません」의 축약형인 **「～じゃありません」**이 쓰인다.

[例] A：島田(しまだ)さんは学生(がくせい)ですか。

(시마다 씨는 대학생입니까?)

B：いいえ、学生(がくせい)**ではありません。**会社員(かいしゃいん)です。

(아니오, 대학생이 아닙니다. 회사원입니다.)

## [8]はい、わたしは営業(えいぎょう)担当(たんとう)です

**(1)「はい」:「예 / 네」**

**「はい」**는 질문 내용에 대해 긍정으로 대답할 때 쓰는 말로 한국어의「예」,「네」에 해당한다. 일본어에서도 정중도에 따라 다음과 같이 다양한 응답사가 쓰인다.

**◆ 긍정의 응답사(정중한 순서)**

[はあ(예) ⇒ はい(예) ⇒ ええ(네) ⇒ うん(응)]

[例] A：あのう、韓国(かんこく)の金(キム)さんですか。

(저, 한국에서 오신 김만수 씨입니까?)

B：はい、金(キム)です。

(예, 김만수입니다.)

A：東京(とうきょう)商事(しょうじ)の林(はやし)さんですか。

(도쿄상사의 하야시 씨입니까?)

B：ええ、そうです。

(네, 그렇습니다.)

(2)わたしは[営業(えいぎょう)担当(たんとう)]です

**□「わたし」:「저/나」**

**「わたし:저/나」**는 현재 가장 보편적으로 사용되고 있는 1인칭대명사인데, 「わたし」보다 정중한 표현에는 **「わたくし:저」**가 있다.

[例] わたし、李(イー)です。

(제가 이승민입니다.)

わたくし、北原(きたはら)です。

(저는 기타하라입니다.)

わたしは、猿(さる)じゃありません。人間(にんげん)です。

(나는 원숭이가 아닙니다. 사람입니다.)

## [9]そうですか

**□「そうです」:「그렇습니다」⇔「そうではありません」:「그렇지 않습니다」**

**「そうです」**는 부사 **「そう:그렇게」**에 **「～です:～입니다」**가 접속된 것으로 한국어의 「그렇습니다」에, **「そうですか」**는 「그렇습니까」에 해당한다.

**「そうです」**의 부정은 「**{そうでは/そうじゃ}ありません**:그렇지 않습니다」이다.

[例] A：田中(たなか)さんは本当(ほんとう)に東京(とうきょう)出身(しゅっしん)ですか。

(다나카 씨는 정말 도쿄 출신입니까?)

B：はい、そうです。

(예, 그렇습니다.)

A：わたしは、本当(ほんとう)に馬鹿(ばか)ですか。

(저는 정말 바보입니까?)

B：いいえ、<u>そうではありません</u>。馬鹿(ばか)じゃありません。

(아니오, 그렇지 않습니다. 바보가 아닙니다.)

### 문형연습1

**1. A：あのう、山田(やまだ)さんの部署(ぶしょ)は広報(こうほう)ですか。**
**B：いいえ、広報(こうほう)じゃありません。企画(きかく)です。**

(1)A：あのう、鈴木(すずき)さんの部署(ぶしょ)は開発(かいはつ)ですか。
(저, 스즈키 씨의 부서는 개발부입니까?)
B：いいえ、開発(かいはつ)じゃありません。管理(かんり)です。
(아니오, 개발부가 아닙니다. 관리부입니다.)

(2)A：あのう、佐藤(さとう)さんの部署(ぶしょ)は物流(ぶつりゅう)ですか。
(저, 사토 씨의 부서는 물류입니까?)
B：いいえ、物流(ぶつりゅう)じゃありません。総務部(そうむぶ)です。
(아니오, 물류가 아닙니다. 총무부입니다.)

(3)A：あのう、竹内(たけうち)さんは、係長(かかりちょう)ですか。
(저, 다케우치 씨는 계장입니까?)
B：いいえ、係長(かかりちょう)じゃありません。課長(かちょう)です。
(아니오, 계장이 아닙니다. 과장입니다.)

(4) A：あのう、李(リ)さんは、韓国(かんこく)の方(かた)ですか。
(저, 리세민 씨는 한국 분입니까?)
B：いいえ、李(リ)さんは、韓国(かんこく)の方(かた)じゃありません。
中国人(ちゅうごくじん)です。
(아니오, 리세민 씨는 한국 분이 아닙니다. 중국 사람입니다.)

### 문형연습2

**2. A：李(イー)さんは、営業(えいぎょう)ですか。**

**B：はい、わたしは営業(えいぎょう)担当(たんとう)です。**

(1)A：鈴木(すずき)さんは、管理部(かんりぶ)ですか。

(스즈키 씨는 관리부입니까?)

B：はい、わたしは管理(かんり)担当(たんとう)です。

(네, 저는 관리 담당입니다.)

(2)A：佐藤(さとう)さんは、総務部(そうむぶ)ですか。

(사토 씨는 총무부입니까?)

B：はい、わたしは総務部(そうむぶ)です。総務部(そうむぶ)の財務課(ざいむか)です。

(네, 저는 총무부입니다. 총무부 재무과입니다.)

(3)A：鳩山(はとやま)さんは、東大(とうだい)ですか。

(하토야마 씨는 도쿄대학입니까?)

B：はい、わたしは東大(とうだい)出身(しゅっしん)です。

(네, 저는 도쿄대학 출신입니다.)

(4)A：橋下(はしもと)さんは、早大(そうだい)ですか。

(하시모토 씨는 와세다대학입니까?)

B：はい、わたしは早大(そうだい)出身(しゅっしん)です。

政経学部(せいけいがくぶ)です。

(네, 저는 와세다대학 출신입니다. 정경학부입니다.)

# 신판

# 생활일본어

이 성 규

# おはようございます

안녕하십니까?

# 第2課 おはようございます

## 안녕하십니까?

### 기본문형

1. 日本語(にほんご)では太郎(たろう)さんじゃなくて、山田(やまだ)さんです。
   (일본어로는 다로 씨가 아니라, 야마다 씨입니다.)
2. A：李(イー)さん、それは何(なん)ですか。
   (이승민 씨, 그것은 무엇입니까?)
   B：はい、これは日本語(にほんご)のアプリです。
   (네, 이것은 일본어 앱입니다.)

### 학습내용

1. **『[～は]～じゃなくて、～です』**, 즉 한국어의 「[～는] ～가 아니라 ～입니다」와 같이 2개의 명사문을 역접 관계로 연결하는 문형에 대해 학습한다.

2. 일본어의 사물을 가리키는 지시대명사 **『これ(이것)・それ(그것)・あれ(저것)・どれ(어느 것)』**의 의미・용법과 부정칭(不定称)을 나타내는 **『何(なに・なん)：무엇』**의 용법에 대해 학습한다.

3. 그리고 **일상생활에서 자주 쓰이는 인사말**에 대해 알아본다.

# 회화본문

## 〈日本人(にほんじん)の名字(みょうじ)〉
## 〈일본인의 성〉

李　：[1]おはようございます。

　이승민 : 안녕하십니까?

山田　：おはようございます。

　야마다 : 안녕하십니까?

李　：太郎(たろう)さん、[2]今日(きょう)はいい天気(てんき)ですね。

　이승민 : 다로 씨, 오늘은 날씨가 좋네요.

山田　：あ、[3]そうですね。

李(イー)さん、[4]日本語(にほんご)では[5]太郎(たろう)さんじゃなくて、山田(やまだ)さんです。

　야마다 : 아, 그렇군요.

이승민 씨, 일본어로는 다로 씨가 아니라 야마다 씨입니다. (일본어로는 다로 씨라고 부르는 것이 아니라 야마다 씨라고 부르는 것입니다.)

李　：そうですか。

[6]名前(なまえ)に「さん」じゃなくて、名字(みょうじ)に「さん」ですか。

　이승민 : 그렇습니까?

이름에 「さん」이 아니라 성에 「さん」입니까?

山田　：[7]ところで、李(イー)さん、[8]それは何(なん)ですか。

　야마다 : 그런데, 이승민 씨, 그것은 무엇입니까?

李　：はい、これは[9]日本語(にほんご)のアプリです。

　이승민 : 네, 이것은 일본어 앱입니다.

## 어휘 풀이

| | |
|---|---|
| 日本人(に＋ほん＋じん) | 일본인 /일본 사람 : 강조해서 표현할 때는 日本人(にっぽんじん)」이라고 한다.<br>韓国人(かん＋こく＋じん) : 한국인<br>中国人(ちゅう＋ごく＋じん) : 중국인 |
| 名字(みょうじ) | 성(姓) / 성씨(姓氏) |
| おはようございます | 안녕하십니까 : 보통 아침 10시까지 쓴다. |
| 今日(きょう)は | 「今日(きょう)＋は[wa]」 : 오늘은 |
| いい天気(てんき)ですね | 「いい(형용사, 좋다)＋天気(てんき)＋です＋ね」<br>좋은 날씨이군요 / 날씨가 좋군요 |
| ～ね | ～군요／～네요 : 동의나 확인을 나타내는 종조사(終助詞) |
| そうですね | 「そうです＋ね」<br>①그렇군요 / 그러네요 / 맞아요<br>②글쎄요? |
| [日本語]では | [日本語(にほんご)]＋で(장소, 수단 / 방법)＋は(는)<br>[일본어]에서는 / [일본어]로는<br>「韓国語(かんこくご)」 : 한국어<br>「中国語(ちゅうごくご)」: 중국어<br>「英語(えいご)」 : 영어<br>「ドイツ(どいつ)語(ご)」 : 독일어<br>「フランス(ふらんす)語(ご)」 : 프랑스어 |
| 太郎(たろう)さん | 다로 씨 : 이름에 「さん」을 붙인 예. |
| ～じゃなくて | 「～じゃない(～ 이 아니다)」에 접속조사 「～て」가 붙은 것. |
| 名前(なまえ) | 이름 |
| [名前]に | [이름]에 : 「～に」는 존재, 장소, 여격, 시간 등을 나타내는 격조사(格助詞) |

| | |
|---|---|
| ところで | 그런데 : 화제 전환의 접속사 |
| それ | 그것 : 사물을 가리키는 지시대명사 |
| 何(なに / なん) | 무엇 : 「何(なに)」와 「何(なん)」의 이형태(異形態) |
| 何(なん)ですか | 「何(なん)+です+か」 : 무엇입니까? |
| これ | 이것 : 사물을 가리키는 지시대명사 |
| 教科書(きょう+か+しょ) | 교과서 |
| アプリ | [アプリケーションソフトウェア<br>(英 : application software)] 의 준말 : 앱(App). |

# 중요 어구 해설

## [1]おはようございます

**(1)『おはようございます』:『안녕하십니까?』**

아침 인사로 아침에 일어나서 대개 오전 10시까지 사용한다. 손아랫사람이나 친한 사이에서는「おはよう」와 같은 보통체 말씨를 쓴다.

[例] A：おはようございます。(안녕하십니까?)

B：おはようございます。(안녕하십니까?)

A：社長(しゃちょう)、おはようございます。

(사장님, 안녕하십니까?)

B：やあ、おはよう。

(어, 일찍 왔군.)

**◇ 인사말[1]**

**(2)『こんにちは』:『안녕하세요』**

① **『こんにちは』**는 대략 오전 10시부터 일몰 때까지 쓰는 인사말로 사용 시간대가 가장 길다. 그런데「こんにちは」는 가족이나 직장 동료와 같이 항상 얼굴을 대하는 친한 사이에서는 일반적으로 쓰지 않는다. 그리고 정중도는「おはようございます」보다 낮다.

[例] A：あ、こんにちは。

(아, 안녕하세요.)

B：あ、奥(おく)さん、こんにちは。

(아, 승민 엄마, 안녕하세요.)

★「奥(おく)さん」: 일본에서는 남의 부인을 말하거나 부를 때는「奥(おく)さん」이라고 하는데, 한국어로는 쓰이는 문맥에 따라 다양하게 대응한다.

② 그리고 젊은 층에서는 **『こんにちは』**를 **『はじめまして』**와 마찬가지로 처음 만났을 때 사용하는 경향도 있다.

[例] A : <u>こんにちは。</u>鈴木(すずき)です。どうぞよろしく。

(안녕하세요. 스즈키입니다. 잘 부탁합니다.)

B : <u>こんにちは。</u>佐藤(さとう)です。よろしくどうぞ。

(안녕하세요. 사토입니다. 잘 부탁합니다.)

**(3)「こんばんは」:「안녕하세요」**

**「こんばんは」**는 일몰 후에 사용하는 저녁 인사인데「こんにちは」와 마찬가지로 가족이나 직장 동료와 같이 친한 사이에서는 쓰지 않는다. 정중도는「おはようございます」에 비해 낮다.

[例] <u>こんばんは。</u>朝日新聞(あさひしんぶん)です。

(안녕하세요. 아사히신문입니다.)

**(4)「おやすみなさい」:「안녕히 주무십시오」**

**「안녕히 계십시오 / 안녕히 가십시오」**

**「おやすみなさい」**는 취침할 때나 밤에 헤어질 때 사용하는 인사말이다.「おはようございます」와 마찬가지로 가족 · 동료 · 타인 등 사용에 있어서 제한이 없다. 손아랫사람에게 쓰는 보통체 말씨에서는 **「おやすみ」**라고 한다.

**① 취침할 때.**

[例] A : <u>おやすみなさい。</u>(안녕히 주무십시오 : 자식이 부모에게)

B : <u>おやすみ。</u>(잘 자라 : 부모가 자식에게)

**② 밤에 헤어질 때.**

[例] A : <u>おやすみなさい。</u>(안녕히 가십시오.)

B : <u>おやすみなさい。</u>(안녕히 계십시오.)

**(5)「さようなら / さよなら」:「잘 가요 / 안녕히 가세요」**

**「잘 있어요 / 안녕히 계세요」**

① **「さようなら / さよなら(축약표현)」**는 한국어의 「잘 가요 / 안녕히 가세요」, 「잘 있어요 / 안녕히 계세요」에 해당하는 인사말이다.

**☆[주의]☆**

**「さようなら / さよなら」**는 원칙적으로 손아랫사람이나 동년배에게 사용하는 인사말이라는 점에서 친밀감을 수반하지만 정중도는 낮다. 따라서 초등학생, 중학생, 또는 고등학생이 선생님에게 사용할 수는 있으나, 남성의 경우, 특히 대학생이 교수에게 사용하면 어린이 같은 인상을 줄 수 있다. 대학생이라면 「さようなら」보다는 **「失礼(しつれい)します : 실례하겠습니다」**를 쓰는 것이 자연스럽다.

[例] A : 先生(せんせい)、それでは、**失礼(しつれい)します。**

(선생님, 그럼 그만 가보겠습니다.)

★「失礼(しつれい)する : 실례하다」

B : **さよなら。**

(잘 가(요).)

(5)**「では、また / じゃ、また」 : 「그럼, 또 봐요」**

**「では、また」**나 그 축약형인 **「じゃ、また」**도 헤어질 때 쓰는 인사말인데, 주로 친구나 동료와 같이 친한 사이에서 많이 쓰인다. 그리고 **「バイバイ」**는 속어적인 표현으로 젊은 여성이나 여학생들이 많이 쓴다.

[例] A : 木村(きむら)さん、では、また。バイバイ。

(기무라 씨, 그럼 또 봐요. 잘 가요.)

B : 藤田(ふじた)さん、じゃ、またね。

(후지타 씨, 그럼 또 봐요.)

(6)**「お気(き)をつけて」 : 「조심해서 가십시오」**

**「お気(き)をつけて」**는 한국어의 「조심해서 가십시오」「살펴 가십시오」에 해당하는데, 헤어질 때 사용하는 인사말 중에서 가장 정중한 표현이다. 대등한 관계에서는 **「気(き)をつけて : 조심해서 가요」**라고 한다.

[例] A：じゃ、気(き)をつけて。

(그럼, 조심해서 가요.)

B：どうもありがとうございます。それじゃ、これで。

(감사합니다. 그럼, 여기서 실례하겠습니다.)

★「どうもありがとうございます：감사합니다. 고맙습니다」

★「それじゃ」：「それでは：그러면」의 축약형

★「これで」：이것으로 〈실례하겠습니다〉.

A：今日(きょう)は、お先(さき)に失礼(しつれい)します。

(오늘은 먼저 실례하겠습니다.)

★「お先(さき)に」：「お(존경의 접두어)＋先(さき)に：먼저」

B：それでは、お気(き)をつけて。

(그럼, 조심해서 가십시오.)

## [2]今日はいい天気ですね

### (1)今日はいい天気ですね

**□「今日はいい天気ですね」:「오늘은 날씨가 좋군요」(인사말)**

일본어도 한국어와 마찬가지로 날씨와 관련된 인사말이 발달되어 있다.「今日(きょう)はいい天気(てんき)ですね」의「今日(きょう)」는「오늘」,「いい」는 한국어의「좋다 / 좋은」에 해당하는 형용사로 이를 직역하면「오늘은 좋은 날씨이군요」가 되지만, 한국어로는「오늘은 날씨가 좋군요」로 번역하는 것이 자연스럽다.

[例] A：こんにちは。いい天気(てんき)ですね。

(안녕하세요. 날씨가 좋군요.)

B：こんにちは。本当(ほんとう)に今日(きょう)はいい天気(てんき)ですね。

(안녕하세요. 정말 오늘은 날씨가 좋네요.)

### (2)[今日はいい天気です]ね

**□「～ね」:「～군요 / ～네요」(동의 / 확인)**

**「~ね」**는 문말(文末)에 접속되어 상대방의 질문 내용에 대해 동의를 나타내거나 어떤 사실을 확인할 때 쓰는 종조사(終助詞)로 한국어의 「~군요 / ~네요」에 상당한다. 그리고 「~ね」를 강조할 때는 **『~ねえ』**와 같이 길게 발음한다.

[例] A : 雨(あめ)です**ね。**

(비가 오는군요)

B : ええ、そうです**ね。**雨(あめ)です**ね。**

(네, 그렇군요. 비가 오는군요.)

## [3]そうですね

**□ 「そうですね」 : ①「그렇군요 / 그래요 / 맞아요」**

**②「글쎄요?」**

**(1)동의를 나타내는 경우**

**『そうですね』**는 억양에 따라 의미가 달라진다. 상대방의 발언에 대해 찬동이나 동의를 나타낼 때는 **『~ですね』 부분이 평탄조가 된다.**

[例] A : 本当(ほんとう)にいい写真(しゃしん)ですね。

(정말 좋은 사진이군요. ⇒ 정말 사진이 잘 나왔네요.)

B : **そうですね。**本当(ほんとう)ですね。

(그렇군요. 정말이네요.)

**(2)주저함을 나타내는 경우**

한편 일본 사람들은 일반적으로 상대방의 의견이나 질문에 대해 금방 대답하지 않고 약간 주저하는 경향이 있다. 이때 주로 쓰는 표현이 바로 이 「そうですね」이다. 이때는 **『~ですね』의 『~ね』 부분이 상승조가 된다.**

[例] A : 田中(たなか)さんは、どうですか。

(다나카 씨는 어떻습니까?)

★「どうですか」: 「どう(어떻게)+です(입니다)+か(까)」

B : **そうですね。**でも、ほかの人(ひと)はどうですか。

(글쎄요? 하지만, 다른 사람들은 어떻게 생각합니까?)

★「でも : 하지만」, 「ほかの人(ひと) : 다른 사람」

### [4]日本語(にほんご)では

**□「〜で」:「〜으로 / 〜에서」(방법 / 장소)**

**「〜で」**는 격조사로 다양한 의미 · 용법을 지니고 있다. 본문의「日本語(にほんご)では」는 두 가지 해석이 가능하다.

①먼저 **수단이나 방법**을 나타내는 용법으로 해석하는 경우는 한국어의 **「〜으로는」**에 대응하고,

②장소를 나타낸다고 해석할 경우에는 한국어의「〜에서는」에 대응한다.

[例] 日本語(にほんご)では洋服(ようふく)じゃなくて、背広(せびろ)です。

(일본어에서는 〈한국어의 [양복]이라는 말을〉「洋服(ようふく)」라고 하지 않고「背広(せびろ)」라고 합니다.)

### [5]太郎さんじゃなくて、山田さんです

**□「〜じゃなくて、〜です」:「〜가 아니고, 〜입니다」**

**「〜ではありません」**의 보통체 말씨는 **「〜ではない(〜이 아니다)」**이고, 그 축약형(준말)은 **「〜じゃない」**이다. **「〜じゃなくて」**는「〜じゃない」의 접속형으로 **「〜じゃない」**에 접속조사 **「〜て」**가 붙은 것으로 한국어로는「〜이 아니고 / 〜이 아니라」에 해당한다.

**지금 단계에서는 이런 복잡한 설명은 무시해도 상관없고,「〜じゃなくて、〜です」=「〜가 아니고, 〜입니다」와 같이 문형 중심으로 이해하면 된다.**

[例] 今日(きょう)は大阪(おおさか)じゃなくて、京都(きょうと)です。

(오늘은 오사카가 아니라 교토입니다.)

| | |
|---|---|
| **「〜{では / じゃ}ありません」** | :「〜이 아닙니다」 |
| **「〜{では / じゃ}ない」** | :「〜이 아니다」 |
| **「〜{では / じゃ}ない＋〜て」** | :「〜이 아니다＋〜하고 / 〜해서」 |
| **⇒「〜{では / じゃ}なくて」** | :「〜이 아니고 / 〜이 아니라」 |

### [6]名前に「さん」じゃなくて、名字に「さん」ですか

**◇ 名前(なまえ)に / 名字(みょうじ)に**

**□ 「～に」:「～에」(장소 / 위치)**

**「～に」**도 [4]의 「～で」와 마찬가지로 다양한 의미・용법을 지니고 있는 격조사이다. 그렇다고 해서 그 용법을 익히기가 어려운 것도 아니고, 문맥에 따라 의미가 자동 결정되니 걱정할 필요는 없다.

본문의 「名前(なまえ)に」는 「이름에」의 뜻으로 이때의 「～に」는 한국어의 장소나 위치를 나타내는 「～에」와 대응한다.

[例] 日本語(にほんご)では、<u>女性(じょせい)には</u>普通(ふつう)「君(くん)」じゃなくて、「さん」です。

(일본어에서는 여성에게는 보통 「君(くん)」이 아니라 「さん」입니다.)

### [7]ところで、李さん

**□ 「ところで」:「그런데」(화제 전환)**

**「ところで」**는 화제를 바꿀 때 쓰는 접속사인데 한국어의 「그런데」에 해당한다.

[例] <u>ところで</u>、今(いま)何時(なんじ)ですか。

(그런데 지금 몇 시입니까?)

### [8]それは何(なん)ですか

**(1)「これ・それ・あれ・どれ」:「이것・그것・저것・어느 것」(지시대명사)**

「これ・それ・あれ・どれ」는 사물을 가리키는 지시대명사로 그 의미・용법은 대체적으로 한국어의 「이것・그것・**저것(그것:문맥지시)**・어느 것」에 상당한다.

○ 일본어의 지시대명사[1]

| 근칭(近称) | 중칭(中称) | **원칭(遠称)** | 부정칭(不定称) |
|---|---|---|---|
| これ(이것) | それ(그것) | **あれ(저것)<br>(그것:문맥지시)** | どれ(어느 것) |

[例] これは日本製(にほんせい)ですか。

(이것은 일본제입니까?)

それは韓国(かんこく)のものですか。

(그것은 한국 제품입니까?)

あれは何(なん)ですか。交番(こうばん)ですか。

(저것은 무엇입니까? 파출소입니까?)

A:日本語(にほんご)の本(ほん)はどれですか。

(일본어 책은 어느 것입니까?)

B:これです。/ それです。/ あれです。

(이것입니다./그것입니다./저것입니다.)

(2)何ですか

**□「何(なに・なん)」:「무엇」**

①**「何(なん)」**는 **「何(なに)」**의 이형태(異形態)로 일반적으로「〜さ・〜で・〜の」앞에서「何(なに)」가「何(なん)」으로 변한다.

[例] 何才(なんさい)

(몇 살)

何(なん)ですか。

(뭡니까?)

何(なん)の本(ほん)

(무슨 책)

②**「何(なん)の」**는 한국어의「무슨」에 해당하는 표현인데「何の+명사」와 같이 쓰여 사물의 명칭을 물을 때 쓴다.

[例] 何(なん)の{本(ほん) / 教科書(きょうかしょ) / 先生(せんせい) / 会社(かいしゃ)}

(무슨 {책 / 교과서 / 선생 / 회사})

次(つぎ)は何(なん)の授業(じゅぎょう)ですか。

(다음은 무슨 수업입니까?／다음 수업은 무엇입니까?)

**(3)「～は何(なん)ですか」:「～는 무엇입니까?」**

사물의 내용을 물을 때 **「～は何(なん)ですか: ～는 무엇입니까?」**와 같이 쓰인다.

[例] A：青木(あおき)さん、あれは何(なん)ですか。警察署(けいさつしょ)ですか。

(아오키 씨, 저것은 무엇입니까? 경찰서입니까?)

B：あ、あれですか。あれは刑務所(けいむしょ)です。

(아, 저것 말입니까? 저것은 형무소입니다.)

## [9]日本語の教科書です

**ㅁ「～の」:「～(의)」(격조사)**

격조사「～の」는 상당히 중요한 문법적 기능을 담당하고 있고 의미 용법도 다양하다. **『～の』의 기본적인 기능**은 앞뒤 두 성분[명사]을 연결하는 것인데, 앞뒤 명사의 의미적 관계에 따라 다음과 같이 다양한 용법이 있다.

**(1)소유 관계를 나타내는 경우**

[例] わたしの机(つくえ)：내 책상

**(2)속성(属性)을 나타내는 경우**

[例] 韓国(かんこく)の李(イー)さん：한국에서 온 이승민 씨

**(3)주격을 나타내는 경우**

[例] 中田(なかた)さんの説明(せつめい)：나카타 씨의 설명

**(4)목적격을 나타내는 경우**

[例] 車(くるま)の修理(しゅうり)：차 수리

**(5)동격(同格)을 나타내는 경우**

[例] 投手(とうしゅ)の江川(えがわ)：투수인 에가와

문형연습1

**1. 日本語(にほんご)では太郎(たろう)さん<u>じゃなくて</u>、山田(やまだ)さん<u>です</u>。**

(1) これは、偽物(にせもの)<u>じゃなくて</u>、本物(ほんもの)<u>です</u>。

(이것은 가짜가 아니라, 진짜입니다.)

(2) 日本(にほん)の国語(こくご)の教科書(きょうかしょ)は、横書(よこが)き<u>じゃなくて</u>、縦書(たてが)きです。

(일본 국어 교과서는 가로쓰기가 아니라, 세로쓰기입니다. )

★[**横書(よこが)き** ← 横(よこ)+書(か)き]

★[**縦書(たてが)き** ← 縦(たて)+書(か)き]

(3) 日本語(にほんご)では、秘密番号(ひみつばんごう)<u>じゃなくて</u>、暗証番号(あんしょうばんごう)<u>です</u>。

(일본어에서는「비밀번호」가 아니라,「암증번호」입니다.)

(4) これはアイフォン<u>じゃなくて</u>、ガラケー<u>です</u>。

(이것은 아이폰이 아니라, "갈라파고스 폰" 입니다.)

**★「ガラケー」:「ガラパゴス・ケータイ」의 준말.** 세계의 모바일 · IT사정과는 달리 일본에서 독자적인 진화를 이룬 일본제 휴대전화를, 다른 섬과 접촉이 없었기 때문에 독자적인 진화를 이룬 갈라파고스 제도(諸島)의 생물에 비유한 용어.

(5) この車(くるま)はガソリン<u>じゃなくて</u>、軽油(けいゆ)<u>です</u>。

(이 차는 가솔린 차량이 아니라, 경유 차량입니다.)

### 문형연습2

**2. A：李(イー)さん、それは何(なん)ですか。**
**B：はい、これは日本語(にほんご)のアプリです。**

(1) A：佐藤(さとう)さん、それは何(なん)ですか。
(사토 씨, 그것은 무엇입니까?)
B：はい、あ、これはマイナンバーカードです。
(네, 아, 이것은 개인번호카드입니다.)

★**「マイナンバーカード」:「개인번호카드：個人番号カード(こじんばんごうカード)」**: 2016년 1월 교부가 시작된 일본의 신분증명서의 하나로 성명, 주소, 생년월일, 성별, 개인번호(個人番号 ： マイナンバー), 증명사진을 권면(券面)에 표시하고 이것을 IC칩에 기록하는 IC카드이다.

(2) A：朴(パク)さん、それは何(なん)ですか。
(박동화 씨, 그것은 무엇입니까?)
B：はい、これは財布(さいふ)です。
(네, 이것은 지갑입니다.)

(3) A：田中(たなか)さん、それは何(なん)ですか。
(다나카 씨, 그것은 무엇입니까?)
B：これは何(なん)でもありません。ただの空箱(からばこ)です。
(이것은 아무 것도 아닙니다. 그냥 빈상자입니다.)
★「何(なん)＋でも＋ありません：아무 것도 아닙니다」
★「ただ：그냥, 공짜」→「ただの：그냥」
★「空箱(からばこ)：빈 상자」

(4) A：鈴木(すずき)さん、あれは何(なん)ですか。学校(がっこう)ですか。市役所(しやくしょ)ですか。
(스즈키 씨, 저것은 무엇입니까? 학교입니까? 시청입니까?)
[「学生(がくせい)」「学校(がっこう)」: 표기와 발음의 이동(異同)]

B：はい、あれは、小学校(しょうがっこう)です。市役所(しやくしょ)じゃありません。

(네, 저것은 초등학교입니다. 시청이 아닙니다.)

★「中学校(ちゅうがっこう):중학교」

「高等学校(こうとうがっこう):고등학교」

「高校(こうこう):고교」

「大学(だいがく):대학교」

「大学院(だいがくいん):대학원」

# 신판

# 생활일본어

이 성 규

# あの建物(たてもの)は何(なん)ですか

## 저 건물은 무엇입니까?

# 第3課 あの建物(たてもの)は何(なん)ですか

## 저 건물은 무엇입니까?

### 기본문형

1. A：李(イー)さん、あの建物(たてもの)は何(なん)ですか。
   (이승민 씨, 저 건물은 무엇입니까?)
   B：あれですか。あれはホテルです。
   (저것 말입니까? 저것은 호텔입니다.)
2. A：どれですか。
   (어느 것 말입니까?)
   B：あのホテルの隣(となり)の高層(こうそう)ビルです。
   (저 호텔 옆에 있는 고층빌딩입니다.)
3. 1階(いっかい)から35階(さんじゅうごかい)まではオフィスで、36階(さんじゅうろっかい)から上(うえ)はホテルです。
   (1층에서 35층까지는 사무실이고, 36층에서 위로는 호텔입니다.)

### 학습내용

1. 한국어의 관형사에 해당하는 **일본어의 연체사(連体詞：れんたいし)** **「この(이) / その(그) / あの(저 / 그) / どの(어느)」**의 용법에 대해 학습한다.

2. **「どれですか：어느 것 말입니까」**와 같이 특별히 지정이 되어 있지 않은 사물을 물을 때 쓰이는 표현에 대해 학습하고, 동시에 **「～の隣(となり)：～(의) 옆」**, **「～の上(うえ)**：～(의) 위」와 같이 위치 관계를 나타내는 명사의 용법에 대해서도 검토한다.

3.

[1階(いっかい)から35階(さんじゅうごかい)まではオフィスです。]+
[36階(さんじゅうろっかい)から上(うえ)はホテルです。]
→ 1階(いっかい)から35階(さんじゅうごかい)まではオフィスで、
36階(さんじゅうろっかい)から上(うえ)はホテルです。

2개의 명사문 『～は～です。』와 『～は～です。』를 『～は～で、～は ～です』와 같이 1개의 명사문으로 연결시키는 문형에 대해 학습한다.

# 회화본문

〈仁川(インチョン)松島(ソンド)〉
〈인천 송도〉

山田　：李(イー)さん、[1]あの建物(たてもの)は何(なん)ですか。
　야마다：이승민 씨, 저 건물은 무엇입니까?

李　　：あれですか。あれはホテルです。
　이승민：저것 말입니까? 저것은 호텔입니다.

山田　：[2]では、あれは何(なん)ですか。
　야마다：그럼 저것은 무엇입니까?

李　　：[3]どれですか。
　이승민：어느 것 말입니까?

山田　：[4]あのホテルの隣(とな)りの高層(こうそう)ビルです。
　야마다：저 호텔 옆에 있는 고층빌딩입니다.

李　　：ああ、あれは東北(とうほく)アジア貿易(ぼうえき)タワーです。
　이승민：아, 저것은 동북아시아무역타워입니다.

山田　：[5]あれが東北(とうほく)アジア貿易(ぼうえき)タワーですか。
　　　　ところで、[6]何階(なんかい)建(だ)てですか。

야마다：저것이 동북아시아무역타워입니까?
　　　　그런데 몇 층짜리 건물입니까?

李　　：たしか、68階(ろくじゅうはちかい)建(だ)てです。
　　　　[7]1階(いっかい)から35階(さんじゅうごかい)まではオフィスで、
　　　　36階(さんじゅうろっかい)から上(うえ)はホテルです。

이승민：(아마) 틀림없이 68층짜리 건물일 것입니다.
　　　　1층에서 35층까지는 사무실이고, 36층에서 위로는 호텔입니다.

## 어휘 풀이

| | |
|---|---|
| 仁川(インチョン)松島(ソンド) | 인천 송도 |
| あの | 저 : 연체사(連体詞 : れんたいし) |
| 建物(たてもの) | 건물 : 한국어에서는「건물」과 같이 음(音)으로 읽으나 일본어에서는 훈(訓)으로 읽는다. |
| ホテル | 호텔 |
| では | 그럼 :「それでは」의 준말. |
| どれですか | 「どれ＋です＋か」: 어느 것 말입니까? |
| 高層(こうそう)ビル | 고층 빌딩 : [ビル:「ビルディング」의 준말] |
| 東北(とうほく)アジア貿易(ぼうえき)タワー | 동북아시아무역타워 |
| [あれ]が | ～가 / ～이:주격조사 |
| ところで | 그런데:화제 전환의 접속사 |
| 何階(なんかい) | 몇 층 : 일본어에서는 건물의 층수를「階(かい)」로 나타낸다. |
| [何階(なんかい)]建(だ)て | [몇 층짜리] 건물 建(た)てる, 세우다」의 연용형 建(た)て」가 복합어의 구성요소로 사용되어, 탁음화된 것. |
| たしか | (아마) 틀림없이 / 확실히 / 분명히 |
| 68階(ろくじゅうはちかい) | 68층짜리 건물 |
| 1階(いっ / かい) | 「1階(いち＋かい → いっかい)」: 1층 |
| [1階(いっかい)]から | ～에서 / ～으로부터 : 격조사(格助詞) |
| 35階(さんじゅうごかい) | 35층 |
| [35階(さんじゅうごかい)]まで | ～까지 : 부조사(副助詞) |
| オフィス | 오피스. 사무실. |
| ～は ～で、～は ～です | [～는 ～이고, ～은 ～입니다] |
| 36階(さんじゅうろっかい) | 36층 |
| 上(うえ) | 위 : 위치명사 |

### [1]あの建物は何ですか

**□「この・その・あの・どの+명사」:「이・그・저・어느+명사」(연체사)**

「あの建物(たてもの):저 건물」의「あの」는 한국어의「저」에 해당하는 말로 항상 뒤에 오는 명사를 수식・한정한다. 일본어에서는 이런 품사를 체언(体言)에 연결(連結)되는 품사라고 하여 **연체사(連体詞:れんたいし)**라고 부른다.

**「あの」 계열의 연체사**는 다른 지시사(指示詞)와 마찬가지로「この・その・あの・どの」의 체계를 이루고 있고, 한국어의「이・그・저(그)・어느」에 해당한다.

**◇「この」계열의 연체사**

| 근칭(近称) | 중칭(中称) | **원칭(遠称)** | 부정칭(不定称) |
|---|---|---|---|
| この(이) | その(그) | あの(저)<br>(그:문맥지사) | どの(어느) |

[例] A:この建物(たてもの)は何(なん)ですか。
(이 건물은 무엇입니까?)
B:これですか。これは美術館(びじゅつかん)です。
(이것 말입니까? 이것은 미술관입니다.)

A:その荷物(にもつ)は何(なん)ですか。
(그 짐은 무엇입니까?)
B:あ、これですか。これは書類(しょるい)です。
(아, 이것 말입니까? 이것은 서류입니다.)

A：あの建物(たてもの)は何(なん)ですか。

(저 건물은 무엇입니까?)

B：あ、あれですか。あれは消防署(しょうぼうしょ)です。

(저, 저것 말입니까? 저것은 소방서입니다.)

### [2]では

**□「では」:「그럼」(접속사)**

「では」는「それでは」의 준말로 한국어의「그럼」에 해당하는 접속사이다. 여기서「それでは」의 준말을 살펴보면 다음과 같다.

**◆「それでは(그러면)」⇒「それじゃ(그러면)」**
**⇒「では(그럼)」⇒「じゃ(그럼)」**

「では ⇒ じゃ」와 같은 축약(縮約)은 일본어의 일반적인 현상이며, 단어는 **단축형(短縮形)**이나 **축약형(縮約形)**이 되면 그만큼 **정중도(丁重度)**는 낮아진다.

[例] A：では、その本(ほん)は何(なん)ですか。

(그럼, 그 책은 무엇입니까?)

B：これは日本語(にほんご)の小説(しょうせつ)です。

(이것은 일본어 소설입니다.)

A：じゃ、あれは何(なん)ですか。

(그럼, 저것은 무엇입니까?)

B：あれですか。あれは、警察署(けいさつしょ)です。

(저것 말입니까? 저것은 경찰서입니다.)

### [3]どれですか

**□「どれですか」:「어느 것입니까?」**

「どれ」는 한국어의「어느 것」에 해당하는 말로, 사물을 나타내는 지시대명사인데 구체적으로 지시할 수 없을 경우에 쓴다.

[例] A：どれですか。

(어느 것 말입니까?)

B：その建物(たてもの)の前(まえ)の建物(たてもの)です。

(그 건물 앞에 있는 건물 말입니다.)

### [4]あのホテルの隣(となり)の高層(こうそう)ビル

**□「隣(となり)」: 위치명사**

「あのホテルの隣(となり)の高層(こうそう)ビル : 저 호텔 옆(에 있는) 고층 빌딩)」의 **『隣(となり) : 옆』**은 위치 관계를 나타내는 명사로서 **『XのY(위치명사)』**의 형식으로 쓰여 사물이 존재하는 장소를 명확히 지정해 주는 역할을 한다.

한국어에도 일본어와 마찬가지로 위치명사가 존재하나, 그 쓰임에 있어서 주의할 사항이 있다. 즉, **한국어**에서는「호텔 옆(뒤)」,「교실 안」,「책상 위」,「의자 밑」과 같이, 일반적으로 조사「~의」가 생략되는 경우가 많다. 이에 대해 **일본어**에서는「その隣(となり) : **그 옆**」과 같이 연체사와 같이 쓰이는 경우가 아니면, **『명사+の+명사』**와 같이 반드시 조사 **『~の』**를 필요로 하니 주의한다.

**☆일본어의 주요 위치명사☆**

①大学(だいがく)の前(まえ) [대학 앞]
車(くるま)の後(うし)ろ [차 뒤]
②机(つくえ)の上(うえ) [책상 위]
引(ひ)き出(だ)しの中(なか) [서랍 안]
椅子(いす)の下(した) [의자 밑]
③会社(かいしゃ)の内(うち) [회사 안]
会社(かいしゃ)の外(そと) [회사 밖]
④交差点(こうさてん)の右(みぎ) [교차로 오른쪽]
信号(しんごう)の左(ひだり) [신호 왼쪽]
⑤銀行(ぎんこう)の隣(となり) [은행 옆]
玄関(げんかん)の横(よこ) [현관 옆]
交差点(こうさてん)のそば [교차로 옆]

## [5]あれが東北(とうほく)アジア貿易(ぼうえき)タワーですか

**□ 「～が」:「～이 / ～가」(주격조사)**

본문의「あれが」의「～が」는 주격조사로, 한국어의「～이 / ～가」에 해당한다.

[例] わたし<u>が</u>上田(うえだ)です。

(제가 우에다입니다.)

あれ<u>が</u>佐藤(さとう)さんの会社(かいしゃ)ですか。

(저것이 사토 씨 회사입니까?)

## [6]何階(なんかい)建(だ)てですか

**□ 1階(いっかい) / 35階(さんじゅうごかい) / 36階(さんじゅうろっかい) / 68階(ろくじゅうはちかい)**

**(1)「～階(かい)」:「～층(層)」**

한국어에서는 1층, 2층과 같이「층(層)」이라는 단위를 사용하는데, 일본어에서는 계단(階段)의 **「계 : 階(かい)」**라는 단위를 쓰니 주의한다.

**(2)「何階(なんかい)」:「몇 층」(수량사=수사+조수사)**

**「何階(なんかい)」**는 한국어의「몇 층」에 해당하는 말인데, 일본어에서는「1階(いっかい) : 1층」,「3人(さんにん) : 세 사람」,「4冊(よんさつ) : 4권」과 같이 물건을 셀 때 쓰는 단위를 **수량사(数量詞 : すうりょうし)**라고 한다. 그리고「～階(かい)」「～人(にん)」「～冊(さつ)」와 같이 **수사(数詞 : すうし)** 뒤에 쓰여 대상에 따라 읽기가 고정된 단위를 **조수사(助数詞 : じょすうし)**라고 한다.

☆[참고]☆

**일본어의 수사(1)**

| 고유어(固有語) 수사 | | | 한자어(漢字語) 수사 | | |
|---|---|---|---|---|---|
| 한국어 | 일본어 | | 한국어 | 일본어 | |
| 하나 / 한 개 | 一つ | ひとつ | 일 | 一 | いち |
| 둘 / 두 개 | 二つ | ふたつ | 이 | 二 | に |
| 셋 / 세 개 | 三つ | みっつ | 삼 | 三 | さん |
| 넷 / 네 개 | 四つ | よっつ | 사 | 四 | し / よ / よん |
| 다섯 / 다섯 개 | 五つ | いつつ | 오 | 五 | ご |
| 여섯 / 여섯 개 | 六つ | むっつ | 육 | 六 | ろく |
| 일곱 / 일곱 개 | 七つ | ななつ | 칠 | 七 | しち / なな |
| 여덟 / 여덟 개 | 八つ | やっつ | 팔 | 八 | はち |
| 아홉 / 아홉 개 | 九つ | ここのつ | 구 | 九 | く / きゅう |
| 열 / 열 개 | 十 | とお | 십 | 十 | じゅう |

[1]물건을 세거나 순서를 나타낼 때 쓰는 말을 **수사(数詞)**라고 한다. 일본어의 수사도 한국어와 마찬가지로 고유어 계열과 한자어 계열이 공존하고 있다.

[2]한자어 수사 중에는 **『四(し・よ・よん)』,『七(しち・なな)』,『九(く・きゅう)』**와 같이 한자어 계열과 고유어 계열(한자어 계열)이 공존하는 경우가 있다.

[3]그리고 한국어에서는 고유어 계열의 수사로 「하나, 둘,……아흔 아홉」까지 셀 수가 있는데, 일본어에서는 「一(ひと)つ : 하나」, 「二(ふた)つ : 둘」, 「三(みっ)つ : 셋」,……「十(とお) : 열」까지만 쓰이고 11 이상은 한자어 계열의 수사가 쓰인다.

[例] 11(じゅういち) 12(じゅうに) 13(じゅうさん) 14(じゅうし / じゅうよん)
15(じゅうご) 16(じゅうろく) 17(じゅうしち / じゅうなな)
18(じゅうはち) 19(じゅうく / じゅうきゅう)
20(にじゅう) 30(さんじゅう) 40(しじゅう / よんじゅう)

50(ごじゅう) 60(ろくじゅう) 70(しちじゅう / ななじゅう)

80(はちじゅう) 90(きゅうじゅう) 100(ひゃく)

## 일본어의 수량사(1)

### [1]일본어 수량사 읽기

**수량사(数量詞 : すうりょうし)**의 경우, 한국어에서는 「두 권 · 세 마리 · 여섯 병 · 1층 · 10명」과 같이, 고유어 계열이 비교적 많이 쓰이는 편이다. 이에 대해 일본어에서는 대부분 「いち, に, さん……」의 한자어 계열의 수사가 주로 쓰이고 「ひとつ, ふたつ……」와 같은 고유어 계열의 수사는 소수이니 주의한다.

### [2]수량사 읽기

수사가 「1 · 3 · 6 · 8 · 10」이고 「K/S/H/T/P」로 시작되는 조수사가 뒤에 올 때 발음의 변화, **촉음화(促音化 : そくおんか)**나 **탁음화(濁音化 : だくおんか)**가 일어나는 경향이 있다. 지금 단계에서는 전부 소화하는 것보다 이해만 하면 된다.

| | | | |
|---|---|---|---|
| [例] | 1(いち)+階(かい) ⇒ | 1階(いっかい) | 1층 |
| | 3(さん)+足(そく) ⇒ | 3足(さんぞく) | 세 켤레 |
| | 6(ろく)+本(ほん) ⇒ | 6本(ろっぽん) | 여섯 병(개) |
| | 8(はち)+匹(ひき) ⇒ | 8匹(はっぴき) | 여덟 마리 |
| | 10(じゅう)+点(てん) ⇒ | 10点(じゅってん) | 10점 |

### [3]일본어로 층수를 세는 법

수량사도 한꺼번에 전부 외우려고 하면 실패한다. 나오는 대로 하나씩 천천히 소화해 나가면 된다. 제3과에서는 먼저 건물의 층수를 세는 것을 5번 이상 읽어서 익숙해지도록 한다

| | | | | |
|---|---|---|---|---|
| [例] | **1階(いっかい)** | 1층 | 2階(にかい) | 2층 |
| | **3階(さんがい · さんかい)** | 3층 | **4階(よんかい)** | 4층 |
| | 5階(ごかい) | 5층 | **6階(ろっかい)** | 6층 |
| | 7階(ななかい) | 7층 | 8階(はちかい) | 8층 |
| | **9階(きゅうかい)** | 9층 | **10階(じゅっかい)** | 10층 |

**[7]1階(いっかい)から35階(さんじゅうごかい)まではオフィスで、**
**36階(さんじゅうろっかい)から上(うえ)はホテルです。**

**(1)1階(いっかい)から35階(さんじゅうごかい)まで**

**□ 『～から』:『～에서 / ～으로부터』(격조사)**

**『～から』**는 체언에 붙어 시간적, 공간적 기점(起点)이나 출발점을 나타내는 조사로 한국어의 「～에서」, 「～으로부터」에 해당한다. 그리고「～から」는 **『～から～まで』**와 같이 보통 종점(終点)이나 도착점(倒着点)을 나타내는 「～まで」와 같이 쓰이는 경우가 많다.

[例] 試験(しけん)は午後(ごご) 3時(さんじ)からです。
(시험은 오후 3시부터입니다.)

**□ 『～まで』:『～까지』(부조사)**

**『～まで』**는 시간이나 장소를 뜻하는 말에 붙어 도달점이나 종점을 나타내는데, 보통 기점이나 출발점을 나타내는 「～から」와 함께 쓰여 「～から ～まで(～부터 / ～에서 ～까지)」의 형식으로 쓰이는 경우가 많다.

[例] 朝(あさ)から晩(ばん)まで。
(아침부터 저녁까지)
家(うち)から学校(がっこう)まで。
(집에서 학교까지)

**(2)[1階(いっかい)から35階(さんじゅうごかい)まで]は[オフィス]で、**
**[36階(さんじゅうろっかい)から上(うえ)]は[ホテル]です。**

**□ 『～で、～です』:『～이고(인데), ～입니다』**

다음과 같이 2개의 명사문을 1개의 명사문으로 만든 것이다.

| [1階(いっかい)から35階(さんじゅうごかい)まではオフィスです。]+<br>[36階(さんじゅうろっかい)から上(うえ)はホテルです。]<br>→ 1階(いっかい)から35階(さんじゅうごかい)まではオフィスで、<br>36階(さんじゅうろっかい)から上(うえ)はホテルです。 |
|---|

즉, **『～は～です』＋『～は～です』**와 같이 2개의 명사문을 한 문장으로 만들면, **『～は～で、～は～です』**가 된다. 이때 앞문장의 「～で」는 단정의 조동사 「～だ(～이다)」의 **연용형(連用形：れんようけい)**으로 두 문장을 단순 연결시키는 역할을 하는데 한국어로는 「～이고 / ～인데 / ～으로」 등으로 대응한다.

★**『連用形(れんようけい)』**： 연용형이란 용어란 용언(用言)에 연결(連結)되는 형태(形態)를 의미하는데, 용어라는 것은 여러 가지 용법을 포괄적으로 내포하고 있다고 이해하면 된다.

[例] [これは写真(しゃしん)です。]＋[あれは絵(え)です。]

⇒ これは写真(しゃしん)で、あれは絵(え)です。

(이것은 사진이고, 저것은 그림입니다.)

문형연습1

**1. A：李(イー)さん、あの建物(たてもの)は何(なん)ですか。**
**B：あれですか。あれはホテルです。**

(1) A：佐藤(さとう)さん、あの建物(たてもの)は何(なん)ですか。
(사토 씨, 저 건물은 무엇입니까?)
B：あれですか。あれは仁川(インチョン)地方(ちほう)裁判所(さいばんしょ)です。
(저것 말입니까? 인천지방재판소입니다.)

(2) A：鈴木(すずき)さん、あの建物(たてもの)は何(なん)ですか。
(스즈끼 씨, 저 건물은 무엇입니까?)
B：あれですか。あれは大学(だいがく)の学生寮(がくせいりょう)です。
(저것 말입니까? 저것은 대학 기숙사입니다.)

(3) A：小川(おがわ)さん、あれは何(なん)の工場(こうじょう)ですか。
(오가와 씨, 저것은 무슨 공장입니까?)
B：あれですか。あれは半導体(はんどうたい)工場(こうじょう)です。
(저것 말입니까? 저것은 반도체 공장입니다.)

(4) A：徳川(とくがわ)さん、あの店(みせ)は何(なん)の店(みせ)ですか。
(도쿠가와 씨, 저 가게는 무슨 가게입니까?)
B：あれですか。あれは店(みせ)じゃありません。住民(じゅうみん)センターです。
(저것 말입니까? 저것은 가게가 아닙니다. 주민센터입니다.)

문형연습2

**2. A : どれですか。**

**B : あのホテルの隣(とな)りの高層(こうそう)ビルです。**

(1) A : どれですか。

(어느 것 말입니까?)

B : その銀行(ぎんこう)の前(まえ)の建物(たてもの)です。

(그 은행 앞에 있는 건물 말입니다.)

(2) A : どれですか。

(어느 것 말입니까?)

B : その花屋(はなや)の右(みぎ)の建物(たてもの)です。

(그 꽃가게 오른쪽에 있는 건물 말입니다.)

(3) A : どれですか。

(어느 것 말입니까?)

B : あのデパートの左(ひだり)の建物(たてもの)です。

(저 백화점 왼쪽에 있는 건물 말입니다.)

(4) A : どれですか。

(어느 것 말입니까?)

B : あのパン屋(や)の向(むか)いの建物(たてもの)です。

(저 빵집 건너편에 있는 건물 말입니다.)

문형연습3

**3. 1階(いっかい)から35階(さんじゅうごかい)まではオフィスで、36階(さんじゅうろっかい)から上(うえ)はホテルです。**

(1) [これはプラチナです。]+[それは銀(ぎん)です。]

⇒これはプラチナで、それは銀(ぎん)です。

★「プラチナ」【스페인 platina】: 백금.

(이것은 백금이고, 그것은 은입니다.)

(2) [これは新車(しんしゃ)です。]+[それは中古車(ちゅうこしゃ)です。]

⇒これは新車(しんしゃ)で、それは中古車(ちゅうこしゃ)です。

(이것은 신차이고, 그것은 중고차입니다.)

(3) [その建物(たてもの)はショッピングセンターです。]+[あの建物(たてもの)は映画館(えいがかん)です。]

⇒その建物(たてもの)はショッピングセンターで、あの建物(たてもの)は映画館(えいがかん)です。

★「ショッピングセンター」:【shopping center】: 쇼핑센터.

(그 건물은 쇼핑센터이고, 저 건물은 영화관입니다.)

(4) [あの店(みせ)はコンビニです。]+

[その隣(とな)りの店(みせ)は果物屋(くだものや)です。]

★「コンビニ」:[コンビニエンスストア【convenience store】]의 준말. 편의점.

⇒あの店(みせ)はコンビニで、その隣(とな)りの店(みせ)は果物屋(くだものや)です。

(저 가게는 편의점이고, 그 옆 가게는 과일가게입니다.)

# 今日(きょう)は、暑(あつ)いですね

오늘은 덥군요

# 第4課

# 第4課 今日(きょう)は、暑(あつ)いですね

## 오늘은 덥군요

### 기본문형

1. 今日(きょう)は、暑(あつ)いですね。
   (오늘은 덥군요)
2. 山田(やまだ)さん、後輩(こうはい)の朴(パク)さんです。
   (야마다 씨, (제) 후배인 박하늘 양입니다.)
3. じゃ、いっしょにお昼(ひる)はどうですか。
   (그럼, 같이 점심 식사라도 할까요?)

### 학습내용

1. 일본어의 형용사는 어미가 「暑(あつ)い」와 같이 **『～い』**로 끝난다. **일본어 형용사의 형태적 특징과 의미적 분류**, 그리고 **『暑(あつ)いです : 덥습니다』**와 같은 **형용사의 정중체**에 대해 학습한다.

2. **『～の』**에는 다양한 의미・용법이 있는데, 4과에서는 **『後輩(こうはい)の朴(パク)さん : 후배인 박하늘 양』**과 같은 **동격(同格)**을 나타내는 「～の」의 용법에 대해 학습한다.

3. 상대방의 의사나 의향을 물을 때 쓰는 **『どうですか : 어떻습니까』**의 용법에 대해 학습한다.

## 회화본문

〈紹介(しょうかい)〉
〈소개〉

李　：[1]今日(きょう)は、[2-1]暑(あつ)いですね。

이승민 : 오늘은 덥군요.

山田　：そうですね。[3]もう夏(なつ)ですね。

야마다 : 그러네요. 벌써 여름이군요.

朴　：先輩(せんぱい)、こんにちは。

박하늘 : 선배님, 안녕하세요.

朴　：[4-1]やあ。そうだ、[5]山田(やまだ)さん、後輩(こうはい)の朴(パク)さんです。

이승민 : 아, 하늘이니? 아, 그렇지. 야마다 씨, (제) 후배인 박하늘 양입니다.

朴　：はじめまして。朴(パク)です。どうぞよろしくお願(ねが)いします。

박하늘 : 처음 뵙겠습니다. 박하늘입니다. 잘 부탁드립니다.

山田　：山田(やまだ)です。こちらこそ、よろしく。

야마다 : 야마다입니다. 저야말로 잘 부탁합니다.

李　：じゃ、[6]いっしょに[7]お昼(ひる)はどうですか。

이승민 : 그럼, 같이 점심 식사라도 할까요?

山田　：[2-2]いいですね。

야마다 : 좋지요.

李　：[4-2]朴(パク)さんも一緒(いっしょ)にどう。

이승민 : 박하늘 양도 함께 하지 않겠어?

朴　：[8]わたしもいっしょにいいですか。

박하늘 : 저도 같이 가도 됩니까?

山田　：[9]もちろんです。

야마다 : 물론입니다.

## 어휘 풀이

| | |
|---|---|
| 紹介(しょう / かい) | 소개 |
| | →「自己紹介(じ / こ / しょう / かい)」자기소개. |
| 今日(きょう) | 오늘 |
| 暑(あつ)い | 덥다 |
| 暑(あつ)いです | 덥습니다 :「暑(あつ)い＋です」 |
| もう | ①이제 / 벌써. ②더 (첨가). ③정말. |
| 夏(なつ) | 여름 |
| | →「春(はる)」봄,「秋(あき)」가을, |
| | 「冬(ふゆ)」겨울, |
| | 「春夏秋冬(しゅんかしゅうとう)」춘하추동 |
| 先輩(せんぱい) | 선배(님) |
| | →「後輩(こうはい)」후배 |
| やあ | 어이 /야 : 사람을 부르거나 또는 놀랐을 때에 쓰는 말. |
| そうだ | 「そう(부사)＋だ(단정의 조동사)」 |
| | ①그렇다 ②그렇지 / 맞아 : |
| | 어떤 일을 생각해냈을 때 쓰는 말. |
| [後輩(こうはい)]の[朴(パク)さん] | [후배]인 [박하늘 양] :「～の」는 동격 |
| じゃ | 그럼 :「～では」의 축약형. |
| いっしょに(一緒に) | 같이 / 함께 |
| お昼(ひる) | 점심 (식사) |
| ～はどうですか | ～는 어떻습니까? : 상대방의 의향을 묻거나 |
| | 제안할 때 쓴다. |
| いい | 좋다 : 형용사. 현대어에서는「いい(신형)」와 |
| | 「よい(구형)」이 공존하고 있다. |
| いいです | 좋습니다 :「× よいです」는 안 쓰인다. |
| [朴(パク)さん]はどう | [박하늘 양]은 어때? :「どう」는 |
| | 「どうですか」의 보통체 말씨. |

[わたし]も　　[저]도 : 격조사

わたしもいっしょにいいですか　　저도 같이 (가도) 됩니까?

もちろんです　　물론입니다.

「もちろん(부사)+です(단정의 조동사)」

## 중요 어구 해설

### [1]今日

「今日(きょう)」는 한국어의 「오늘」에 해당하는 말이다. 그리고 「어제」는 「きのう(昨日)」이고, 「내일」은 「あした(明日)·あす(明日)」이다.

[例] <u>**今日(きょう)**</u>はわたしの誕生日(たんじょうび)です。
(오늘은 제 생일입니다.)
<u>**明日(あした)**</u>は雨(あめ)じゃなくて、雪(ゆき)です。
(내일은 비가 아니라 눈이 옵니다.)

> **☆참고☆**
> · 一昨日(おととい:그저께)·きのう:어제·今日(きょう:오늘)
> · 明日(あした:내일)/明日(あす:내일)·明後日(あさって:모레)
> · 明明後日(しあさって:글피)]

### [2-1]暑(あつ)い·いい

**☆일본어의 형용사(形容詞 : けいようし)☆**

[1] 한국어와 마찬가지로 일본어의 형용사도 <u>사물의 성질이나 상태, 또는 사람의 감정이나 감각을 나타내는 품사</u>를 가리키는데, 기본형이 **『～い』**로 끝난다.

[2] 일본어에서는 사물의 성질이나 상태를 나타내는 부류를 **『속성(属性) 형용사』**라고 하고, 사람의 감정이나 감각을 나타내는 부류를 **『감정(感情) 형용사』**라고 한다.

## ◇ 주요 형용사 일람

### ◆ 속성 형용사

**①색깔**

[例] 白(しろ)い 희다　黒(くろ)い 검다　赤(あか)い 빨갛다
青(あお)い 파랗다　黄色(きいろ)い 노랗다.

**②맛**

[例] おいしい 맛있다
辛(から)い 맵다　塩辛(しおから)い・しょっぱい 짜다　すっぱい 시다
苦(にが)い 쓰다　⇔ 甘(あま)い 달다 / 싱겁다

**③온도**

[例] 暑(あつ)い 덥다　⇔ 寒(さむ)い 춥다
熱(あつ)い 뜨겁다　⇔ 冷(つめ)たい 차갑다
ぬるい 미지근하다
暖(あたた)かい 따뜻하다 ⇔ 涼(すず)しい 시원하다

**④형상(形状)・속성(属性)(1)**

[例] 大(おお)きい 크다　⇔ 小(ちい)さい 작다
重(おも)い 무겁다　⇔ 軽(かる)い 가볍다
広(ひろ)い 넓다　⇔ 狭(せま)い 좁다
早(はや)い 이르다　⇔ 遅(おそ)い 늦다
明(あか)るい 밝다　⇔ 暗(くら)い 어둡다
新(あたら)しい 새롭다　⇔ 古(ふる)い 오래되다
高(たか)い 높다　⇔ 低(ひく)い 낮다
高(たか)い 비싸다　⇔ 安(やす)い 싸다

④**형상(形状)・속성(属性)(2)**

[例] いい/よい 좋다 ⇔ 悪(わる)い 나쁘다

遠(とお)い 멀다 ⇔ 近(ちか)い 가깝다

難(むずか)しい 어렵다 ⇔ 易(やさ)しい 쉽다

強(つよ)い 강하다 ⇔ 弱(よわ)い 약하다

美(うつく)しい 아름답다 ⇔ みにくい 못생기다

面白(おもしろ)い 재미있다 ⇔ つまらない 재미없다

**◆ 감정 형용사**

감정 형용사는 사람의 감정이나 감각을 나타내기 때문에 평서문에서 주체는 1인칭에 한정되고, 형용사로는 제3자의 감정이나 감각은 나타내지 못한다.

[例] 悲(かな)しい 슬프다 寂(さび)しい 외롭다 楽(たの)しい 즐겁다

嬉(うれ)しい 기쁘다 痛(いた)い 아프다

**◇ 형용사의 종지형(終止形:しゅうしけい)과 연체형(連体形:れんたいけい)**

**일본어 형용사**는 [**기본형 = 종지형 = 연체형**]의 관계에 있다.

| 기본형(基本形) | 종지형(終止形) | 연체형(連体形) |
|---|---|---|
| 赤(あか)い<br>(빨갛다) | りんごが赤(あか)い。<br>(사과가 빨갛다.) | 赤(あか)いりんご<br>(빨간 사과) |
| いい<br>(좋다) | 音(おと)がいい。<br>(소리가 좋다.) | **いい**音(おと)<br>(좋은 소리) |
| 悲(かな)しい<br>(슬프다) | 歌(うた)が悲(かな)しい。<br>(노래가 슬프다.) | 悲(かな)しい歌(うた)<br>(슬픈 노래) |

형용사는 문중의 기능에 따라 **어형 변화** 즉, **활용(活用)**을 하는데, 문이 끝날 때 쓰이는 형태인 **종지형(終止形:しゅうしけい)**과 체언을 수식, 한정할 때 쓰이는 형태인 **연체형(連体形:れんたいけい)**이 동일 형태라는 점이 한국어와 다르다.

## [2-2]暑いですね / いいですね

**「暑(あつ)いです : 덥습니다」**는 형용사「暑(あつ)い : 덥다」의 정중체로서 「暑(あつ)い」에 정중의 조동사「～です : ～입니다」가 붙은 것이고, **「いいです : 좋습니다」**는「いい / よい : 좋다」에「～です : ～입니다」가 붙은 것이다. [×よいです]

(1) **「형용사의 정중체」**:**「～いです」**

형용사를 정중하게 표현할 때는 기본형(「～い」) 에 정중의 조동사「～です」를 붙인다.

[例] [小(ちい)さい] ⇒ わたしのかばんは**小(ちい)さいです**。
(내 가방은 작습니다.)

[長(なが)い] ⇒ この川(かわ)は**長(なが)いです**。
(이 강은 깁니다.)

[いい / よい] ⇒ この本(ほん)はとても{いいです / ×よいです}。
(이 책은 무척 좋습니다.)

(2) 今日は、暑いですね

**「暑(あつ)いですね」**는 **「暑(あつ)い」**의 정중체로서 본문의「今日(きょう)は、暑(あつ)いですね : 오늘은 덥군요」는 날씨를 화제로 한 인사말이다. 같은 유형의 표현을 공부해 보자.

[例] 今日(きょう)は、**暖(あたた)かいですね**。
(오늘은 따뜻하군요.)

今日(きょう)は、本当(ほんとう)に**涼(すず)しいですね**。
(오늘은 정말 시원하군요.)

今日(きょう)は、本当(ほんとう)に**寒(さむ)いですね**。
(오늘은 정말 춥군요.)

## [3]もう夏ですね

**□「もう」:「벌써 / 이제」(부사)**

「もう」는 ①「벌써 / 이제 / 이미」, ②「또」, ③「정말」과 같은 다양한 의미를 지닌 부사이다. 본문의「もう夏(なつ)ですね」는「벌써 여름이군요」의 뜻으로 ①의 의미로 쓰이고 있다.

[例] もう春(はる)ですね。
(벌써 봄이군요.)
もうお昼(ひる)の時間(じかん)ですね。
(벌써 점심시간이군요.)

## [4-1]やあ。そうだ、

**「やあ : 어이 / 야」**는 남을 부르거나 놀랐을 때 쓰는 말(감탄사)이고, **「そうだ」**는 어떤 일을 생각해 냈을 때 쓰는 표현인데, 둘 다 한국어의 반말 표현에 해당한다. 본문의 **「やあ。そうだ」**는「야, 오랜만이다. 그렇지.」의 뜻으로, 이승민이 오래간만에 만난 후배인 박하늘에게 말을 걸면서, 야마다에게 박하늘을 소개시키는 장면에서 사용되고 있다.

## [4-2]朴(パク)さんも一緒(いっしょ)にどう

「朴(パク)さんも一緒(いっしょ)にどう」는「박하늘 양도 함께 하지 않겠어?」의 뜻으로 이승민이 후배인 박하늘 양의 의사를 물을 때 쓰이고 있다. 이때의 **「どう」**는 **「どうですか : 어떻습니까?」**의 보통체 말씨이다.

[例] A : あ、そうだ。田中(たなか)さんはどう。
(아, 맞아. 다나카 씨는 어떻게 생각해?)
B : 何(なに)がですか。
(뭐가 말입니까?)
A : 旅行(りょこう)だよ。一緒(いっしょ)にどう。
(여행 말이야. 함께 가는 거 어때?)

★「～だよ」: 단정의 조동사「～だ(～이다)」에 강조의 종조사「～よ」가 접속된 것.

### [5]山田(やまだ)さん、後輩(こうはい)の朴(パク)さんです

**□「～の」: 동격(同格)**

**격조사「～の」**는 앞에서 학습한 **연체격(소유격)** 용법 이외에도 다양한 의미・용법을 가지고 있는데, **「後輩(こうはい)の朴(パク)さんです : 후배인 박하늘 양 입니다」**와 같이 앞뒤 명사가 동일 내용을 나타낼 경우에는 **동격(同格) 관계**를 나타낸다. 「～の」가 동격일 경우에는 한국어의 「～인」에 대응하는 경우가 많은데, 어색한 경우에는 굳이 번역하지 않아도 된다.

[例] 福田(ふくだ)さん、<u>友(とも)だちの馬場(ばば)さん</u>です。

(후쿠다 씨, 친구인 바바 씨입니다.) [友だち = 馬場(ばば)さん]

### [6]いっしょに

**□「いっしょに」:「같이 / 함께」**

**「いっしょに(一緒に)」**는 한국어의 「같이」, 「함께」에 해당하는 말인데, 본문에서는 **「いっしょに～はどうですか : 같이 ～은 어떻습니까?」**와 같은 문형에서 쓰이고 있다.

[例] それじゃ、<u>いっしょに</u>お茶(ちゃ)はどうですか。

(그럼, 같이 차라도 한 잔 들지 않겠습니까?)

### [7]お昼はどうですか

**□「どうですか」:「어떻습니까」(의향 / 안부)**

**「どうですか」**는 한국어의 「어떻습니까」에 해당하는 말인데, ①상대방의 의사나 의향을 묻거나 또는 ②안부를 물을 때 쓰인다. 「どうですか」의 정중한 표현으로는 **「いかがですか : 어떠십니까」**가 있다.

**(1)상대방의 의사나 의향을 묻는 경우.**

[例] お弁当(べんとう)は{<u>どうですか</u> / <u>いかがですか</u>}。

(도시락은 {어떻습니까? / 어떠십니까?})

**□「～はどうですか」:「～는 어떻습니까? / ～하지 않겠습니까?」**

본문의「お昼(ひる)はどうですか」와 같이「～はどうですか」의 문형으로 쓰이면 한국어의「～은 어떻습니까?」 또는「～하지 않겠습니까?」에 상당하는 뜻을 나타낸다.

[例] じゃ、いっしょに相撲(すもう)はどうですか。

(그럼, 같이 씨름 구경이라도 가지 않겠습니까?)

**(2)상대방의 안부를 묻는 경우.**

[例] 最近(さいきん)、どうですか。

(요즈음 어떻게 지냅니까?)

## [8]わたしもいっしょにいいですか

(1)わたしも

**□「～も」:「～도」(격조사)**

**「～も」**는 한국어의「～도」에 해당하는 격조사이다.

[例] わたしも馬鹿(ばか)です。

({저도 / 제가} 바보입니다.)

値段(ねだん)も高(たか)いです。それに、食事(しょくじ)もまずいです。

(가격도 비쌉니다. 게다가, 식사도 맛이 없습니다.)

(2)わたしもいっしょにいいですか

**□「생략 표현」[일본어의 특질(1)]**

본문의 **「わたしもいっしょにいいですか」**는 **「わたしもいっしょに[行(い)っても]いいですか : 저도 같이 가도 됩니까」**에 상당하는 표현이다. 일본어의 경우, 생략 표현이 발달되어 있어, 문장 성분을 다 구비하고 있지 않아도 의미 전달에 지장이 없는 경우가 많다.

[例] A : わたしもいっしょにいいですか。

(저도 같이 가도 {됩니까? / 상관없습니까?})

B：ええ、もちろん。女性(じょせい)の方(かた)は大歓迎(だいかんげい)です。

(네, 물론입니다. 여성분은 대환영입니다.)

## [9]もちろん

**□「もちろん」:「물론」(부사)**

**『もちろん』**은 한국어의 「물론」에 해당하는 말로 상대방의 질문에 동의를 나타낼 때 쓰는데, 한국어와 달리, 「もちろん」만으로 **『もちろんです : 물론입니다』**에 상당하는 뜻을 나타낸다.

[例] わたしはもちろん、彼(かれ)も反対(はんたい)です。

(저는 물론이고, 그이도 반대입니다.)

A：食事(しょくじ)はただですか。

(식사는 공짜입니까?)

★「ただ」:공짜. 거저.

B：ええ、もちろん。飲(の)み物(もの)もただです。

(네, 물론입니다. 마시는 것도 공짜입니다.)

### 문형연습1

**1. 今日(きょう)は、暑(あつ)いですね。**

(1)このパンは固(かた)いですね。

(이 빵은 딱딱하네요.)

(2)この教科書(きょうかしょ)は本当(ほんとう)に厚(あつ)いですね。

(이 교과서는 정말 두껍네요.)

(3)日本(にほん)の交通費(こうつうひ)は高(たか)いですね。

(일본 교통비는 비싸네요.)

(4)最近(さいきん)、橋本(はしもと)さんは元気(げんき)がないですね。

(요즘 하시모토 씨는 기운이 없네요.)

(5)今日(きょう)の映画(えいが)は何(なん)だか悲(かな)しいですね。

(오늘 영화는 어쩐지 슬프네요.)

★「何(なん)だか」①무엇인지. 무언지. ②어쩐지. 웬일인지.

(6)運動(うんどう)の後(あと)は気分(きぶん)が清々(すがすが)しいですね。

(운동을 하고 나면 기분이 상쾌하네요.)

**☆참고☆**

**『々(おどりじ)』**: 일본어에서 같은 가나(仮名:かな)나 한자를 겹쳐 쓸 때 사용하는 부호.

「ああ : あゝ」의『ゝ』,

「清清(すがすが)しい:清々(すがすが)しい」의『々』.

### 문형연습2

**2. 山田(やまだ)さん、後輩(こうはい)の朴(パク)さんです。**

(1)佐藤(さとう)さん、先輩(せんぱい)の木村(きむら)さんです。
(사토 씨, 선배인 기무라 씨입니다.)

(2)小林(こばやし)さん、大家(おおや)さんの高橋(たかはし)さんです。
(고바야시 씨, 집 주인인 다카하시 씨입니다.)
★「大家(おおや)」: 셋집 주인. 집주인.

(3)橋本(はしもと)さん、友(とも)だちの柴田(しばた)君(くん)です。
(하시모토 씨, 친구인 시바타 군입니다.)

(4)鈴木(すずき)さん、弟(おとうと)の裕(ひろし)です。
(스즈키 씨, 제 남동생 히로시입니다.)

(5)長谷川(はせがわ)さん、保証人(ほしょうにん)の本間(ほんま)さんです。
(하세가와 씨, 보증인인 혼마 씨입니다.)

☆참고☆
★**『～人(にん)』**:「本人(ほんにん), **본인**」「人間(にんげん), 인간, 사람」
**『～人(じん)』**:「日本人(にほんじん), 일본인」
「社会人(しゃかいじん), 사회인」

## 문형연습3

### 3. じゃ、いっしょにお昼(ひる)はどうですか。

(1)では、みんなでマージャンはどうですか。

(그럼, 다 같이 마작은 어떨까요?)

★「マージャン(중국어:麻雀)」:마작.

(2)じゃ、久(ひさ)しぶりにドライブはどうですか。

(그럼, 오래간만에 드라이브는 어떻습니까?)

★「久(ひさ)しぶりに」:오래간만에

(3)久々(ひさびさ)にいっしょに食事(しょくじ)はどうですか。

(오래간만에 같이 식사라도 할까요?)

★「久々(ひさびさ)に」:오래간만에

(4)今日(きょう)は、宴会(えんかい)の後(あと)、カラオケはどうですか。

(오늘은 연회가 끝난 후, 가라오케는 어떻습니까?)

★「～の後(あと)」:(시간적으로) 뒤. 나중. 다음.

★「空(から)オケ / カラオケ」:가라오케. 노래방.

(5)退社後(たいしゃご)、三人(さんにん)で一杯(いっぱい)どうですか。

(회사가 끝난 후, 셋이서 한 잔 마시지 않겠습니까?)

★「退社(たいしゃ)」①회사에서 퇴근하는 것. ②회사를 그만두는 것.

# いやあ、きれいですね

와, 깨끗하네요

# 第5課 いやあ、きれいですね

## 와, 깨끗하네요

### 기본문형

1. いやあ、きれいですね。
   (와, 깨끗하네요.)
2. それは辛(から)くありませんか。
   (그것은 맵지 않습니까?)
3. 山田(やまだ)さん、辛(から)いのはだめですか。
   (야마다 씨, 매운 것은 못 먹습니까?)

### 학습내용

1. 일본어에는, 한국어의 형용사에 대응하는 품사로, (1)어미가 「[美(うつく)しい : 아름답다]」와 같이 **『〜い』**로 끝나는 **형용사(形容詞)**와 (2)어미가 「綺麗(きれい)だ:아름답다 / 깨끗하다」와 같이 **『〜だ』**로 끝나는 **형용동사(形容動詞)**가 있다. 5과에서는 **형용동사(形容動詞 : けいようどうし)**의 형태적 · 의미적 특징을 살펴보고, 그 정중체에 대해 학습한다.

2. **형용사** 「辛(から)**い** : 맵다」의 부정인 「辛(から)**く＋ない** : 맵지 않다」와 그 정중체인 「辛(から)**くありません** / 辛(から)**くないです** : 맵지 않습니다」에 대해 학습한다.

3. **『〜の』**에는 ①뒤에 오는 체언을 수식, 한정하는「연체격 조사」의 용법, ②동격 관계를 나타내는 용법 등이 있는데, 5과에서는 「辛(から)いのは : 매운 **것**은」과 같이 용언의 수식을 받아 그 전체를 체언 상당어구로 만드는 ③**형식명사(形式名詞)** 또는 **준체조사(準体助詞)** 「〜の」의 용법에 대해 학습한다.

## 회화본문

〈社員(しゃいん)食堂(しょくどう)(1)〉
〈사원식당(1)〉

山田　：[1]いやあ、きれいですね。
　야마다 : 와, 깨끗하네요.
朴　　：あら、はずかしい。
　박하늘 : 어머나, 아이 창피해.
山田　：あの、[2]食堂(しょくどう)のことです。
　야마다 : 저, 식당을 말하는 것입니다.
李　　：ところで、山田(やまだ)さん、何(なに)がいいですか。
　이승민 : 그런데, 야마다 씨, 무엇이 좋습니까?
山田　：そうですね。[3]ここは何(なに)がおいしいですか。
　야마다 : 글쎄요? 여기는 무엇이 맛있습니까?
朴　　：ビビンバはどうですか。
　박하늘 : 비빔밥은 어떻습니까?
山田　：[4]それは辛(から)くありませんか。
　야마다 : 그것은 맵지 않습니까?
李　　：山田(やまだ)さん、[5]辛(から)いのはだめですか。
　이승민 : 야마다 씨, 매운 것은 못 먹습니까?
山田　：[6]ええ、ちょっと。
　야마다 : 네, 좀 그래요.
朴　　：でも、ここのビビンバは[7]そんなに辛(から)くないです。
　　　　[8]大丈夫(だいじょうぶ)ですよ。
　박하늘 : 하지만, 여기 비빔밥은 별로 맵지 않습니다. 괜찮아요.
李　　：じゃ、みんな[9]ビビンバでいいですね。
　이승민 : 그럼, 다들 비빔밥으로 괜찮은 것이지요.

## 어휘 풀이

社員(しゃいん)食堂(しょくどう)　사원식당

| | |
|---|---|
| いやあ | 와 / 정말 : 감동사(感動詞 : かんどうし) |
| きれいです | 깨끗합니다 / 아름답습니다 :<br>형용동사「きれいだ」의 정중체<br>←「きれいだ＋です」 |
| あら | 어머 : 놀라움을 나타내는 말로 주로 젊은 여성들이<br>사용한다. 여성어.<br>→ 남성이나 연배의 여성은「あれ」를 사용. |
| はずかしい(恥ずかしい) | 부끄럽다 |
| ～のことです | 「～の＋こと(형식명사)＋です」<br>～에 대해 말하는 것입니다 / ～을 말하는 것입니다. |
| ところで | 그런데 : 화제 전환의 접속사 |
| ビビンバ | 비빔밥. = ビビンパ＝ピビンパプ |
| 辛(から)くありません | 맵지 않습니다 :「辛(から)い」의 부정 정중체.<br>「辛(から)**い** → 辛**くない** → 辛**くありません**」 |
| [辛い]のは | [매운] 것은 : 명사 상당어구를 만드는「の」<br>→ 형식명사 /준체조사(準体助詞) |
| だめです | 안됩니다 / 못합니다 / 못씁니다 :<br>형용동사「だめだ」의 정중체 ←「だめだ＋です」 |
| ええ、ちょっと | 네, 좀 [그래요 /그런데요] |
| でも | 하지만 : 접속사「それでも」의 축약형. |
| そんなに[＋부정] | 별로 / 그다지 [＋아니다 / 없다] |
| 辛(から)くないです | 맵지 않습니다 :「辛(から)い」의 부정 정중체.<br>「辛(から)**い** → 辛**くない** → 辛(から)**くないです**」 |
| 大丈夫(だいじょうぶ)です | 괜찮습니다 : 형용동사「大丈夫(だいじょうぶ)だ」의<br>정중체 ←「大丈夫(だいじょうぶ)だ＋です」 |

| | |
|---|---|
| ～よ | ～요 : 말하는 사람의 주장을 나타내는 말.<br>「종조사(終助詞 : しゅうじょし)」 |
| みんな | 다(들) / 전부 |
| [ビビンバ]でいい | [비빔밥]으로 {되다 / 괜찮다} : 「～で」는 조건. |

### [1]いやあ、きれいですね

**『きれいです : 깨끗합니다』**는 형용동사 **『きれいだ : 깨끗하다』**의 정중체로서, 「(きれい)だ ⇒ (きれい)です」와 같이 어미「～だ」대신에 정중의 조동사「～です」가 접속된 것이다.

한국어의 형용사에 대해, 일본어에는 (1)「辛(から)い」와 같이 기본형이「～い」로 끝나는 형용사와 (2)「きれいだ」와 같이 기본형이「～だ」로 끝나는 형용동사가 있다.

**일본어와 한국어의 비교(형용사)**

| 일본어 | | 한국어 | |
|---|---|---|---|
| 辛(から)い : 맵다 | 형용사 | 맵다 | 형용사 |
| 綺麗(きれい)だ : 깨끗하다 | 형용동사 | 깨끗하다 | 형용사 |

1. **형용동사**(形容動詞 : けいようどうし)

(1) **형용동사**는 형용사와 마찬가지로 [1]사물의 성질이나 상태, 또는 [2]사람의 감정을 나타내는 품사인데, **기본형**이 형용사와 달리 **『～だ』**로 끝난다.

(2) 역사적으로 보면 일본어의 형용동사는 형용사의 부족을 보충하기 위해 발달한 품사로 일부 **고유어(和語 : わご)** 계열의「静(しず)かだ : 조용하다」,「好(す)きだ : 좋아하다」를 제외하면, 대부분 **상태성(状態性) 한어(漢語)**인「不便(ふべん) : 불편」,「親切(しんせつ) : 친절」,「有名(ゆうめい) : 유명」에 형식용언「～だ」가 붙어 형용동사화(용언화)한 것이 많다.

## □ 주요 형용동사 일람 □

이하, 일본어의 주요 형용동사를 제시해 둔다. 이것은 앞으로의 일본어 공부를 위한 방향 제시이니, 한꺼번에 전부 외울 필요는 없다.

**◆속성 형용동사(1)**

[例] 静(しず)かだ (조용하다)
綺麗(きれい)だ (깨끗하다 / 아름답다)
爽(さわ)やかだ (상쾌하다)
駄目(だめ)だ (안 되다 / 못쓰다)

**◆속성 형용동사(2)**

賑(にぎ)やかだ (번화하다)
上手(じょうず)だ (잘하다) ⇔ 下手(へた)だ (못하다 / 서투르다)
得意(とくい)だ (자신이 있다) ⇔ 苦手(にがて)だ (자신이 없다)
便利(べんり)だ (편리하다) ⇔ 不便(ふべん)だ (불편하다)
大変(たいへん)だ (큰일이다 / 힘들다 / 야단났다)

**◆속성 형용동사(3)**

簡単(かんたん)だ (간단하다) ⇔ 複雑(ふくざつ)だ (복잡하다.)
親切(しんせつ)だ (친절하다) ⇔ 不親切(ふしんせつ)だ (불친절하다)
必要(ひつよう)だ (필요하다)
有名(ゆうめい)だ (유명하다)

**◆감정 형용동사**

감정을 나타내는 형용동사는 **「好(す)きだ : 좋아하다」「嫌(きら)いだ : 싫어하다」** 부류를 제외하면 4과에서 배운 감정의 형용사와 마찬가지로 평서문에서는 주어는 1인칭에 한정된다.

[例] 好(す)きだ (좋다 / 좋아하다) ⇔ 嫌(きら)いだ (싫다 / 싫어하다)
いやだ (싫다 / 싫어하다)
心配(しんぱい)だ (걱정이다)

☆[참고]☆

최근에는 외래어에서 유래된 형용동사도 많이 쓰인다.

[例] ユニークだ[←unique]　　(기발하다)

ハンサムだ[←handsome] (핸섬하다)

**2. 형용동사의 특징**

**[기본형(～だ)＝종지형(～だ)≠연체형(～な)]**

형용동사는 동사와 형용사와 달리 종지형과 연체형이 다르다.

즉, 형용동사는 문장이 끝날 때 쓰이는 형태인 **종지형(終止形：しゅうしけい)**이 **「～だ」**, 체언을 수식 · 한정하는 형태인 **연체형(連体形：れんたいけい)**이 **「～な」**와 같이 종지형과 연체형이 다르다. 다시 말하면, 일본어의 형용동사는 **[기본형＝종지형≠연체형]** 의 관계에 있다고 할 수 있다.

[例] **「종지형」：「연체형」**

「きれいだ」：日光(にっこう)はとてもきれいなところです。

(아름답다)　(닛코는 무척 아름다운 곳입니다.)

「まじめだ」：彼(かれ)はずいぶんまじめな学生(がくせい)です。

(성실하다)　(그는 무척 성실한 대학생입니다.)

**3.형용동사의 정중체**

**◇ いやあ、きれいですね**

**□「(きれい)だ」⇒「(きれい)です」**

형용동사를 정중하게 표현할 때는「(きれい)だ ⇒ (きれい)です」와 같이 어미「～だ」대신에 정중의 조동사「～です」를 접속시킨다.

[例] **「종지형」：「정중형」**

「きれいだ」：彼女(かのじょ)はとてもきれいです。

(아름답다)　(그녀는 아주 미인입니다.)

「便利(べんり)だ」：この道具(どうぐ)はなかなか便利(べんり)です。

(편리하다)　(이 도구는 상당히 편리합니다.)

## [2]食堂のことです

### □「～のことです」:「～에 대해 말하는 것입니다」

**「こと」**는 한국어의 **「것」**에 해당하는 형식명사로서 문맥에 따라 다양한 의미를 나타내는데 **「(～は、)～のことです」**와 같이 쓰이면 한국어의 **「(～는) ～라는 것입니다」,「(～는) ～에 대해 말하는 것입니다」**에 상당하는 뜻을 나타낸다.

[例] A：何(なん)のことですか。わたしのことですか。

(무슨 이야기입니까? 저를 두고 말하는 것입니까?)

B：いいえ、きのうの映画(えいが)のことです。

(아니오, 어제 본 영화에 대해 말하는 것입니다.)

## [3]ここは何がおいしいですか

### □「ここ・そこ・あそこ・どこ」:「여기・거기・저기(거기)・어디」(지시대명사)

「ここ・そこ・あそこ・どこ」는 장소를 나타내는 지시대명사로 다른 지시사와 마찬가지로「こ・そ・あ・ど」의 계열을 이루고 있으며 눈으로 직접 관찰할 수 있는 **[현장지시(現場指示) 용법]**으로 쓰이는 것이 기본적인 용법이다. **[문맥지시 용법]**에서는 **「そこ」**와 **「あそこ」**가 모두 **「거기」**로 대응한다.

**○장소를 나타내는 지시대명사**

| 근칭(近称) | 중칭(中称) | **원칭(遠称)** | 부정칭(不定称) |
|---|---|---|---|
| ここ(여기) | そこ(거기) | **あそこ(저기)<br>(거기 : 문맥지사)** | どこ(어디) |

[例] ここは何(なに)が有名(ゆうめい)ですか。[←有名(ゆうめい)だ]

(여기는 무엇이 유명합니까?)

今(いま)は、どこがいちばん危険(きけん)ですか。[←危険(きけん)だ]

(지금은 어디가 가장 위험합니까?)

### [4]それは辛くありませんか

**(1)「～くない」:「～지 않다」(형용사의 부정)**

**☆형용사의 부정☆**

**형용사의 부정**은 어미 「[辛(から)]い」를 「[辛(から)]く」(連用形 : れんようけい)」로 바꾸고, 부정을 나타내는 「**～ない**(보조 형용사)」를 붙인다. 그리고 필요에 따라 조사 「～は(～는 / ～은)」「～も(～도)」 등이 삽입될 수 있다.

| | | |
|---|---|---|
| 辛(から)い ⇒ | からく+ない | (맵지 않다) |
| (맵다) | からく+は+ない | (맵지는 않다) |
| | からく+も+ない | (맵지도 않다) |

**☆[주의]☆**

형용사의 부정형을 학습할 때는 먼저 기본형 「～い」를 「～く」로 바꾸고, 그 다음 「～く+ない」와 같은 순서로 소리를 내서 연습한다.

[例] 高(たか)い (비싸다) ⇒ 高(たか)くない (비싸지 않다)
安(やす)い (싸다) ⇒ 安(やす)くない (싸지 않다)
重(おも)い (무겁다) ⇒ 重(おも)くない (무겁지 않다)
寒(さむ)い (춥다) ⇒ 寒(さむ)くない (춥지 않다)
いい / よい (좋다) ⇒ よくない (좋지 않다) : ☆「× いくない」
悲(かな)しい (슬프다) ⇒ 悲(かな)しくない (슬프지 않다)

**(2)辛くありませんか**

**☆형용사의 부정 정중체☆**

본문의 「辛(から)**くありません**」은 「辛(から)い」의 부정인 「辛(から)**くない**」를 정중하게 표현한 것이다. 그리고 「辛(から)**くないです**」와 같이 「**～く+ないです**」도 형용사의 부정을 정중하게 표현하는 형식이다. 즉, 형용사의 부정을 정중하게 표현하는 형식에는 「**～くありません**」과 「**～くないです**」가 있는데 두 형식 간에 실질적인 의미의 차이는 없다.

[例] このお茶(ちゃ)、ちょっと苦(にが)くありませんか。[← 苦(にが)い]

(이 차, 좀 쓰지 않습니까?)

## [5]辛いのはだめですか

(1) **「～の」**(3) : **「～것」(형식명사 / 준체조사)**

**「～の」**에는 **용언(형용사・형용동사・동사)의 연체형(連体形 : れんたいけい)**에 연결되어 그 전체를 **명사 상당어구**로 만드는 용법이 있는데 이를「～の」의 **『형식명사(形式名詞)』**, **『준체조사(準体助詞)』**의 용법이라고 한다. 본문의「辛(から)いの : 매운 것」은 형용사에「～の」가 연결된 예이다.

[例] りんごはやはり赤(あか)いのがおいしい。

(사과는 역시 빨간 것이 맛있다.)

ぼくは熱(あつ)いのはだめです。

(나는 뜨거운 것은 못 먹습니다.)

(2)辛いのはだめですか

**□「だめだ」:「안되다」**

「だめだ」는 다음과 같이 불가능이나 금지를 나타낼 때 쓰는데 한국어로는「못하다」,「안 되다 / 못쓰다」에 상당한다.

[例] ぼくは中国語(ちゅうごくご)はだめです。

(나는 중국어는 못합니다.)

試験中(しけんちゅう)、カンニングはだめです。

(시험 중에 커닝을 해서는 안 됩니다.)

## [6]ええ、ちょっと

(1)ちょっと

**□「ちょっと」:「좀 / 잠깐」**

「ちょっと」는 한국어의「좀」,「잠깐」에 해당하는 말로, ①정도를 나타내는 경우, ②시간적인 길이를 나타내는 경우가 있는데, 그 용법을 일일이 구별할 필요는 없다.

[例] この荷物(にもつ)、ちょっと重(おも)いですね。

(이 짐, 좀 무겁군요.)

彼(かれ)、ちょっと遅(おそ)いですね。

(그 사람, 좀 늦네요.)

(2)ええ、ちょっと

**□「ええ、ちょっと」**:「네, 좀 {그래요 / 곤란한데요 / 사정이 있는데요}」

본문의「ええ、ちょっと」는 이승민의「山田さん、辛(から)いのはだめですか(야마다 씨, 매운 것은 못 먹습니까?)」라는 질문에 대해「네, 좀 (그래요 / 그런데요)」의 뜻으로 쓰이고 있다.

**○「ちょっと」에 의한 문 중지 용법○**

일본어의「ちょっと」는 본문과 같이 ①상대방의 질문에 대해 직접적으로 답하지 않거나, ②상대방의 권유나 청을 거절하거나 혹은 ③상대방의 의견에 대해 반대의 의견을 개진하거나 할 때, 문말(文末)까지 표현하지 않고「ちょっと」로 문을 도중에서 맺는 용법이 있다.

[例] A : 李(イー)さん、今日(きょう)、一杯(いっぱい)どうですか。

(이승민 씨, 오늘 한 잔 하지 않겠습니까?)

B : 今日(きょう)は、ちょっと。

(오늘은 좀 〈사정이 있어 곤란한데요〉.)

**[7]そんなに辛くないです**

(1) そんなに

**□「そんなに(+부정)」:「별로 / 그다지」**

**「そんなに」**라는 말은 **「そんな(그런)」**이란 연체사(連体詞 : れんたいし)에서 파생된 부사인데 ①긍정 술어와 같이 쓰이면「그렇게」의 뜻을 나타내고, ②본문의「**そんなに**辛(から)くないです」와 같이 뒤에 부정 술어가 올 경우에는,「별로」,「그다지」의 뜻을 나타낸다. 그리고 **「あまり」**라는 부사도 **「そんなに」**와 마찬가지

로 뒤에 부정문이나 부정적인 표현이 오면 한국어의 「별로」, 「그다지」의 뜻을 나타낸다.

[例] あの店(みせ)の食事(しょくじ)は{そんなに / あまり}おいしくないです。

(저 가게의 식사는 별로 맛있지 않습니다.)

この薬(くすり)は{そんなに / あまり}苦(にが)くないです。

(이 약은 그다지 쓰지 않습니다.)

(2)そんなに辛くないです

**□ 「～くないです」:「～지 않습니다」(형용사의 부정 정중체)**

「辛(から)くないです」는 [4]에서 공부한 「辛(から)くありません」와 마찬가지로 형용사의 부정 정중체인데

「辛(から)い : 맵다」 ⇒ 「辛くない : 맵지 않다」(부정)

⇒ 「辛くないです : 맵지 않습니다」(부정 정중)

와 같은 파생과정을 상정할 수 있다.

**☆[주의]☆**

**「ないです」**와 **「ありません」**은 의미적으로 동가(同価)로서 단독으로 쓰이면 「없습니다」와 같이 **존재의 부정**을 나타내는데, **「～く+ないです / ～く+ありません」**과 같이 보조 형식으로 쓰이면 「～아닙니다」와 같이 부정의 뜻을 나타낸다.

[例] それは{よくないです / よくありません}ね。

(그건 안 좋아요.)

あの先生(せんせい)はそんなに{怖(こわ)くないです / 怖くありません}。

(그 선생님은 별로 무섭지 않습니다.)

## [8]大丈夫ですよ

**□ 「～よ」:「～요」(말하는 사람의 주장)**

**「～よ」**는 문말에 쓰여 상대에게 어떤 정보를 알리거나 말하는 사람의 주장이나 확신을 나타내는 **종조사(終助詞:しゅうじょし)**이다.

[例] これはそんなに甘(あま)くありませんよ。大丈夫(だいじょうぶ)ですよ。

(이것은 그다지 달지 않아요. 괜찮아요.)

**☆[주의]☆**

**『～よ』**는 상대에게 화자의 주장을 나타내기 때문에 손윗사람에 함부로 쓰면 경우에 따라서는 건방지게 들릴 수 있으니 남용하지 않도록 한다.

[例] 課長(かちょう)、それはわたしの責任(せきにん)じゃありませんよ。

(과장님, 그것은 제 책임이 아니에요.)

### [9] ビビンバでいいですね

**□ 『～で』(2) : 『～이면』(조건)**

격조사 **『～で』**는 ①**『동작의 장소』**, ②**『수단 · 방법』**, ③**『원인 · 이유』**, ④**『수량 · 합계』** 등 다양한 의미 · 용법을 나타낸다. 본문의「ビビンバでいいですね」(비빔밥으로 하면 되는 것이지요)의 **『～で』**는 한국어와의 대응 관계에서 **일종의 조건**을 나타낸다고 간주된다.

[例] では、みんな、お昼(ひる)はお弁当(べんとう)でいいですね。

(그럼, 다들 점심은 도시락이면 되는 것이지요.)

## 문형연습1

### 1. いやあ、きれいですね。

(1) A：いやあ、この旅館(りょかん)は<u>きれいですね</u>。[← きれいだ]

(와, 이 여관은 깨끗하네요.)

B：そうですね。おかみさんも<u>きれいですね</u>。

(그러네요. 주인아주머니도 미인이네요.)

★「おかみさん」: 여관, 상점 등의 여주인.

C：眺(なが)めも<u>きれいですね</u>。

(전망도 좋군요 / 경치도 아름답군요.)

★「眺(なが)め」:「眺(なが)める, 조망하다」의 연용형의 명사화.

(2) A：山(やま)の空気(くうき)は爽(さわ)やかですね。[← 爽(さわ)やかだ]

(산 공기는 상쾌하군요.)

B：そうですね。本当(ほんとう)に気分(きぶん)<u>爽快(そうかい)ですね</u>。

[← 爽快(そうかい)だ]

(그렇군요. 정말 기분이 상쾌하군요.)

(3) A：鈴木(すずき)さんは、料理(りょうり)が<u>上手(じょうず)ですね</u>。

[← 上手(じょうず)だ]

(스즈키 씨는 음식을 잘하는군요.)

B：いえ、でも、ほかの料理(りょうり)は全(まった)く<u>だめです</u>。[← だめだ]

(아뇨. 하지만, 다른 음식은 전혀 자신이 없습니다.)

(4) A：田中(たなか)さん、ここはとても<u>静(しず)かですね</u>。[← 静(しず)かだ]

(다나카 씨, 여기는 무척 조용하군요.)

B：ええ、今(いま)独身寮(どくしんりょう)はぼく一人(ひとり)だけですから。

(네, 지금 독신 기숙사에는 저 혼자밖에 없어서요.)

★「一人(ひとり)」: 한 사람. 혼자.

★「～だけ：～만 / ～뿐」

문형연습2

## 2. それは辛(から)くありませんか。

(1) この部屋(へや)、ちょっと暑(あつ)くありませんか。[=暑(あつ)くないです]

(이 방, 좀 덥지 않습니까?)

(2) このお茶(ちゃ)はちょっと苦(にが)くありませんか。[=苦(にが)くないです]

(이 차, 좀 쓰지 않습니까?)

(3) このキムチ、酸(す)っぱくありませんか。[=酸(す)っぱくないです]

(이 김치, 시지 않습니까?)

(4) その店(みせ)は何(なん)か怪(あや)しくありませんか。[=怪(あや)しくないです]

(그 가게는 왠지 수상하지 않습니까?)

★「怪(あや)しい:수상하다 / 괴상하다」

(5) 彼(かれ)の態度(たいど)、図々(ずうずう)しくありませんか。

[=図々(ずうずう)しくないです]

(그 사람의 태도, 뻔뻔하지 않습니까?)

★「図々(ずうずう)しい:뻔뻔하다」

문형연습3

**3. 山田(やまだ)さん、辛(からいのはだめですか。**

(1)天野(あまの)さんは、甘(あま)いのに目(め)がないです。

(아마노 씨는 단 것을 정말 좋아합니다.)

(2)佐藤(さとう)さんは、寒(さむ)いのは平気(へいき)ですか。

(사토 씨는 추운 것은 아무렇지도 않습니까?)

★「平気(へいき)だ:아무렇지도[개의치] 않다」

(3)鈴木(すずき)さんは、油(あぶら)っこいのは苦手(にがて)ですか。

(스즈키 씨는 기름진 것은 못 먹습니까?)

★「油(あぶら)っこい:기름기가 많고 느끼하다」

(4)東京(とうきょう)の人(ひと)は馴(な)れ馴(な)れしいのは嫌(きら)いですか。

(도쿄 사람들은 허물없는 것은 싫어합니까?)

★「馴(な)れ馴(な)れしい:허물[버릇]없다」

(5)大阪(おおさか)の人(ひと)は厚(あつ)かましいのは得意(とくい)ですか。

(오사카 사람들은 뻔뻔스러운 것을 아무렇지도 않게 생각합니까?)

★「厚(あつ)かましい:뻔뻔스럽다 / 염치없다」

★「得意(とくい)だ:자신 있어 하다」

# 신판

# 생활일본어

이 성 규

# あの、水(みず)は どこにありますか

## 저, 물은 어디에 있습니까?

# 第6課 あの、水(みず)はどこにありますか

## 저, 물은 어디에 있습니까?

### 기본문형

1. あの、水(みず)はどこにありますか。
   (저, 물은 어디에 있습니까?)
2. 何事(なにごと)も勉強(べんきょう)ですから。
   (모든 일이 공부니까요 / 무슨 일을 하든지 공부가 되니까요.)
   時間(じかん)は十分(じゅうぶん)ありますから、ゆっくりどうぞ。
   (시간은 충분히 있으니까, 천천히 (드세요).)
3. 山田(やまだ)さんのはとても辛(から)いですね。
   (야마다 씨 것은 무척 매워요.)

### 학습내용

1. 일본어에서는 한국어와 달리, 사람 · 동물의 존재를 나타내는 경우와 사물 · 사항의 존재를 나타내는 경우, 각각 다른 동사를 사용한다. 6과에서는 사물이나 사항의 존재를 나타내는 동사 **『ある』**의 정중체인 **『あります : 있습니다』**와 그 부정인 **『ありません : 없습니다』**에 대해 학습하고, 존재문과 관계된 조사의 용법에 대해서도 살펴본다.

2. **원인 · 이유를 나타내는 접속조사 『〜から』**의 의미 · 용법을 학습하고, 아울러 「〜から」가 **접속조사(接続助詞)**에서 **종조사(終助詞)**로 이행하는 과정을 살펴본다.

3. **『山田(やまだ)さんのは : 야마다 씨의 것은』**과 같이 **『〜の』**가 한국어의 **『〜의 것』**에 상당하는 뜻을 나타내는 용법에 대해 학습한다.

# 회화본문

〈社員(しゃいん)食堂(しょくどう)(2)〉
〈사원식당(2)〉

山田　：あの、[1-1]水(みず)はどこにありますか。

야마다 : 저, 물은 어디에 있습니까?

李　　：あそこです。辛(から)いですか。

이승민 : 저기입니다. 맵습니까?

山田　：ええ、ちょっと。

야마다 : 네, 조금 (맵습니다).

李　　：あれ、[1-2]コップがありませんね。あ、あそこにある。

이승민 : 어, 컵이 없네요. 아, 저기에 있군.

山田　：[2]口(くち)のなかが熱(あつ)いです。

야마다 : 입안이 얼얼합니다.

朴　　：山田(やまだ)さん、[3-1]ごめんなさい。[4]私(わたし)のせいです。

박하늘 : 야마다 씨, 미안해요. 제 탓이에요.

山田　：いいえ、何事(なにごと)も[5]勉強(べんきょう)ですから。

야마다 : 아니오, 모든 일이 공부이니까요 ( 무슨 일을 하든지 공부가 되니까요 ).

李　　：[6]そんなに辛(から)いですか。ちょっといいですか。
あれっ、[7]山田(やまだ)さんのはとても辛(から)いですね。

이승민 : 그렇게 맵습니까? 좀 맛을 봐도 괜찮습니까?
어, 야마다 씨 것은 무척 맵네요.

朴　　：山田(やまだ)さん、[3-2]ほんとうにすみません。

박하늘 : 야마다 씨, 정말 미안해요.

山田　：いいえ、[4]朴(パク)さんのせいじゃありませんよ。

야마다 : 아니오, 박하늘 씨 탓이 아니에요.

李　　：山田(やまだ)さん、[5]時間(じかん)は十分(じゅうぶん)ありますから、
[8]ゆっくりどうぞ。

이승민 : 야마다 씨, 시간이 충분히 있으니까, 천천히 드세요.

## 어휘 풀이

| | |
|---|---|
| 水(みず) | 물 |
| [どこ]に | [어디]에 : 「〜に」는 존재의 장소. |
| あります | 있습니다 : 사물의 존재를 나타내는 「ある」의 정중체. ←「あり＋ます」 |
| あそこです | 저기입니다 : 저기에 있습니다. 「あそこです」=「あそこにあります」 |
| コップ | 컵 |
| ありません | 없습니다 : 「あります」의 부정. |
| 口(くち)のなか | 입안 : 「口(くち)＋の＋中(なか)」 |
| 熱(あつ)い | 뜨겁다 / 얼얼하다. cf. 「暑(あつ)い : 덥다」 |
| ごめんなさい | 미안해요 : 주로 여성들이 사용. |
| [私の]せいです | [제] 탓입니다 : 「〜せい」는 형식명사. |
| 何事(なにごと) | 모든 일. 만사. |
| 勉強(べんきょう) | 공부 cf. 「工夫(くふう), 궁리」 |
| 〜から | 〜이니까 / 〜이어서 : 원인 · 이유를 나타내는 접속조사(接続助詞:せつぞくじょし)· 종조사(終助詞:しゅうじょし). |
| そんなに[+긍정] | 그렇게 |
| ちょっといいですか | 좀 (맛을 봐도) 괜찮습니까? |
| あれっ | 어 : 놀라움을 나타내는 감탄사(感動詞 : かんどうし) → 주로 남성이나 연배의 여성이 사용한다. |
| [山田さん]のは | [야마다 씨] 것은. |
| とても | 무척 / 매우 : 정도부사. |
| ほんとうにすみません | 정말 미안합니다. |
| [朴さん]のせいじゃありませんよ | [박하늘 씨] 탓이 아니에요. |
| 時間(じかん) | 시간 |

| | |
|---|---|
| 十分(じゅうぶん) | 충분히 |
| ゆっくり | 천천히 |
| どうぞ | 자, (드세요) : 권유할 때 사용하는 말. |

### [1]水はどこにありますか / コップがありませんね

(1)どこに

**□「～に」:「～에」(장소)**

격조사「～に」는「～で」와 더불어 다양한 의미·용법을 가지고 있는데,「～が～にあります(～이 ～에 있습니다)」,「～に～があります(～에 ～이 있습니다)」와 같은 문형으로 쓰이면 사물이 존재하는 장소를 나타낸다.

[例] 書類(しょるい)は机(つくえ)の上(うえ)にあります。

(서류는 책상 위에 있습니다.)

(2)水はどこにありますか / コップがありませんね

**□「あります」:「있습니다」/「ありません」:「없습니다」(사물의 존재)**

**「あります」**는 [**「あり＋ます」**⇒「あります」]와 같이 사물이나 사항의 존재를 나타내는 동사「ある」의 연용형「あり」에 정중의 조동사인「ます」가 접속된 것이다. 그리고 **「ありません」**은 **「あります」**의 부정이다.

여기서「ある」의 활용을 살펴보면 다음과 같다.

**「ある」의 활용**

| 현재형 | 보통체(普通体) | | 정중체(丁重体) | |
|---|---|---|---|---|
| | 긍정 | 부정 | 긍정 | 부정 |
| | ある(있다) | ない(없다) | あります(있습니다) | ありません(없습니다) |

**한국어**에서는 생물이나 무생물을 구별하지 않고, 존재를 나타낼 경우 **「있다」**로 표현하지만, 현대 일본어에서는 예외는 있지만 기본적으로 ①**식물·무생물·사물·사항의 존재는「ある」**로 나타내고, ②**사람이나 생물의 존재는「いる」**로 나타낸다.

[例] ここに{**柿(かき)** / **梨(なし)** / みかん}が<u>あります</u>。

(여기에 {**감** / **배** / **귤**}이 있습니다.)

机(つくえ)の上(うえ)に{**本(ほん)** / **ノート**}が<u>あります</u>。

(책상 위에 {**책** / **노트**}가 있습니다.)

今日(きょう)は{**会議(かいぎ)** / **授業(じゅぎょう)** / **約束(やくそく)**}が<u>ありません</u>。

(오늘은 {**회의** / **수업** / **약속**}이 없습니다.)

**☆참고☆**

**「ありません」=「ないです」=「없습니다」**

「(사물이) 없습니다」는 **『ありません』** 이외에도 **『ないです』**로도 표현이 가능하다. 「ないです」는 형용사 「ない(없다)」에 정중의 「～です」가 접속된 것인데 「ありません」과 같은 의미를 나타낸다.

**□ 「ありません」=「ないです」**

| 기본형 | 정중체 | 품사 |
|---|---|---|
| ない(없다) | 「ない＋です」⇒**『ないです』(없습니다)** | 형용사 |
| ある(있다) | 「ある＋ます」⇒「あります(있습니다)」<br>⇔**『ありません(없습니다)』** | 동사 |

[例] A：はさみは<u>ありません</u>か。

(가위는 없습니까?)

B：はさみですか。はさみは{<u>ありません</u> / <u>ないです</u>}ね。

(가위 말입니까? 가위는 없군요.)

**(3)『～ではありません』=『～ではないです』=『～이 아닙니다』**

그리고 「ありません」과 「ないです」가 「～では{ありません / ないです}」와 같이 보조 용언으로 쓰이면 「～이 아닙니다」의 뜻을 나타낸다.

[例] A：彼(かれ)、本当(ほんとう)に馬鹿(ばか)ではありませんか。

(그 사람, 정말 바보가 아닙니까?)

B：馬鹿(ばか)じゃないですよ。

(바보가 아니에요.)

### [2]口のなかが熱いです

「口のなかが熱いです」는「입안이 뜨겁습니다 ⇒ 입안이 얼얼합니다」의 뜻인데, 여기에서 참고로 주요 신체부위를 나타내는 말을 살펴보면 다음과 같다.

☆참고☆

**□ 주요 신체 부위**

| 頭(あたま) 머리 | 髪(かみ) 머리 | 目(め) 눈 | 耳(みみ) 귀 |
|---|---|---|---|
| 鼻(はな) 코 | 口(くち) 입 | 歯(は) 이 | 頬(ほお) 볼 |
| 顎(あご) 턱 | 首(くび) 목 | 喉(のど) 목구멍 | 肩(かた) 어깨 |
| 胸(むね) 가슴 | お腹(なか) 배 | 腰(こし) 허리 | 背中(せなか) 등 |
| 手(て) 손 | 腕(うで) 팔 | 足(あし) 발 | 脚(あし) 다리 |
| 膝(ひざ) 무릎 | | | |

### [3-1]ごめんなさい

**□「ごめんなさい」:「미안해요」**

「ごめんなさい：미안해요」는 주로 여성이 사용하는 말인데, 정중도는 그리 높지 않으니, 손윗사람에게는 쓰지 않도록 주의한다.

[例] A：あなた、ごめんなさい。(여보, 미안해요.〈아내가 남편에게〉)

B：もう、いいよ。(이제 됐어.)

A：ちょっと、ごめんなさい。(잠깐 실례해요.〈남성이 쓸 때〉)

B：ええ、どうぞ。(네. [그렇게 하세요])

### [3-2]ほんとうにすみません

**□「すみません」:「미안합니다 / 고맙습니다 / 저,……」**

**「すみません」**은 원래 ①**「미안합니다」**의 뜻으로 남에게 사과를 하거나 용서를 빌 때 쓰는 말인데, 용법이 확대되어 ②**「고맙습니다」**와 같이 감사의 뜻을 표할 때도 쓰인다.

[例] A: 今日(きょう)も遅刻(ちこく)ですね。
(오늘도 지각이군요.)
B : すみません。
(미안합니다.)
A : これ、馬場(ばば)さんのハンドバッグですね。
(이거 바바 씨의 핸드백이지요.)
B : あ、すみません。
(아, 고마워요.)

**「すみません」**은 ③**식당이나 상점 등에서 사람을 부르거나, 길에서 남에게 말을 걸거나 혹은 남의 주의를 환기하고자 할 때**도 쓰인다. 이때는 한국어로 **「저, (아주머니 / 아저씨 / 사장님 ……)」**과 같이 다양하게 대응한다.

[例] A : すみません。(아주머니!)
B : はい。(네.)
A : お茶(ちゃ)、ください。(차, 주세요.)
あのう、すみません。バス停(てい)はどこにありますか。
(저, 버스 정류장은 어디에 있습니까?)

### [4]私のせいです / 朴さんのせいじゃありませんよ

**□「~せい」:「~탓」(형식명사)**

「~せい」는 한국어의「~탓」에 해당하는 형식명사로 마이너스적인 이유를 말할 때 쓰인다. 여기서 형식명사라는 것은 본래의 어휘적인 의미가 거의 소실되고, 문법적인 의미만 가지고 있는 명사를 의미하는데, 단독으로는 쓰이지 못하고, 항상 앞에 수식하는 말과 함께 쓰인다.

[例] これは、人(ひと)の<u>せい</u>じゃなくて、自分(じぶん)の<u>せいですよ</u>。

(이것은 남의 탓이 아니라, 본인 탓이에요.)

### [5]何事も勉強ですから / 時間は十分ありますから

**□ 「～から」:「～어서 / ～이니까 / ～기 때문에」(원인 · 이유)**

본문의 **「勉強(べんきょう)です＋から：공부이니까요」**는 명사 술어인「勉強です」에「～から」가, **「時間(じかん)は十分(じゅうぶん)あります＋から：시간은 충분히 있으니까」**는 동사의 정중형인「あります」에「～から」가 접속된 예이다.

**원인이나 이유를 나타내는 조사**에는 **「～て」**,**「～から」**,**「～ので」**,**「～ため」** 등이 있는데, 제6과에서는 **「～から」**의 의미 · 용법에 대해 학습한다.

**◇「～から」의 의미 · 용법**

**1. 접속**

**「～から」**는 **용언(형용사 · 형용동사 · 동사)**과 **명사술어(「명사＋だ / です」)**의 **종지형**에 접속된다.「～から」는 용언이나 명사술어의 **보통체**에도 **정중체**에도 다 접속되는데, 정중체에 접속하면 더 정중한 느낌을 준다.

[例] あの店(みせ)はちょっと{<u>高(たか)いから</u> / <u>高いですから</u>}、

買(か)い物(もの)はいつも市場(いちば)です。

(그 가게는 좀 비싸서 물건은 항상 시장에서 삽니다.)

「あの店(みせ)」:「그 가게」(문맥지시 용법)

あの人(ひと)は{<u>親切(しんせつ)だから</u> / <u>親切ですから</u>}、みんなに人気(にんき)が あります。

(그 사람은 친절해서 모두에게 인기가 있습니다.)

「あの人(ひと)」:「그 사람」(문맥지시 용법)

**2. 의미 · 용법**

(1)**「～から」**는 구어적이며 스스럼없는 표현에 많이 쓰이고, **「～ので」**는 문장체적이며 격식을 차리는 표현에 많이 쓰인다는 점에서 **「～から」에 비해「～ので」가 더 정중하다고 할 수 있다.**

**(2)『～から』의 접속조사 용법**

본문의 **『時間(じかん)は十分(じゅうぶん)ありますから、ゆっくりどうぞ』**는 「시간은 충분히 있으니까, 천천히 드세요」의 뜻으로 「～から」절 뒤에 **『ゆっくりどうぞ:천천히 드세요』**와 같은 의뢰를 나타내는 주절이 쓰이고 있다.

[例] お菓子(かし)はたくさん<u>ありますから</u>、もっとどうぞ。

(과자는 많이 있으니 더 드세요.)

**(3)『～から』의 종조사 용법**

본문의 「何事(なにごと)も勉強(べんきょう)ですから」는 「무슨 일을 하든지 공부가 되니까요」의 뜻으로 **『～から』**로 문을 맺고 있다. 이와 같이 「～から」가 쓰인 문이 원인이나 이유만을 제시하고, 그 결과나 귀결에 대해서는 언급하지 않는 경우가 있는데, 이를 「～から」의 **종조사적 용법**이라고 한다.

[例] なにしろ、まだ<u>子供(こども)ですから</u>。

(아무튼, 아직 어린아이이니까요.)

### [6]そんなに辛いですか

**□『そんなに』:『그렇게』**

제5과에서는 **『そんなに』**가 뒤에 **부정 표현**을 수반해서 한국어의 「별로」, 「그다지」에 해당하는 뜻을 나타내는 용법에 대해 학습했다.

제6과에서는 본문의 **『そんなに辛(から)いですか：그렇게 맵습니까?』**와 같이 **『そんなに』** 뒤에 긍정 표현이 오는 예를 공부한다.

「そんなに」는 원래 **연체사(連体詞：れんたいし)『そんな(그런)』**의 부사적 형태로서 한국어로는 「그렇게」,「그리」에 해당한다. 그리고 「そんなに」도 다른 지시사와 마찬가지로 「こ・そ・あ・ど」의 계열을 이룬다.

**□「こんなに」계열의 부사**

| 근칭(近称) | 중칭(中称) | **원칭(遠称)** | 부정칭(不定称) |
|---|---|---|---|
| こんなに<br>이렇게, 이리 | そんなに<br>그렇게, 그리 | あんなに<br>**①저렇게, 저리**<br>**②그렇게, 그리(문맥지사)** | どんなに<br>얼마나, 아무리 |

[例] A：<u>こんなに</u>おいしいパンははじめてです。
(이렇게 맛있는 빵은 처음입니다.)
B：へえ、<u>そんなに</u>おいしいですか。
(허, 그렇게 맛있습니까?)
<u>あんなに</u>つまらない映画(えいが)ははじめてです。
(그렇게 재미없는 영화는 처음입니다.)
<u>どんなに</u>いい本(ほん)もね、君(きみ)にはだめですね。
(아무리 좋은 책도 말이죠, 자네에게는 소용없어요.)

## [7]山田さんのはとても辛いですね

**□「～の」(4)：「～(의) 것」**

「～の」는 다음과 같이 「명사1＋の＋명사2」에서 뒤에 오는 「명사2」에 상당하는 부분이 생략되어, 결과적으로 **「～の」**가 **「～(의) 것」**에 해당하는 뜻을 나타내는 용법이 있다.

| **「山田(やまだ)さん[명사1]＋の＋(ビビンバ)[명사2]」は**:야마다 씨 비빔밥은<br>⇒**「山田(やまだ)さんの[ビビンバ]」は**:야마다 씨 것은 |
|---|

본문의 **「山田(やまだ)さんのはとても辛(から)いですね:야마다 씨 것은 무척 맵네요」**를 풀어서 말하면 **「山田(やまだ)さんの[ビビンバ]はとても辛いですね:**

**야마다 씨 비빔밥은 무척 맵네요」**라고 표현할 수 있다. 즉 **『山田さんのビビンバは』**를 간단히 **『山田さんのは』**로 표현하고 있는 것이다.

[例] この傘(かさ)は誰(だれ)のですか。[誰の = 誰の傘(かさ)]

(이 우산은 누구 것입니까?)

この辞書(じしょ)は図書館(としょかん)のです。

[図書館の = 図書館の辞書 (じしょ)]

(이 사전은 도서관 것입니다.)

### [8]ゆっくりどうぞ

**□「ゆっくりどうぞ」:「천천히 ~세요」**

**「ゆっくりどうぞ」**는 **「ゆっくり : 천천히」**에 권유나 허가를 나타내는 **「どうぞ」**가 붙은 표현으로, 한국어의 「천천히 ~세요」에 상당하는 뜻을 나타낸다. 「ゆっくりどうぞ」는 쓰이는 문맥이니 상황에 따라 다양한 의미를 나타내는데, 본문의 「ゆっくりどうぞ」는 「(시간이 충분하니까) 천천히 드세요」의 뜻으로 쓰이고 있다.

[例] まだ早(はや)いから、ゆっくりどうぞ。

(아직 이르니까, 천천히 놀다 가세요.)

ご飯(はん)はたくさんありますから、ゆっくりどうぞ。

(밥은 많이 있으니까, 천천히 드세요.)

☆정형화된 인사말☆

(1)すみません : ①미안함이나 고마움을 나타내거나,
②사람을 부를 때 쓴다.

(2)ありがとうございます : 감사함을 나타낸다. 감사합니다. 고맙습니다.

(3)お願(ねが)いします : 부탁이나 의뢰를 나타낸다. 부탁합니다.

(4)どうぞ : 권유나 허가를 나타내는 가장 간단한 표현.

(5)どうも : 미안함이나 고마움을 나타내는 가장 간단한 표현.

**☆『どうぞ』:『자 (～세요) / 어서 (～세요)』**

일본어의 **『どうぞ』**는「どうも」와 함께 사용 빈도가 높은 말로서 상대방에게 무엇인가를 권하거나 허가할 때 쓰는 말이다. 그리고 **『どうぞ』**는 뒤에 권유나 허가를 나타내는 구체적인 표현이 오지 않아도 사용할 수 있다는 점에서 실용적이다. 그러나 다른 한편으로는 해당 의미가 문맥 의존적이라는 점에서 외국인이 익히기가 쉽지 않다.

[例] はい、どうぞ。

(자, {그러세요 / 그렇게 하세요 / 드세요 / 받으세요 / 가지세요/……}.

さぁ、どうぞ。

(자, {어서 들어오세요 / 드세요 / 가지세요 / 쓰세요 / 앉으세요 ……}.

**☆[참고]☆**

그리고 **『どうぞ』**는 앞에서 공부한 바와 같이 다음과 같이 남에게 부탁할 때도 쓰인다.

[例] どうぞよろしく。(잘 부탁합니다.)

どうぞよろしくお願(ねが)いします。(잘 부탁드립니다.)

### 문형연습1

**1. あの、水(みず)はどこにありますか。**

(1) A：あの、お手洗(てあら)いはどこにありますか。

(저, 화장실은 어디에 있습니까?)

B：この階(かい)にはありません。下(した)の階(かい)にあります。

(이 층에는 없습니다. 아래층에 있습니다.)

(2) A：あの、銀行(ぎんこう)はどこにありますか。

(저, 은행은 어디에 있습니까?)

B：学生会館(がくせいかいかん)の2階(にかい)にあります。

(학생회관 2층에 있습니다.)

(3) A：あの、財布(さいふ)とカードはどこにありますか。

(저, 지갑과 카드는 어디에 있습니까?)

B：机(つくえ)の引(ひ)き出(だ)しの中(なか)にありませんか。

(책상 서랍 안에 없습니까?)

### 문형연습2

**2. 何事(なにごと)も勉強(べんきょう)ですから。**
**時間(じかん)は十分(じゅうぶん)ありますから、ゆっくりどうぞ。**

#### [1]「~から」(종조사(終助詞)적 용법)

(1)あの子(こ)ももう大人(おとな)ですからね。
(저 아이도 이제 어른이니까요.)

(2)今(いま)は花見(はなみ)のシーズンですから。
(지금은 벚꽃놀이 시즌이라서요.)
★「花見(はなみ)」: 꽃놀이. 벚꽃놀이.
★「シーズン(season)」: 시즌

(3)最近(さいきん)、円安(えんやす)ですから。
(요즘 엔저이니까.)
★「円安(えんやす): 엔저」⇔「円高(えんだか): 엔고」

(4)すみません、今日(きょう)は約束(やくそく)がありますから。
(미안합니다. 오늘은 약속이 있어서요.)

#### [2]「~から」(접속조사)

(1)あの店(みせ)はサービスがいいから、いつも人(ひと)がいっぱいです。
(저 가게는 서비스가 좋아서 항상 사람들이 많습니다.)

(2)明日(あした)は土曜日(どようび)ですから、今日(きょう)は遅(おそ)くまで大丈夫(だいじょうぶ)です。
(내일은 토요일이니, 오늘은 늦게까지 괜찮습니다.)

(3)お金(かね)はいくらでもありますから、どうぞ。
(돈은 얼마든지 있으니까, 자 {마음 놓고 드세요 / 가지고 가세요}.)

(4)締(し)め切(き)りまで1ヶ月(いっかげつ)ありますから、
まだ大丈夫(だいじょうぶ)です。
(마감까지 한 달 남았으니 아직 괜찮습니다.)
★「締(し)め切(き)り・締切(しめき)り・締切(しめきり)」: 마감(일)
★「1ヶ月(いっかげつ)」: 1개월 / 한 달

## 문형연습3

### 3. 山田(やまだ)さんのはとても辛(から)いですね。

(1)A：これは加藤(かとう)さんの電子辞書(でんしじしょ)ですか。

(이것은 가토 씨 전자사전입니까?)

B：いいえ、それはわたしのじゃありません。田中(たなか)さんのです。

(아니오, 그것은 제 것이 아닙니다. 다나카 씨 것입니다.)

(2)A：あの、佐藤(さとう)さんのはどれですか。

(저, 사토 씨 것은 어느 것입니까?)

B：わたしのは、あの黒(くろ)いのです。

(제 것은 저 검은 것입니다.)

(3)A：この財布(さいふ)とケータイはどなたのですか。

(이 지갑과 휴대폰은 어느 분 것입니까?)

★「どなた:어느 분」←「誰(だれ):누구」의 존경어.

B：財布(さいふ)は池田(いけだ)さんので、

ケータイは高橋(たかはし)さんのです。

(지갑은 이케다 씨 것이고, 휴대폰은 다카하시 씨 것입니다.)

(4)A：お宅(たく)のはどこの製品(せいひん)ですか。

({댁의 것은 / 댁에 있는 물건은} 어디 제품입니까?)

B：うちはみんなサムスンのです。

(우리 집은 전부 {삼성 것입니다 / 삼성 것을 쓰고 있습니다.})

# 신판

# 생활일본어

이 성 규

# 人(ひと)も 大勢(おおぜい)いますね

사람들도 많이 있군요

# 第7課 人(ひと)も大勢(おおぜい)いますね

## 사람들도 많이 있군요

### 기본문형

1. とても大(おお)きくて、雰囲気(ふんいき)のいいところですね。
   (무척 크고, 분위기가 좋은 곳이군요.)
2. それに、人(ひと)も大勢(おおぜい)いますね。
   (게다가, 사람들도 많이 있군요.)
3. 香(かお)りもいいし、とてもおいしいですね。
   (향기도 좋고, 무척 맛있네요.)

### 학습내용

1. 2개의 형용사를 연결하는 형식에는
①**「大(おお)きい+いい ⇒ 大きくていい」**와 같이 앞의 형용사를 **「~て형」**으로 만드는 방법과
②**「大(おお)きい+いい ⇒ 大きく、いい」**와 같이 **「연용중지법(連用中止法:れんようちゅうしほう)」**를 이용하는 방법이 있는데, 7과에서는 형용사의 「~て형」의 의미 · 용법에 대해 학습한다.

2. 사람이나 동물의 존재를 나타내는 동사 **「いる : 있다」**의 정중체 **「います : 있습니다」**와 그 부정인 **「いません : 없습니다」**에 대해 학습한다.

3. **「香(かお)りもいいし:향기도 좋고 (해서)」**와 같이 어떤 사항을 열거해서 그것을 이유로 제시할 때 쓰이는 접속조사 **「~し」**의 의미 · 용법에 대해 학습한다.

## 회화본문

〈社内(しゃない)で〉
〈사내에서〉

李　：山田(やまだ)さん、[1]お茶(ちゃ)でもいかがですか。

이승민 : 야마다 씨, 차라도 드시지 않겠습니까?

山田　：いいですね。でも、この近(ちか)くに店(みせ)がありますか。

야마다 : 좋지요. 하지만 이 근처에 가게가 있습니까?

李　：[2-1]会社(かいしゃ)の中(なか)にカフェがあるんです。

이승민 : 회사 안에 카페가 있습니다.

山田　：そうですか。セットメニューもありますか。

야마다 : 그렇습니까? 세트 메뉴도 있습니까?

李　：はい、あります。

이승민 : 네, 있습니다.

# 회화본문

〈カフェで〉
〈카페에서〉

山田　：いやあ、[3]とても大(おお)きくて、[4]雰囲気(ふんいき)のいいところですね。
それに、[5]人(ひと)も大勢(おおぜい)いますね。

야마다 : 와, 정말 무척 크고, 분위기가 좋은 곳이군요.
게다가 사람들도 많이 있군요.

李　：ええ、それで昼休(ひるやす)みは[2-2]社員(しゃいん)たちでいつもいっぱいなんです。

이승민 : 네, 그래서 점심 휴식 시간에는 사원들로 자리가 없습니다.

山田　：[6]やっぱり社内(しゃない)だから、
お茶(ちゃ)の値段(ねだん)も安(やす)いですね。

야마다 : 역시 사내여서, 차 값도 싸군요.

李　：コーヒーの味(あじ)はいかがですか。

이승민 : 커피 맛은 어떻습니까?

山田　：[7]香(かお)りもいいし、とてもおいしいですね。

야마다 : 향기도 좋고, 무척 맛있어요.

李　：それで、[2-3]取引先(とりひきさき)にも人気(にんき)があるんです。

이승민 : 그래서 거래처 사람들에게도 인기가 있는 거예요.

## 어휘 풀이

| | |
|---|---|
| 社内(しゃない) | 사내 |
| [社内(しゃない)]で | [사내]에서:「～で」는 동작의 장소 |
| お茶(ちゃ) | 차 |
| [お茶(ちゃ)]でも | [차]라도 : 부조사(副助詞 : ふくじょし) |
| いかがですか | 어떻습니까 / ～하지 않겠습니까<br>←「どうですか」의 정중체. |
| でも | 하지만 : 접속사. |
| 近(ちか)く | 근처 |
| カフェ | 카페 |
| ～んです | ～인 것입니다 :「～のです」의 축약형 |
| セットメニュー | 세트 메뉴 |
| いやあ | 와, 정말 : 감동사(感動詞:かんどうし) |
| とても | 무척 / 매우 |
| 大(おお)きくて | 크고 / 커서 : 형용사의「～て형」 |
| 雰囲気(ふんいき) | 분위기 |
| [「雰囲気」の「いい」]ところ | [「분위기」가「좋은」] 곳.<br>:「～の」는 주격을 나타낸다. |
| それに | 게다가(첨가) : 접속사 |
| 大勢(おおぜい) | 많이 : 사람 수가 많다는 것을 나타내는 부사. |
| います | 있습니다 :「いる」의 정중체. |
| 昼休(ひるやす)み | 점심 (휴식) 시간 |
| 社員(しゃいん)たち | 사원들 :「～たち」는 복수 접미사 |
| [社員(しゃいん)たち]で | [사원들]로 :「～で」: 원인이나 이유 |
| いつも | 항상. 언제나. |
| いっぱい | 가득 |
| やっぱり | 역시 :「やはり」의 강조형 |
| [お茶(ちゃ)の]値段(ねだん) | [차] 가격 / 값 |

| | |
|---|---|
| 安(やす)い | 싸다 |
| [コーヒーの]味(あじ) | [커피] 맛 |
| 香(かお)り | 향기 |
| [香(かお)りもいい]し | [향기도 좋]고 해서 : 「～し」는 접속조사. |
| おいしい | 맛있다 |
| それで | 그래서 / 그러니까 : 접속사 |
| 取引先(とりひきさき) | 거래처. 거래처 사람들. |
| 人気(にんき)がある | 인기가 있다 |

## 중요 어구 해설

### [1]お茶(ちゃ)でもいかがですか。

**□「～でもいかがですか」:「～라도 어떻습니까? / ～라도 ～하지 않겠습니까?」**

일본어에는 보통체 말씨인가 정중체 말씨인가에 따라 쓰이는 어휘가 달라지는 것이 있다. 본문의「お茶(ちゃ)でもいかがですか:차라도 드시지 않겠습니까?」의 **「いかがですか」**는 **「どうですか」**의 정중한 표현으로,「どう : 어떻게」는 보통어이고「いかが」는 정중어이다.

[例] 海(うみ)までドライブでもいかがですか。

(바다에 드라이브라도 하러 가지 않겠습니까?)

久々(ひさびさ)にフランス料理(りょうり)でもいかがですか。

(오랜만에 프랑스 요리라도 드시지 않겠습니까?)

### [2]会社(かいしゃ)の中(なか)にカフェがあるんです。/ 社員(しゃいん)たちでいつもいっぱいなんです。/ 取引先(とりひきさき)にも人気(にんき)があるんです。/

「会社(かいしゃ)の中(なか)にカフェがあるんです」는「会社の中にカフェがある」에「강조 · 주장 · 확언」을 나타내는 [「～んです」←「～のです」]가 접속된 것으로, 화자가「회사 안에 카페가 있다」는 사실이 틀림없다고 하는 것을 말하는 상황에서 쓰이고 있다.

**□「～のです / ～んです」:「강조 · 주장 · 확언 ⇒ 납득 · 설명」**

#### 1. 접속

「～のです」는 형식명사(준체조사)「～の」에 단정의 조동사「～です」가 접속된 것으로 보통체 말씨는「～のだ」이다.「～のだ / ～のです」는 용언이나 명사술어의 연체형에 접속되는데 스스럼없는 회화체에서는「～んだ / ～んです」로 발음이 변하는 경우가 많다.

[例] [동사문＋～のです / ～んです]：

カフェがあるんです。(카페가 있습니다.)

[형용사문＋～のです / ～んです]

食欲(しょくよく)がないんです。(식욕이 없습니다.)

[형용동사문＋～のです / ～んです]

操作(そうさ)は簡単(かんたん)なんです。(조작은 간단합니다.)

[명사술어문＋～のです / ～んです]

あしたは休(やす)みなんです。(내일은 휴일입니다.)

## 2. 의미 · 용법

### [2-1]会社(かいしゃ)の中(なか)にカフェがあるんです

**①[어떤 사실이 틀림없다고 강조한다]**

「～のです」는 명사술어나 용언의 문장을「[AはB]のです」와 같은 단정 표현을 바꿈으로써, 어떤 사실을 틀림없다고 강조하거나, 확언(確言)하는 뜻을 나타낸다.

[例] (a) 彼(かれ)はまだ平社員(ひらしゃいん)です。

(그는 아직 평사원입니다.) → [객관적인 사실 묘사]

(b) 彼(かれ)はまだ平社員(ひらしゃいん)なのです。

(그는 아직 평사원입니다.) → [강조 · 주장 · 확언]

### [2-2]社員(しゃいん)たちでいつもいっぱいなんです

### [2-3]取引先(とりひきさき)にも人気(にんき)があるんです

**②[어떤 사실에 대한 이유나 배후에 있는 진상을 설명함으로써 상대를 납득시킨다]**

①의 용법에서 어떤 사실에 대한 이유나 그 배후에 있는 진상을 설명하는 용법으로 발전된다. 본문의「社員(しゃいん)たちでいつもいっぱいなんです」는「(카페가 정말 무척 크고, 분위기가 좋은 곳이어서) 사원들로 늘 자리가 없는 것입니다」,「取引先(とりひきさき)にも人気(にんき)があるんです」「(커피가 향기도 좋고, 무척 맛있어서), 거래처 사람들에게도 인기가 있는 거예요」라는 의미로 쓰이고 있다.

[例] A：今日(きょう)も遅刻(ちこく)ですか。

(오늘도 지각입니까?)

B：今日(きょう)は電車(でんしゃ)がストなんです。

(오늘은 전철이 파업을 해서요.)

③**[이유나 진상에 관한 설명을 요구한다]**

「〜のです / 〜んです」는 의문문으로 쓰이면 어떤 사실의 이유나 진상에 대해 설명을 요구하는 표현이 된다.

[例] A：どうして日曜日(にちようび)に図書館(としょかん)にいるんですか。

(왜 일요일에 도서관에 있는 것입니까?)

B：来週(らいしゅう)から**試験(しけん)**なんです。

(다음 주부터 시험이 있어서요.)

☆**참고**☆

**○社員(しゃいん)たち○**

**□「〜たち」:「〜들」(복수 접미사)**

①일본어에서 복수 개념을 분명히 표현할 때는,**「わたしたち:저희들」**,**「あなたがた:당신들」**과 같은 복수 접미사가 쓰이는데,「〜がた」에는 경의(敬意)가 내포되어 있다. 단,「友(とも)だち：친구」는 이미 복합어로서 단수로 취급한다.

[例] **あなたたち**(당신들) **君(きみ)たち**(자네들) **先生(せんせい)がた**(선생님들)

②그리고 한국어에서는「돌들」,「개들」,「사람들」과 같이 사물・동물・사람에 두루 걸쳐 복수 접미사「〜들」이 쓰이는데, 현대 일본어에서는 원칙적으로 복수 접미사는 사람에 한정되어 쓰인다.

[例] 今日(きょう)は犬(いぬ)がたくさんいますね。

(오늘은 개들이 많이 있군요.)

### [3]とても大きくて、雰囲気のいいところですね

**□「～くて」:「～고/～서」**

**(1)형용사가 술어인 문을 뒤의 문에 연결시키는 형식에는**

①**「大(おお)きい ⇒ 大(おお)きく」**와 같이 형용사의「연용형(連用形：れんようけい)」를 이용하는 방법이 있는데, 이를 **형용사의 [연용중지법(連用中止法：れんようちゅうしほう)]**이라고 하는데 주로 문장체에서 많이 쓰인다.

②회화체에서는 본문의 **「大(おお)きく＋て」**와 같이 연용형에 접속조사「～て」를 접속시킨 형태가 많이 쓰이는데, 이를 **형용사의「～て形」**이라고 한다.

[例] [カフェがとても大(おお)きい。＋カフェの雰囲気(ふんいき)がいい。]

⇒ カフェがとても大きく、雰囲気がいい。[連用中止法 ： れんようちゅうしほう)]

⇒ カフェがとても大きくて、雰囲気がいい。[～て形]

(카페가 무척 크고 분위기가 좋다.)

**(2)형용사의「～て形」의 의미・용법**

형용사의「～て形」은 앞뒤 문장의 의미 관계에 따라 ①단순 연결을 나타내는 경우와 ②원인・이유를 나타내는 경우가 있다.

**①단순 연결을 나타내는 경우는 주로 한국어의「～고」에 대응한다.**

[例] [あそこの食堂(しょくどう)はおいしい。＋あそこの食堂は安(やす)い。]

(저기 식당은 맛있다.＋저기 식당은 싸다.)

⇒ あそこの食堂はおいしくて安い。

(저기 식당은 맛있고 싸다.)

**②원인・이유를 나타내는 경우는 주로 한국어의「～서」에 대응한다.**

[例] [あそこの食堂(しょくどう)はおいしい。＋あそこの食堂はいつも人(ひと)が多(おお)い。]

(저기 식당은 맛있다.＋저기 식당은 언제나 사람들이 많다.)

⇒ あそこの食堂はおいしくて、いつも人が多い。

(저기 식당은 맛있어서 언제나 사람들이 많다.)

## [4]雰囲気のいいところですね

### ☐「〜の」(5) :「〜가 / 〜이」(주격)

「[雰囲気(ふんいき)のいい]ところ」는「분위기가 좋은 곳」의 뜻으로, [雰囲気のいい]는 후속 명사「ところ」를 수식하고 있다. 이와 같이 연체수식절(한국어의 관형사절에 해당)내의「〜の」는「〜が」와 마찬가지로 주격을 나타낸다.

[例] ここは雰囲気(ふんいき)がいい。(여기는 분위기가 좋다.)

⇒ [雰囲気(ふんいき)<u>が</u>いい]ところ。(분위기가 좋은 곳.)

⇒ [雰囲気(ふんいき)<u>の</u>いい]ところ。(분위기가 좋은 곳.)

## [5]人(ひと)も大勢(おおぜい)いますね。

### ☐「います : 있습니다」⇔「いません : 없습니다」(사람 · 동물의 존재)

①「人(ひと)も大勢(おおぜい)いますね」는「사람들도 많이 있군요」의 뜻으로「います」는 사람이나 동물의 존재를 나타내는 동사「いる」에 정중의 조동사인「ます」가 접속된 것이다. 그리고「いません」은「います」의 부정이다.

②존재를 나타내는 경우 한국어에서는 생물 · 무생물의 구별 없이「있다」를 쓰지만, 현대 일본어에서는 원칙적으로 사람 · 동물의 존재는「いる」로 나타낸다.

[例] この動物園(どうぶつえん)には{虎(とら) / ライオン / 象(ぞう) / 熊(くま) / 猿(さる) / 牛(うし) / 馬(うま)}などが<u>います</u>。しかし、パンダは<u>いません</u>。
(이 동물원에는 {호랑이 / 사자 / 코끼리 / 곰 / 원숭이 / 소 / 말} 등이 있습니다. 그러나 팬더는 없습니다.)

### ☐ 大勢いますね

일본어에는 한국어의「많이」에 해당하는 정도 부사로「たくさん」과「大勢(おおぜい)」가 있는데,「大勢(おおぜい)」는 지시대상이 사람인 경우에 한정된다.

[例] ラッシュアワー時(じ)のホームには学生(がくせい)やサラリーマンが<u>大勢(おおぜい)</u>います。
(러시아워 때의 플랫폼에는 대학생이랑 샐러리맨들이 많이 있습니다.)

## [6]やっぱり社内(しゃない)だから

**□「やっぱり」:「やはり」의 강조형**

「やっぱり」는「やはり:역시」에 촉음(促音 : そくおん)이 첨가됨으로써 어감이 강조된 말씨인데 회화체에서만 쓰인다. 같은 예로는「とても ⇒ とっても(몹시)」「よほど ⇒ よっぽど(상당히 / 어지간히)」가 있다.

그런데, 어감이 강조된 말씨는 격식을 차리는 자리나 손윗사람에게는 사용하지 않는 것이 좋다.

[例] やっぱり自分(じぶん)の家(うち)がいちばんいい。
(역시 자기 집이 제일 좋다.)
安部(あべ)さん、これ、とってもおいしいよ。
(아베 씨, 이거 무척 맛있어.)

## [7]香(かお)りもいいし、とてもおいしいですね

**□「～し」:「～고 / ～서」(사항의 열거와 원인 · 이유의 제시)**

**○「～し」의 의미 · 용법**

1. 접속

「～し」는 명사문이나 용언의 종지형에 접속되어 여러 가지 사항을 열거할 때 쓰이는 접속조사이다.

**2. 의미 · 용법**

**(1)「～し、～し、」**

「～し」는 다음과 같이 2개 이상의 사실이나 사항을 열거해서 그것을 이유로 제시하는 것이 기본적인 용법이다.

[例] お金(かね)もないし、時間(じかん)もないし、わたしはいいです。
(돈도 없고, 시간도 없으니 저는 됐습니다.)

**(2)「～し、문장」**

그리고「～し」는 본문의「香(かお)りもいいし、とてもおいしいですね : 향기도

좋고, 무척 맛있네요」와 같이 여러 가지 이유 중에서 어느 한 가지만 들고 나머지는 언외(言外)로 돌리는 용법도 있다.

[例] 彼(かれ)は背(せ)も高(たか)いし、ハンサムですね。

(그 사람은 키도 크고, 잘 생겼네요.)

**(3)「～し。」(종조사적 용법)**

「～し」는「毎日(まいにち)外食(がいしょく)もいやだし：매일 밖에서 식사하는 것도 싫고 해서요」같이「～し」로 문장을 맺는 경우도 있다. 이와 같이 종조사적(終助詞的)으로 쓰이면 말하는 사람의 주저함이나 망설임이 나타난다.

[例] それに顔立(かおだ)ちもわたしのタイプじゃないし……。

(게다가 얼굴 생김새도 내가 좋아하는 타입이 아니고…….)

## 문형연습1

### 1. とても大(おお)きくて、雰囲気(ふんいき)のいいところですね。

(1) この山道(さんどう)は長(なが)くて、危(あぶ)ないです。

[長(なが)い＋危(あぶ)ない]

(이 산길은 길고 위험합니다.)

(2) ここは値段(ねだん)も高(たか)くなくて、おいしい店(みせ)ですね。

[高(たか)くない＋おいしい＋店(みせ)]

(여기는 가격도 비싸지 않고 맛있는 가게이군요.)

(3) 非常(ひじょう)に高(たか)くて、眺(なが)めのいいところですね。

[高(たか)い＋(眺(なが)めの)いい＋ところ]

(굉장히 높고, 전망이 좋은 곳이군요.)

(4) このコンピューターはスピードが遅(おそ)くて、不便(ふべん)です。

[スピードが遅(おそ)い＋不便(ふべん)だ]

(이 컴퓨터는 속도가 느려서 불편합니다.)

(5) この肉(にく)は新鮮(しんせん)じゃなくて、臭(にお)いも変(へん)です。

[新鮮(しんせん)じゃない＋変(へん)だ]

(이 고기는 신선하지 않고 냄새도 이상합니다.)

문형연습2

**2. それに、人(ひと)も大勢(おおぜい)いますね。**

(1)講堂(こうどう)に**生徒(せいと)**がたくさんいます。

(강당에 학생들이 많이 있습니다.)

☆「生徒(せいと):중학생・고등학생」,「児童(じどう):초등학생」,

「学生(がくせい):대학생」

(2)冬(ふゆ)なのに駅(えき)のトイレには**蚊(か)**がいますね。

★「[冬(ふゆ)な]のに:겨울인데」역접의 접속조사.

(겨울인데 역 화장실에는 모기가 있네요.)

(3)この動物園(どうぶつえん)にはどんな**動物(どうぶつ)**がいますか。

(이 동물원에 어떤 동물들이 있습니까?)

(4)わたしにはまだ**子供(こども)**がいません。

(나는 아직 아이가 없습니다.)

(5)このクラスに**日本語(にほんご)試験(しけん)の受験者(じゅけんしゃ)**はいませんか。

(이 반에 일본어시험 수험생은 없습니까?)

## 문형연습3

**3. 香(かお)りもいいし、とてもおいしいですね。**

(1) この街(まち)はうるさいし、汚(きたな)いです。

(이 거리는 시끄럽고 지저분합니다.)

(2) ルックスも悪(わる)くないし、性格(せいかく)もいいですね。

★「ルックス」: [looks]에서 온 외래어로 용모나 생김새를 의미함.

(용모도 나쁘지 않고, 성격도 좋군요.)

(3) 毎日(まいにち)暇(ひま)だし、退屈(たいくつ)です。

(매일 한가하고 지루합니다.)

(4) 仕事(しごと)は楽(らく)じゃないし、給料(きゅうりょう)も安(やす)いです。

★「給料(きゅうりょう): 급료. 월급」

(일은 편하지 않고 월급도 쌉니다.)

(5) 明日(あした)は発表(はっぴょう)の授業(じゅぎょう)だし、準備(じゅんび)も大変(たいへん)です。

(내일은 발표 수업이어서 준비도 힘듭니다.)

# ソウルで取引先(とりひきさき)と会(あ)います

서울에서 거래처 사람과 만납니다

# 第8課 ソウルで取引先(とりひきさき)と会(あ)います

## 서울에서 거래처 사람과 만납니다

### 기본문형

1-1 きのうはとても寒(さむ)かったですね。

(어제는 무척 추웠지요?)

1-2 あまり寒(さむ)くなかったですけど。

(별로 춥지 않았는데요.)

2-1 ソウルで取引先(とりひきさき)と会(あ)います。

(서울에서 거래처 사람과 만납니다.)

2-2 本社(ほんしゃ)の会議(かいぎ)に出(で)るつもりです。

(본사 회의에 참석할 예정입니다.)

3. 途中(とちゅう)までいっしょに行(い)きましょうか。

(도중까지 같이 갈까요?)

### 학습내용

1-1 「寒(さむ)い[춥다] ⇒ 寒(さむ)かった[추웠다] ⇒ 寒(さむ)かったです[추웠습니다]」와 같이 형용사의 과거와 그 정중체를 학습한다.

1-2 「寒(さむ)い[춥다] ⇔ 寒(さむ)くない[춥지 않다] ⇒ 寒(さむ)くなかった[춥지 않았다] ⇒ 寒(さむ)くなかったです[춥지 않았습니다]」와 같이 형용사 부정 과거와 그 정중체에 대해 학습한다.

2-1 「会(あ)う[만나다]·行(い)く[가다]·帰(かえ)る[돌아가다]·出(で)る[나오다]」 등의 **[동사(動詞: どうし)]**의 형태적 특징(활용)과 동사의 정중체인 **『~ます형』**에 대해 학습한다.

2-2 말하는 사람의 의지를 나타내는 **『~つもりです: ~할 생각입니다』**의 용법에 대해 검토한다.

3. 권유를 나타내는 **『~ましょうか: ~할까요』**의 용법을 학습한다.

# 회화본문

〈今日(きょう)の予定(よてい)〉
〈오늘 예정〉

山田　：李(イー)さん、[1]きのうはとても寒(さむ)かったですね。
　야마다 : 이승민 씨, 어제는 무척 추웠지요?
李　　：そうですか。[2]あまり寒(さむ)くなかったですけど。
　이승민 : 그렇습니까? 별로 춥지 않았는데요.
山田　：ところで、[3]今日(きょう)は、これからどうしますか。
　야마다 : 그런데, 오늘은 이제부터 어떻게 할 것입니까?
李　　：わたしは、[4]ソウルで取引先(とりひきさき)と会(あ)います。
　　　　山田(やまだ)さんは、これからどうしますか。
　이승민 : 저는 서울에서 거래처 사람과 만납니다.
　　　　야마다 씨는 지금부터 어떻게 할 생각입니까?
山田　：わたしは、[5]本社(ほんしゃ)の会議(かいぎ)に出(で)るつもりです。
　야마다 : 저는 본사 회의에 참석할 생각입니다.
李　　：それじゃ、[6-1]途中(とちゅう)までいっしょに行(い)きましょうか。
　이승민 : 그러면, 도중까지 같이 갈까요?
山田　：[6-2]そうしましょう。
　　　　あのう、李(イー)さんは、[7]ふだん何時(なんじ)ごろ家(うち)へ帰(かえ)りますか。
　야마다 : 그렇게 합시다.
　　　　저, 이승민 씨는 보통 몇 시쯤 집에 돌아갑니까?
李　　：いつも[8]夜(よる)9時(くじ)ごろ家(うち)へ帰(かえ)ります。
　이승민 : 항상 밤 9시경에 집에 돌아갑니다.

## 어휘 풀이

| | |
|---|---|
| 予定(よてい) | 예정 |
| 寒(さむ)かったです | 추웠습니다 :「寒(さむ)い」의 과거 정중 |
| あまり[+부정] | 별로 / 그다지 [없다 / 아니다] |
| 寒(さむ)くなかったです | 춥지 않았습니다 :「寒(さむ)くない」의 과거 정중 |
| ～けど | ～인데 /～이지만 : ①접속조사. ②종조사. |
| ところで | 그런데 : 화제 전환의 접속사. |
| これから | 이제부터 / 앞으로 |
| します | 합니다 :「する : 하다」의 정중체 |
| ～ます | 동사의 연용형에 접속되는 정중의 조동사. |
| [ソウル]で | [서울]에서 :「～で」는 동작의 장소 |
| 取引先(とりひきさき) | 거래처. 거래처 사람. |
| [取引先(とりひきさき)]と | ～와 / 과～ : 동작의 상대 |
| 会(あ)います | 만납니다 :「会(あ)う : 만나다」의 정중체 |
| 本社(ほんしゃ) | 본사 |
| 会議(かいぎ) | 회의 |
| [会議(かいぎ)]に | [회의]에 |
| 出(で)る | 나오다 / 나가다. |
| ～つもりです | ～할 {생각 / 작정 / 계획}입니다 :「～つもり」는 형식명사 |
| [途中(とちゅう)]まで | [도중]까지 |
| [行き]ましょうか | [갈]까요 :「～ましょう＋か」(권유) |
| [そう]しましょう | [그렇게] 합시다 :「～ましょう」(권유) |
| ふだん(普段) | 보통 |
| [何時(なんじ)]ごろ | [몇 시]쯤 / [몇 시]경 |
| [家(うち)]へ | [집]에 : 동작의 방향이나 목적지를 나타내는 격조사. |
| 帰(かえ)ります | 돌아갑니다 / 돌아옵니다 :「帰(かえ)る」의 정중체 |
| 夜(よる) | 밤.「朝(あさ) : 아침」「昼(ひる) : 낮」 |

## 중요 어구 해설

### [1]きのうはとても寒(さむ)かったですね

**□「寒(さむ)かったです」:「추웠습니다」(형용사 과거 정중)**

◇ 형용사의 과거 정중

| 현재형 | 과거형 | 과거 정중 |
|---|---|---|
| 寒(さむ)い<br>(춥다) | 寒(さむ)かった<br>(추웠다) | 寒かったです<br>(추웠습니다) |
| いい・よい<br>(좋다) | よかった<br>(좋았다) | よかったです<br>(좋았습니다) |
| 寂(さび)しい<br>(외롭다) | 寂(さび)しかった<br>(외로웠다) | 寂しかったです<br>(외로웠습니다) |

(1)형용사의 과거는 어미「～い」를「～かった」로 바꾼다.

(2)형용사의 과거를 정중하게 표현할 때는「～かったです」와 같이「～かった(과거)」에「～です(정중의 조동사)」를 접속시킨다.

### [2]あまり寒(さむ)くなかったですけど

### [2-1]あまり寒(さむ)くなかったです

**□「あまり+[부정]」:「별로 / 그다지+[부정]」**

「あまり」라는 부사는 ①긍정문(긍정문이라고 해도 보통 뒤에 불가능을 나타내는 문장이 온다)에서는「너무」와 같은 뜻을 나타내고, ②본문의「あまり寒(さむ)くなかったです:별로 춥지 않았습니다」와 같이 부정 표현과 쓰이면「별로」,「그다지」의 뜻을 나타낸다.

### [2-2]寒(さむ)くなかったです

**□「寒(さむ)くなかったです」:「춥지 않았습니다」(형용사 부정 과거의 정중)**

**◇ 형용사의 부정 과거의 정중**

| 현재형 | 부정형 | 부정 과거 | 부정 과거 정중 |
|---|---|---|---|
| 寒(さむ)い<br>(춥다) | 寒くない<br>(춥지 않다) | 寒くなかった<br>(춥지 않았다) | 寒くなかったです<br>(춥지 않았습니다) |
| いい・よい<br>(좋다) | よくない<br>(좋지 않다) | よくなかった<br>(좋지 않았다) | よくなかったです<br>(좋지 않았습니다) |
| 寂(さび)しい<br>(외롭다) | 寂しくない<br>(외롭지 않다) | 寂しくなかった<br>(외롭지 않았다) | 寂しくなかったです<br>(외롭지 않았습니다) |

| 현재형 | 부정형 | 부정 정중 | 부정 정중 과거 |
|---|---|---|---|
| 寒(さむ)い<br>(춥다) | 寒くない<br>(춥지 않다) | 寒くありません<br>(춥지 않습니다) | 寒くありませんでした<br>(춥지 않았습니다) |
| いい・よい<br>(좋다) | よくない<br>(좋지 않다) | よくありません<br>(좋지 않습니다) | よくありませんでした<br>(좋지 않았습니다) |
| 寂(さび)しい<br>(외롭다) | 寂しくない<br>(외롭지 않다) | 寂しくありません<br>(외롭지 않습니다) | 寂しくありませんでした<br>(외롭지 않았습니다) |

(1)형용사의 부정은 **「～い(현재)」**를 **「～く(連用形：れんようけい)」**로 활용시키고 부정의 형용사 **「～ない」**를 접속시킨다.

(2)형용사의 부정인 **「～くない」**를 **「～くなかった」**와 같이 과거로 만들면 형용사의 부정 과거가 만들어진다.

(3)형용사의 부정 과거를 정중하게 표현할 때에는

①「寒(さむ)くなかった＋です」와 같이 부정 과거에 정중의 **「～です」**를 접속시키거나, ②「寒(さむ)くありませんでした」와 같이 형용사의 연용형에 **「～ありませんでした」**를 접속하는 방법이 있다. 따라서 형용사의 부정 과거를 정중하게

표현하는 형식에는 **『～くなかったです』**와 **『～くありませんでした』**가 있는 셈이다.

### [2-3]あまり寒(さむ)くなかったですけど

**□『～けど』:『～인데/～이지만』**

①**『～けど』**는 **『～けれども』**의 준말로 「～が」와 마찬가지로 용언에 접속되어 역접 · 대비 · 화제 제시 등을 나타내는 **접속조사**인데, 「～が」에 비해 스스럼없는 사이의 회화체에서 많이 쓰인다. 그리고 「～けれども」의 준말로는 **『～けれど』『～けども』**도 쓰인다.

[例] あそこは家賃(やちん)は安(やす)いですけど、交通(こうつう)の便(べん)が悪(わる)いです。

(거기는 집세는 싸지만, 교통편이 나쁩니다.)

②본문의 **『あまり寒(さむ)くなかったですけど』**는 「별로 춥지 않았는데요」의 뜻으로 「～けど」로 문장이 끝나고 있는 예이다. 이런 「～けど」를 **종조사적 용법**이라고 한다.

[例] 外(そと)はそんなに暑(あつ)くないですけど。

(밖은 별로 덥지 않은데요.)

### [3]今日(きょう)は、これからどうしますか / 会(あ)います / 行(い)きます / 帰(かえ)ります

**□『会(あ)う』『行(い)く』『帰(かえ)る』『出(で)る』『する·勉強(べんきょう)する』**

**○일본어의 동사(動詞 : どうし)○**

**1. 일본어 동사의 형태적 특징**

**[동사(動詞: どうし)]는 동작 · 작용 · 존재**를 나타내는 품사로 다른 용언(형용사 · 형용동사)과 마찬가지로 **어형 변화(활용)**를 한다.

일본어의 동사는 **기본형**이「오십음도：五十音図（ごじゅうおんず）」상의 **『ウ[u]段』**의 음으로 끝나는 것을 가리킨다. 즉, 일본어의 동사는「～う / く / ぐ / す / つ /ぬ / ぶ / む / る」로 끝난다고 하는 형태적 특징을 가지고 있다.

### 2. 동사의 종류(활용 종류에 따른 동사 분류)

일본어 동사는 **활용의 종류**에 따라 크게 **규칙동사**와 **불규칙동사**로 나눈다. **규칙동사**에는 소위 **5단동사(五段動詞：ごだんどうし)**, **상1단동사(上一段動詞：かみいちだんどうし)**, **하1단동사(下一段動詞：しもいちだんどうし)**가 있고, **불규칙동사**에는 **『する』『来(く)る』**가 있다.

#### (1)규칙동사

**[1]5단동사(五段動詞：ごだんどうし)**

①5단동사는 ①기본형이「～う / く / ぐ / す / つ / ぬ / ぶ / む」로 끝나는 동사나, ②「～る」로 끝나는 경우에는「～る」 앞의 모음이〔-a〕〔-u〕〔-o〕인 동사를 말한다. (이것은 1단동사와 관련이 있다.)

②일본어는 자음과 모음을 분리할 수 없는 음절문자(音節文字)이기 때문에, 어간(語幹)과 어미(語尾) 등을 설명하기 위해 편의상 일본어 동사를 로마자로 표시한다.

③5단동사라는 명칭은 어미〔-u〕부분이〔-a/ i-/-u/-e/-o〕와 같이「五十音図（ごじゅうおんず)」상의 5단에 걸쳐 활용하는 데에서 기인한다. 5단동사는 다음과 같이 어미가 5단에 걸쳐 활용하는데 동사 중에서 수가 가장 많다.

| 기본형 | 부정 | 정중(연용) | 종지：연체 | 조건 | 의지 / 권유 |
|---|---|---|---|---|---|
| 行(い)く<br>ik**u**<br>가다 | いか＋ない<br>ik**a**-nai<br>가지 않다 | いき＋ます<br>ik**i**-masu<br>갑니다 | いく<br>ik**u**<br>가다<br><br>いく[체언]<br>ik**u**[체언]<br>가는[체언] | いけ＋ば<br>ik**e**-ba<br>가면 | いこ＋う<br>ik**o**-u<br>가겠다/가자 |

[例] 会(あ)う[a-u] 만나다

行(い)く[ik-u] 가다

話(はな)す[hanas-u] 이야기하다

待(ま)つ[mats-u] 기다리다

死(し)ぬ[sin-u] 죽다

呼(よ)ぶ[yob-u] 부르다

読(よ)む[yom-u] 읽다

ある[ar-u] 있다

帰(かえ)る[kaer-u] 돌아오다 / 돌아가다

### [2]1단동사(一段動詞 : 上一段動詞, 下一段動詞)

1단동사는 다시 上一段動詞(かみいちだんどうし)와 下一段動詞(しもいちだんどうし)로 대별된다. 그런데, 외형상 1단동사의 형태를 취하고 있어도 활용은 5단동사 활용을 하는 소위 **『예외 5단동사』**가 있으니 주의한다.

#### ○見(み)る○

#### ①上一段動詞(かみいちだんどうし)

기본형이「-る(-ru)」로 끝나고 그 앞의 모음이 [-i]인 동사를 말하는데「五十音図(ごじゅうおんず)」의「イ[i]段(だん)」은 중심 단(段)인「ウ[u]段」에서 하나 위에 있다는 데에서 이런 종류의 동사를 上一段動詞(かみいちだんどうし)라고 부른다.

[例] いる[i-ru]

見(み)る[mi-ru]

借(か)りる[kari-ru]

#### ○出(で)る○

#### ②下一段動詞(しもいちだんどうし)

기본형이「-る(ru)」로 끝나고 그 앞의 모음이 [-e]인 동사를 말하는데「五十音図(ごじゅうおんず)」의「ウ[u]段(だん)」을 중심 단으로 상정했을 경우,「エ[e]段」이 하나 아래에 있다는 점에서 이런 종류의 동사를 下一段動詞(しもいちだんどうし)라고 부른다.

[例] 出(で)る[de-ru]　나오다 / 나가다

寝(ね)る[ne-ru]　자다

食(た)べる[tabe-ru]　먹다

**(2)불규칙동사(不規則動詞)**

**○する/来(く)る○**

한국어에는 불규칙 활용을 하는 동사가 적지 않지만 일본어에는 불규칙 활용을 하는 동사가 **『する：하다』**, **『来(く)る：오다』** 2개뿐이다.

그리고 「する」는 「漢語(かんご)＋する」와 같이 동작성 명사에 접속되어 다수의 한어동사를 파생시키는 점은 한국어와 동일하다.

[例] 勉強(べんきょう)する 공부하다

### 3. 동사의 정중체

◇ 『会(あ)います・行(い)きます・帰(かえ)ります・出(で)ます・します・勉強(べんきょう)します』

**□ 『동사의 연용형＋ます』: 동사의 정중체**

일본어 동사를 한국어의 「가다 ⇒ 갑니다」와 같이 정중체로 만들 때는 동사의 연용형에 정중의 조동사 『～ます』를 접속시킨다.

**○동사의 정중체를 만드는 방법○**

| 활용 | 동사의 종류 | 기본형 | 정중체 | 접속 방식 |
|---|---|---|---|---|
| 규칙동사 | 5단동사 | 会(あ)う<br>(만나다) | 会(あ)い＋ます<br>(만납니다) | 어미[-u]를 [-i]로 바꾸고<br>「～ます」를 접속. |
| | 상1단동사 | 見(み)る<br>(보다) | 見(み)＋ます<br>(봅니다) | 어미「～る(-ru)」를 탈락시키고<br>「～ます」를 접속. |
| | 하1단동사 | 寝(ね)る<br>(자다) | 寝(ね)＋ます<br>(잡니다) | |
| 불규칙동사 | する | する<br>(하다) | し＋ます<br>(합니다) | |
| | くる | 来(く)る<br>(오다) | 来(き)＋ます<br>(옵니다) | |

**○예외 5단동사○**

외형상은 [-i＋ru(상1단동사)], [-e＋ru(하1단동사)]로 끝나는 동사 중에는 다음과 같이 5단동사의 활용을 하는 것이 있으니 주의한다.

**①[-iru]로 끝나는 5단동사**

[例] 「入(はい)る:들어오다(가다)」⇒「入(はい)り＋ます」 들어옵니다

**②[-eru]로 끝나는 5단동사**

[例] 「帰(かえ)る:돌아가다(오다)」⇒「帰(かえ)り＋ます」 돌아갑니다

**□ 「동사의 연용형＋ません」 : 동사의 정중(부정)**

**「～ません」**은 정중의 조동사인 **「～ます」**의 부정으로 ①「～지 않습니다 / 안 ～합니다」(단순 서술), ②「～지 않겠습니다 / 안 ～하겠습니다」(의지)의 뜻을 나타낸다.

[例] 野菜(やさい)は市場(いちば)で買(か)います。スーパーでは買(か)いません。

(야채는 시장에서 삽니다. 슈퍼에서는 사지 않습니다.)

## [4]ソウルで取引先(とりひきさき)と会(あ)います

### [4-1][ソウル]で

**□ 「～で」 : 「～에서」(동작의 장소)**

「～で」는 동작이 행해지는 장소를 나타내는 격조사로 한국어의 「～에서」에 해당한다.

[例] 加藤(かとう)さんの奥(おく)さんは、毎日(まいにち)家(うち)で働(はたら)きます。

(가토 씨 부인은 매일 집에서 일합니다.)

### [4-2][取引先(とりひきさき)]と会(あ)います

**□ 「～と : ～와 / ～과」 : 동작의 상대**

「取引先(とりひきさき)と会(あ)います」는 「거래처 사람과 만납니다」의 뜻으로 「～と」는 「会(あ)う : 만나다」, 「話(はな)す : 이야기하다」, 「けんかする : 싸움하다」와 같은 상호동사(相互動詞)와 같이 쓰여 동작의 상대를 나타낸다.

[例] 銀座(ぎんざ)で彼氏(かれし)と会(あ)いました。

(긴자에서 남자 친구와 만났습니다.)

ついに彼女(かのじょ)は恋人(こいびと)と別(わか)れました。

(결국 그녀는 애인과 헤어졌습니다.)

## [5]本社(ほんしゃ)の会議(かいぎ)に出(で)るつもりです

**□ 「～つもりです」 : 「～(할) {생각 / 작정 / 예정}입니다」**

「～つもり」는 한국어의 「생각 / 작정 / 예정」에 상당하는 형식명사로 본문의 「会議(かいぎ)に出(で)るつもりです : 회의에 참석할 예정입니다」와 같이 동사의 현재형의 수식을 받아 말하는 사람의 의지 · 결심 · 예정을 나타낸다.

[例] 今週(こんしゅう)はうちで試験(しけん)勉強(べんきょう)をする<u>つもりです</u>。
(이번 주는 집에서 시험공부를 할 생각입니다.)

## [6-1]途中(とちゅう)までいっしょに行(い)きましょうか
## [6-2]そうしましょう

**□「～ましょう」:「～합시다」(권유)**

**「～ましょう」**는 정중의 조동사 **「～ます」**에서 파생된 것으로 형태상으로는「～ましょ(未然形 : みぜんけい)＋う(推量 : すいりょう)」과 같이 분석되지만, 현대어에서는 **권유를 나타내는 조동사**의 한 형식으로 다루는 것이 일반적이다.

**○권유를 나타내는 형식○**

| 기본형 | 정중형 | **권유 (～ましょう)** | **권유 (～ましょうか)** | **권유 (～ましょうよ)** |
|---|---|---|---|---|
| 行(い)く (가다) | 行(い)きます (갑니다) | 行(い)き<u>ましょう</u> (갑시다) | 行き<u>ましょうか</u> (갈까요) | 行き<u>ましょうよ</u> (가지요) |
| する (하다) | します (합니다) | し<u>ましょう</u> (합시다) | し<u>ましょうか</u> (할까요) | し<u>ましょうよ</u> (하지요) |

[例] 早(はや)く帰(かえ)り<u>ましょう</u>。(빨리 돌아갑시다.)

**□「～ましょうか」:「～할까요」(권유)**

**「～ましょうか」**는「～ましょう」에 질문의「～か」가 접속된 것으로 한국어의 **「～(할)까요」**에 해당하는 표현이다.「～ましょうか」는 질문의 형식을 취하고 있다는 점에서「～ましょう」보다 부드러운 느낌을 준다.

[例] もうそろそろ帰(かえ)り<u>ましょうか</u>。
(이제 슬슬 돌아갈까요?)

**☐「～ましょうよ」:「～(하)지요」**

**「～ましょうよ」**는「～ましょう」에 말하는 사람의 주장을 나타내는 종조사「～よ」가 접속된 것으로 한국어의「～(하)지요」에 해당한다.

[例] 課長(かちょう)、今日(きょう)はもっと飲(の)みましょうよ。

(과장님, 오늘은 더 마시지요.)

## [7]ふだん何時(なんじ)ごろ家(うち)へ帰(かえ)りますか

**☐「[何時(なんじ)]ごろ」:「～쯤 / ～경」**

「～ごろ」는 대략적인 시간을 나타내는 접미사로 한국어의「～쯤」,「～경」에 해당한다.

[例] あなたは**何時(なんじ)ごろ**起(お)きますか。それから、**何時(なんじ)ごろ**家(うち)を出(で)ますか。事件(じけん)の日(ひ)はどこで何(なに)を……。

(당신은 몇 시경에 일어납니까? 그리고 몇 시경에 집을 나옵니까?
사건이 일어난 날은 어디에서 무엇을 〈했습니까?〉)

**☐「[家(うち)]へ」:「～에 / ～으로」(동작의 방향 / 목적지)**

**「～へ(-e)」**는 동작의 방향이니 목적지를 나타내는 격조사로서 한국어의「～에」,「～으로」에 해당한다.「～へ」는 일반적으로 뒤에「行(い)く : 가다」·「帰(かえ)る : 돌아가다」·「出(で)かける : 나가다」와 같이 이동을 나타내는 동사가 온다. 한편, 도착점이나 도달점은「～に」로 나타내는데, 이때 한국어로는「～에」에 해당한다. 이와 같이 동작의 방향이나 목적지를 나타내는「～へ」와 도착점이나 도달점을 나타내는「～に」는 의미적으로 상당히 근접해 있다.

[例] 今年(ことし)は{どこへ/どこに}行(い)きますか。

(올해는 어디에 갑니까?)

### [8]夜(よる)9時(くじ)ごろ

**○시간을 나타내는 법○**

**□「時(じ)」의 읽기**

[例] 1時(いちじ)　　한 시

2時(にじ)　　두 시

3時(さんじ)　　세 시

**4時(よじ)**　　네 시

5時(ごじ)　　다섯 시

6時(ろくじ)　　여섯 시

**7時(しちじ)**　　일곱 시

8時(はちじ)　　여덟 시

**9時(くじ)**　　아홉 시

10時(じゅうじ)　　열 시

何時(なんじ)　　몇 시

### 문형연습1-1

**1-1 きのうはとても寒(さむ)かったですね。**

(1)事務室(じむしつ)はかなり広(ひろ)かったです。

(사무실은 꽤 넓었습니다.)

(2)学食(がくしょく)の値段(ねだん)は全体的(ぜんたいてき)に安(やす)かったです。

(학생식당의 가격은 전체적으로 쌌습니다.)

★「学食(がくしょく)」:「学生食堂(がくせいしょくどう)」의 준말.

(3)きのうのパーティーはとても楽(たの)しかったです。

(어제 파티는 매우 즐거웠습니다.)

### 문형연습1-2

**1-2 あまり寒(さむ)くなかったですけど。**

(1)物価(ぶっか)はあまり高(たか)くなかったですけど。

(물가는 별로 비싸지 않았습니다만.)

(2)川(かわ)の水(みず)はあまり冷(つめ)たくなかったですけど。

(강물은 별로 차갑지 않았습니다만.)

(3)あの映画(えいが)はあまり面白(おもしろ)くなかったですけど。

(그 영화는 그다지 재미있지 않았습니다만.)

### 문형연습2-1

**2-1 ソウルで取引先(とりひきさき)と会(あ)います。**

(1)天気(てんき)がいい日(ひ)は公園(こうえん)に行(い)きます。[行(い)く]

(날씨가 좋은 날에는 공원에 갑니다.)

(2)7時(しちじ)までには帰(かえ)ります。[帰(かえ)る]

(7시까지는 돌아오겠습니다.)

(3)祭(まつ)りでは浴衣(ゆかた)を着(き)ます。[着(き)る]

(축제에서는 유카타를 입습니다.)

(4)朝(あさ)8時(はちじ)に家(いえ)を出(で)ます。[出(で)る]

(아침 8시에 집을 나옵니다.)

(5)彼(かれ)は約束(やくそく)の時間(じかん)より遅(おそ)く来(き)ます。[来(く)る]

(그는 약속 시간보다 늦게 옵니다.)

(6)授業(じゅぎょう)内容(ないよう)を復習(ふくしゅう)します。[復習(ふくしゅう)する]

(수업 내용을 복습합니다.)

### 문형연습2-2

**2-2 本社(ほんしゃ)の会議(かいぎ)に出(で)るつもりです。**

(1)家庭教師(かていきょうし)のアルバイトを探(さが)すつもりです。

(가정교사의 아르바이트를 찾을 생각입니다.)

(2)明日(あした)から朝早(あさはや)く起(お)きるつもりです。

(내일부터 아침 일찍 일어날 생각입니다.)

(3)弟(おとうと)に日本語(にほんご)を教(おし)えるつもりです。

(남동생에게 일본어를 가르칠 생각입니다.)

(4)来週(らいしゅう)、チケットを予約(よやく)するつもりです。

(다음 주, 표를 예약할 예정입니다.)

## 문형연습3-1

### 3-1 途中(とちゅう)までいっしょに行(い)きましょうか。

(1)では、少(すこ)し休(やす)みましょうか。 [休(やす)む]

(그럼, 조금 쉴까요?)

(2)あの店(みせ)に入(はい)りましょうか。 [入(はい)る]

(저 가게에 들어갈까요?)

(3)ウォンを円(えん)に替(か)えましょうか。[替(か)える]

(원을 엔으로 바꿀까요?)

(4)私(わたし)がまとめて注文(ちゅうもん)しましょうか。[注文(ちゅうもん)する]

(제가 정리해서 한꺼번에 주문할까요?)

# 山田(やまだ)さん、いったいどうしたんですか

야마다 씨, 도대체 무슨 일이 있었습니까?

# 第9課　山田(やまだ)さん、いったいどうしたんですか

## 야마다 씨, 도대체 무슨 일이 있었습니까?

### 기본문형

1. きのうはあれから大変(たいへん)でした。
   (어제는 그때부터 고생을 많이 했습니다.)
2. いったいどうしたんですか。
   (도대체 무슨 일이 있었습니까?)

3-1 はじめに入管(にゅうかん)へ行(い)きました。
   (먼저 출입국관리사무소에 갔습니다.)

3-2 車(くるま)がなかなか進(すす)みませんでした。
   (차가 좀처럼 앞으로 나아가지 못했습니다.)

### 학습내용

1. 형용동사 **「大変(たいへん)だ : 힘들다」**의 정중체인 **「大変(たいへん)です」**의 과거 **「大変(たいへん)でした」**에 대해 학습한다.

2. **「いったいどうしたんですか : 도대체 무슨 일이 있었습니까?」**와 같이 상대방에게 어떤 사실의 이유나 그 배후에 있는 진상에 대해 설명을 요구할 때 사용하는 표현 중에서, **「いったい~たんですか」**에 대해 학습한다. 아울러 **「する(하다) → した(했다)」**와 같이 동사의 과거형에 관해서도 살펴본다.

3-1 **「行(い)きました : 갔습니다」**와 같이 「~ます」의 과거인 **「~ました」**의 용법을 학습한다.

3-2 **「進(すす)みませんでした : 나아가지 못했습니다」**와 같이 「~ました」의 부정인 **「~ませんでした」**의 용법을 학습한다.

## 회화본문

〈きのうの出来事(できごと)〉
〈어제 생긴 일〉

山田　: 李(イー)さん、[1]きのうはあれから大変(たいへん)でした。
　야마다 : 이승민 씨, 어제는 그때부터 고생을 많이 했습니다.
李　　: 山田(やまだ)さん、[2]いったいどうしたんですか。
　이승민 : 야마다 씨, 도대체 무슨 일이 있었습니까?
山田　: 実(じつ)は、[3]はじめに入管(にゅうかん)へ行(い)きました。
　　そして、そこで外国人(がいこくじん)登録(とうろく)をしました。
　야마다 : 실은 먼저 출입국관리사무소에 갔습니다.
　　그리고 거기에서 외국인 등록을 했습니다.
李　　: [4]なるほど。それから、どうしましたか。
　이승민 : 음, 그랬어요. 그리고 어떻게 했습니까?
山田　: ええ、[5]それから、本社(ほんしゃ)へ行(い)きましたが、
　　[6]ひどい渋滞(じゅうたい)で、
　　[7]車(くるま)がなかなか進(すす)みませんでした。
　야마다 : 네, 그 다음에 본사에 갔습니다만, 정체가 심해서
　　차가 좀처럼 앞으로 나아가지 못했습니다.
李　　: [8]それは夕方(ゆうがた)だったからでしょうね。
　이승민 : 그것은 저녁때라서 그랬을 거예요.
山田　: そうですね。会議(かいぎ)まで時間(じかん)がありませんでしたから、
　　いらいらしました。
　야마다 : 그렇군요. 회의까지 시간이 없었기 때문에 안절부절 못했습니다.

## 어휘 풀이

| | |
|---|---|
| 出来事(できごと) | 생긴 일 / 사건 |
| あれから | 그때부터 : 시간적 개념 |
| 大変(たいへん)だ | 힘들다 / 고생이 많다 |
| いったい | 도대체 / 대관절 |
| どうしたんですか | 무슨 일이 있었습니까 |
| 実(じつ)は | 실은 |
| はじめに | 처음에는 / 맨 처음 / 먼저 |
| 入管(にゅうかん) | 출입국관리사무소(出入国管理事務所) |
| [入管(にゅうかん)]へ | [출입국관리사무소]에:동작의 목적지. |
| 行(い)きました | 갔습니다:「行(い)き＋ました」 |
| そして | 그리고 / 그래서 : 접속사 |
| そこで | 거기에서 :「そこ＋で(장소)」 |
| 外国人(がいこくじん) 登録(とうろく) | 외국인등록 |
| しました | 했습니다:「し＋ました」 |
| なるほど | 음 / 과연 / 역시 |
| それから | 그리고 / 그 다음에 : 순차동작의 접속사 |
| どう | 어떻게 |
| 本社(ほんしゃ) | 본사 |
| [行きました]が | [갔습니다]만 :「용언＋が」: 접속조사 |
| ひどい | 심하다 / 굉장하다 |
| 渋滞(じゅうたい) | 정체 |
| [渋滞(じゅうたい)]で | [정체]로: 원인 · 이유 |
| なかなか | ①상당히, ②좀처럼 |
| 進(すす)みませんでした | 나아가지 못했습니다 :「進(すす)み＋ませんでした」 |
| 夕方(ゆうがた) | 저녁때 |

| | |
|---|---|
| ～だったからでしょう | ～이었기 때문이지요 |
| 時間(じかん) | 시간 |
| ありませんでした | 없었습니다:「あり＋ませんでした」 |
| いらいらしました | 안절부절 못했습니다:「いらいらし＋ました」 |

## 중요 어구 해설

### [1]きのうはあれから大変(たいへん)でした

**□ あれから**

일본어의 「これ」「それ」「あれ」는 사물을 나타내는 지시대명사인데, 본문의 「あれから:그때부터」와 같이 시간을 나타내는 경우가 있다. 그리고 일본어 지시사에는 ①**현장지시 용법**과 ②화제상의 사물·인물·시간·장소 등에 대해 언급하는 **문맥지시 용법**이 있는데, 「あれから(그때부터)」는 ②의 용법으로 쓰인 것이다.

[例] これから、一生懸命(いっしょうけんめい)がんばります。
(앞으로 열심히 노력하겠습니다.)
あれから、もう何年(なんねん)ぐらい経(た)ちましたかね。鈴木(すずき)さん。
(그때부터 벌써 몇 년쯤 지났습니까? 스즈키 씨.)

**□ 「大変でした」**

**①「[大変]だ」⇒「[大変]だった」(형용동사의 과거)**

형용동사의 과거는 「大変(たいへん)だ : 힘들다」⇒「大変(たいへん)だった : 힘들었다」와 같이 어미 「～だ」를 「～だった」로 바꾼다.

**②「[大変]です⇒「[大変]でした」**(형용동사의 과거 정중체)

형용동사의 과거를 정중하게 말할 때는 「大変(たいへん)です : 힘듭니다」⇒「大変(たいへん)でした : 힘들었습니다」와 같이 「～です」를 「～でした」로 바꾼다.

**③「[大変]でした」⇔「[大変]ではありませんでした」(형용동사의 과거 부정 정중체)**

「大変でした」의 부정, 즉 형용동사의 과거 부정을 정중하게 표현할 때는 어간에 「[大変]ではありませんでした」나 「[大変]ではなかったです」를 붙인다.

## [2]いったいどうしたんですか

### □ **「いったい」:「도대체」**

①「いったい」는 한국어의 「도대체, 대관절」에 해당하는 말로, 뒤에 강한 의문이나 추측 표현을 수반한다.

[例] いったいどうするつもりですか。

(도대체 어떻게 할 생각입니까?)

②본문의 **『いったいどうしたんですか』**는 「도대체 무슨 일이 있었습니까」의 뜻으로 「いったい」는 **『いったい～たんですか』**와 같이 쓰이면, 상대방에게 어떤 사실의 이유나 그 배후에 있는 진상에 대해 설명을 요구하는 표현이 된다.

[例] 週末(しゅうまつ)、いったい誰(だれ)と会(あ)ったんですか。

(주말에 도대체 누구와 만난 것입니까?)

いったいどうしてそんなばかなことを考(かんが)えたんですか。

(도대체 어째서 그런 멍청한 것을 생각한 것입니까?)

### □ どうしたんですか

「どうしたんですか」는 「무슨 일이 있었습니까」의 뜻으로 「した」는 「する」의 과거형이다. 9과에서는 일본어에서 과거나 완료를 나타내는 조동사 「～た」에 관해 학습한다.

### ○ **「～た」:「～었다/～았다」(과거 · 완료의 조동사)**

1. 접속

(1)**과거나 완료를 나타내는 조동사 『～た』**에 관해서는 처음 학습하는 것은 아니다.

우리는 이미

정중의 조동사 **『～です』**의 과거형인 **『～でし＋た』**,

정중의 조동사 **『～ます』**의 과거형인 **『～まし＋た』**, 그리고

형용사 **『暑(あつ)い : 덥다』**의 과거형인**『暑(あつ)＋かっ＋た』**

등을 통해 경험한 적이 있다.

(2)「～た」가 **5단동사의 연용형**에 접속할 때는 소위 **음편(音便：おんびん)**이라고 하는 발음상의 변화가 일어난다.

| 동사의 종류 | 기본형<br>(현재형) | **과거 · 완료<br>『～た』** | 음편 종류 | 접속 방법 |
|---|---|---|---|---|
| 5단동사 | 書(か)く<br>(쓰다)<br>急(いそ)ぐ<br>(서두르다) | **書(か)いた**<br>(썼다)<br>**急(いそ)いだ**<br>(서둘렀다) | イ音便<br>(イおんびん) | 「～く / ～ぐ」로 끝나는 동사는 **『～い』**로 바꾸고「～た / ～だ」를 접속. |
| | **行(い)く**<br>(가다) | **行(い)った**<br>(갔다) | 예외 | 「行(い)く」는「行(い)った」가 된다. |
| | 言(い)う<br>(말하다)<br>待(ま)つ<br>(기다리다)<br>帰(かえ)る<br>(돌아가다) | **言(い)った**<br>(말했다)<br>**待(ま)った**<br>(기다렸다)<br>**帰(かえ)った**<br>(돌아갔다) | 促音便<br>(そくおんびん) | 「～う / ～つ / ～る」로 끝나는 동사는 **『～っ』**으로 바꾸고「～た」를 접속시킨다. |
| | 死(し)ぬ<br>(죽다)<br>呼(よ)ぶ<br>(부르다)<br>飲(の)む<br>(마시다) | **死(し)んだ**<br>(죽었다)<br>**呼(よ)んだ**<br>(불렀다)<br>**飲(の)んだ**<br>(마셨다) | 撥音便<br>(はつおんびん) | 「～ぬ / ～ぶ / ～む」로 끝나는 동사는 **『～ん』**으로 바꾸고「～だ」를 접속시킨다. |
| | 話(はな)す<br>(이야기하다) | **話(はな)した**<br>(이야기했다) | 無音便 | 5단동사 중에서「～す」로 끝나는 동사는 음편이 생기지 않는다. |

(3)**1단동사와 불규칙동사 『来(く)る』『する』**에는「～ます」와 마찬가지로 연용형에 접속된다. 즉, 이들 동사의 경우는 음편(音便：おんびん)이 생기지 않는다.

| 동사의 종류 | 기본형(현재형) | **과거 · 완료<br>『～た』** | 음편의 종류 |
|---|---|---|---|
| **1단동사** | いる<br>(있다) | **い**<u>た</u><br>(있다) | 無音便 |
| | 食(た)べる<br>(먹다) | 食(た)べ<u>た</u><br>(먹었다) | 無音便 |
| **불규칙동사** | 来(く)る<br>(오다) | 来(き)<u>た</u><br>(왔다) | 無音便 |
| | する<br>(하다) | し<u>た</u><br>(했다) | |

## 2. 『～た』형의 의미 · 용법

(1)「～た」에는 **과거(過去)를 나타내는 용법**과 **완료(完了)를 나타내는 용법**이 있는데, 한국어의 [-었 / 았-]과 마찬가지로 양자를 형태적으로 엄밀하게 규정하기는 쉽지 않다. 일차적으로 과거와 완료의 구별은 문중의 부사와 문 전체의 의미에 의해 결정된다.

**(2)과거**

[例] <u>きのう</u>新(あたら)しい服(ふく)を<u>買(か)った</u>。←「買(か)う」

(어제 새 옷을 샀다.)

**(3)완료**

완료는 발화(発話) 시점 이전에 시간적 폭을 갖는 어떤 사건이 실현(종료 / 완료)되었음을 의미하는 상(相 : aspect)적인 개념이다.「～た」가 완료를 나타낼 때는 **『もう : 이미』**, **『すでに : 이미』** 등의 시간 부사와 쓰이는 경우가 많다.

[例] 試合(しあい)は<u>もう終(お)わった</u>。←「終(お)わる」

(시합은 이미 끝났다.)

[3]はじめに入管(にゅうかん)へ行(い)きました / 登録(とうろく)をしました / いらいらしました / 進(すす)みませんでした / ありませんでした

□「～ました」/「～ませんでした」

「～ます」는 다음과 같이 활용한다.

○「～ます」의 활용○

| | 긍정 | 부정 |
|---|---|---|
| 현재 | 行(い)き＋ます<br>(갑니다) | 行(い)き＋ません<br>(가지 않습니다) |
| 과거 | 行(い)き＋ました<br>(갔습니다) | 行(い)き＋ませんでした<br>(가지 않았습니다) |

「入管(にゅうかん)へ行(い)きました:출입국관리사무소에 갔습니다」·「登録(とうろく)をしました:등록을 했습니다」·「いらいらしました:안절부절 못했습니다」의 **『～ました』**는 정중의 **『～ます』**의 과거형이고,「進(すす)みませんでした:나아가지 못했습니다」·「ありませんでした : 없었습니다」의 **『～ませんでした』**는 **『～ました』**의 부정이다.

[例] A：田中(たなか)さん、スーパーで何(なに)を買(か)いましたか。

(다나카 씨, 슈퍼에서 무엇을 샀습니까?)

B：りんごと玉子(たまご)を買(か)いました。

(사과와 달걀을 샀습니다.)

A：お米(こめ)も買(か)いましたか。

(쌀도 샀습니까?)

B：いいえ、お米(こめ)は買(か)いませんでした。

(아니오, 쌀은 사지 않았습니다.)

### [4]なるほど

**☐「なるほど」:「음 / 과연 /역시」**

「なるほど」는 상대방의 이야기를 듣고 수긍하거나 외부에서 들어온 정보나 현실 상황 등에 대해 그것이 틀림없다고 인정할 때 쓰는 말인데, 한국어로는 이에 딱 어울리는 표현은 없다. 굳이 한국어로 옮긴다면「음」,「과연 (그렇군)」,「역시 (정말 이군)」에 상당한다.

### [5]それから、本社(ほんしゃ)へ行(い)きましたが

**☐「それから」:「그리고 / 그 다음에」(접속사)**

**「それから」**는 본문의「それから、本社(ほんしゃ)へ行(い)きました : 그리고 본사에 갔습니다」와 같이 **순차동작** 즉 하나의 동작이 끝난 후, 다음 동작으로 행동을 옮길 때 쓰이는 접속사이다.

[例] A : 今朝(けさ)は何(なに)をしましたか。

(오늘 아침에는 무엇을 했습니까?)

B : まず、顔(かお)を洗(あら)いました。<u>それから</u>、食事(しょくじ)をとりました。**そして**、歯(は)を磨(みが)きました。

(우선 세수를 했습니다. 그 다음에 식사를 했습니다. 그리고 이를 닦았습니다.)

**◇ 本社(ほんしゃ)へ行(い)きましたが**

**☐「~が」:「~만 / ~인데」(접속조사)**

「~が」는 용언의 종지형에 접속되어 ①「역접(逆接)」②「대비(対比)」③「화제 제시(話題 提示)」를 나타내는 접속조사인데 본문의「本社(ほんしゃ)へ行(い)きましたが : 본사에 갔습니다만」은 ①의 용법으로 쓰이고 있다.

[例] タクシーに乗(の)りました<u>が</u>、約束(やくそく)の時間(じかん)に間(ま)に合(あ)いませんでした。

(택시를 탔습니다만, 약속 시간에 대지 못했습니다.)

### [6]ひどい渋滞(じゅうたい)で

**□ [ひどい渋滞(じゅうたい)]で**

「ひどい渋滞(じゅうたい)で」는「심한 정체로 → 정체가 심해서」의 뜻으로 이때의「～で」는 원인 · 이유를 나타낸다.

[例] 旅行(りょこう)ですっかり疲(つか)れました。

(여행 때문에 완전히 녹초가 되었습니다.)

彼(かれ)は今度(こんど)の事件(じけん)で一度(いちど)に有名(ゆうめい)になった。

(그는 이번 사건으로 단번에 유명해졌다.)

### [7]車(くるま)がなかなか進(すす)みませんでした

**□ 「なかなか＋부정 표현」:「좀처럼」**

(1)**「なかなか」**는 앞에서 학습한「あまり」와 마찬가지로, 뒤에 오는 술어 내용에 따라 의미가 달라지는 부사이다. 본문의 **「車(くるま)がなかなか進(すす)みませんでした : 차가 좀처럼 나아가지 못했습니다」**와 같이 뒤에 부정적인 표현을 수반하는 경우에는 한국어의「좀처럼」에 상당하는 뜻을 나타낸다.

[例] 渋滞(じゅうたい)で車(くるま)がなかなか動(うご)きません。

(교통 체증으로 차가 좀처럼 움직이지 않습니다.)

(2)그리고 뒤에 긍정적인 내용이 오면「꽤 / 상당히」의 뜻을 나타낸다.

[例] ここはなかなか明(あか)るい部屋(へや)ですね。[→ × なかなか暗(くら)い]

(여기는 꽤 방이 밝군요.)

### [8]それは夕方(ゆうがた)だったからでしょうね

**◇ [夕方(ゆうがた)]だった**

**□ 「～だ(～이다)」⇒「～だった(～이었다)」(명사술어의 과거)**

「夕方(ゆうがた)]だった:저녁때였다」의「～だった」는 명사술어「～だ」의 과거형이다. 그리고「～だ」의 정중체인「～です」의 과거형은「～でした」이다.

[例] ここは昔(むかし)海岸(かいがん){だった / でした}。

(이곳은 옛날에 {해안이었다 / 해안이었습니다}.)

◇ それは夕方(ゆうがた)だったからだ

**□「～は～{からだ / からです}」:「～는 ～이기 때문입니다」**

원인 · 이유를 나타내는 「～から」는 「～は～{からだ／からです}: ～는 {～이기 때문이다 / ～이기 때문입니다}」와 같이, 앞에 결과를 제시하고 뒤에 그 이유를 나타내는 용법이 있다.

[例] ここは昔(むかし)海岸(かいがん)だったからです。

(여기는 옛날에 해안이었기 때문입니다.)

◇ それは夕方(ゆうがた)だったからでしょうね

「それは夕方(ゆうがた)だったからでしょうね:그것은 저녁때라서 그랬을 거예요」의 **「～でしょうね」**는 추측을 나타내는 조동사 **「でしょう」**에 동의나 확인을 구하는 종조사 **「ね」**가 접속한 것이다.

**○「～でしょう」의 의미 · 용법○**

**(1)추측**

**「～でしょう」**는 **「～だろう:～이겠지」**의 정중체로 말하는 사람의 주관적 추측을 나타내는 조동사이다. 「～でしょう」는 「～です」에서 파생된 말이지만(「～でしょ＋～う」), 「～です」와는 달리 동사, 형용사, 조동사 등에도 접속할 수 있다는 점에서 하나의 독립된 조동사로 인정한다.

[例] 今度(こんど)の研修(けんしゅう)にはみんな行(い)くでしょう。

(이번 연수에는 다들 가겠지요.)

**(2)확인 · 동의**

**「～でしょう」**는 어떤 사실에 대해 상대방에게 확인이나 동의를 구하거나, 또는 완곡한 형태의 질문을 할 때도 쓰이는데, 이때는 **「～でしょ」**와 같이 줄어들거나, 억양이 상승조가 된다.

[例] 彼(かれ)もお酒(さけ)、飲(の)むでしょ(う)。

(그도 술 마시지요?)

## 문형연습1

### 1. きのうはあれから大変(たいへん)でした。

(1) この街(まち)も昔(むかし)は賑(にぎ)やかでした。[←賑(にぎ)やかだ]
(이 거리도 옛날에는 번화했습니다.)

(2) 山(やま)の空気(くうき)はとても爽(さわ)やかでした。[←爽(さわ)やかだ]
(산 공기는 무척 상쾌했습니다.)

(3) 主人公(しゅじんこう)の生涯(しょうがい)は不幸(ふしあわ)せでした。
[←不幸(ふしあわ)せだ]
(주인공의 생애는 불행했습니다.)

(4) 彼(かれ)の考(かんが)えは非常(ひじょう)に合理的(ごうりてき)でした。
[←合理的(ごうりてき)だ]
(그의 생각은 대단히 합리적이었습니다.)

(5) あの俳優(はいゆう)はとてもハンサムでした。[←ハンサムだ]
(그 배우는 무척 잘 생겼습니다.)

## 문형연습2

### 2. いったいどうしたんですか。

(1) その服(ふく)いったいいくらで買(か)ったんですか。[←買(か)う]
(그 옷, 도대체 얼마에 산 것입니까?)

(2) あの部屋(へや)にいったい誰(だれ)がいたんですか。[←いる]
(저 방에 도대체 누가 있었던 것입니까?)

(3) わたしの許可(きょか)なくいったい誰(だれ)が捨(す)てたんですか。
[←捨(す)てる]
(내 허가 없이 도대체 누가 버린 것입니까?)

(4) いったい何故(なぜ)彼(かれ)がここに来(き)たんですか。[←来(く)る]
(도대체 왜 그가 여기에 온 것입니까?)

(5) 彼(かれ)はいったいどこに就職(しゅうしょく)したんですか。[←する]
(그는 도대체 어디에 취직한 것입니까?)

## 문형연습3-1

**3-1 はじめに入管(にゅうかん)へ行(い)きました。**

(1)きのう、ケータイを新(あたら)しく買(か)いました。[←買(か)う]
(어제 휴대폰을 새로 샀습니다.)

(2)彼(かれ)は100(ひゃく)メートルを10秒(じゅうびょう)で走(はし)りました。[←走(はし)る]
(그는 100미터를 10초에 달렸습니다.)

(3)あの映画(えいが)は十回(じっかい/じゅっかい)も見(み)ました。[←見(み)る]
(그 영화는 10번이나 보았습니다.)

(4)きのうのパーティーには社長(しゃちょう)の奥(おく)さんも来(き)ました。[←来(く)る]
(어제 파티에는 사장님 부인도 왔습니다.)

(5)きのうは宿題(しゅくだい)もなく、暇(ひま)でしたから、久(ひさ)しぶりに運動(うんどう)しました。[←運動(うんどう)する]
(어제는 숙제도 없고 한가해서 오랜만에 운동을 했습니다.)

## 문형연습3-2

**3-2 車(くるま)がなかなか進(すす)みませんでした。**

(1)焼酎(しょうちゅう)を5本(ごほん)も飲(の)んだのに、**酔(よ)い**ませんでした。
[←酔(よ)う]
(소주를 5병이나 마셨는데 취하지 않았습니다.)

(2)部屋(へや)のなかを**探(さが)し**ましたが、結局(けっきょく)**見(み)つかり**ませんでした。[←探(さが)す・見(み)つかる]
(방안을 찾아보았습니다만, 결국 찾지 못했습니다.)

(3)彼女(かのじょ)は朝(あさ)まで家(いえ)に**帰(かえ)り**ませんでした。
[←帰(かえ)る]
(그녀는 아침까지 집에 돌아가지 않았습니다.)

(4)とうとう彼女(かのじょ)は今日(きょう)も**来(き)**ませんでした。
[←来(く)る]
(결국 그녀는 오늘도 오지 않았습니다.)

(5)結局(けっきょく)、あの二人(ふたり)は最後(さいご)まで**和解(わかい)し**ませんでした。[←和解(わかい)する]
(결국 그 두 사람은 마지막까지 화해하지 않았습니다.)

# とても楽(らく)でいいですよ

무척 편하고 좋아요

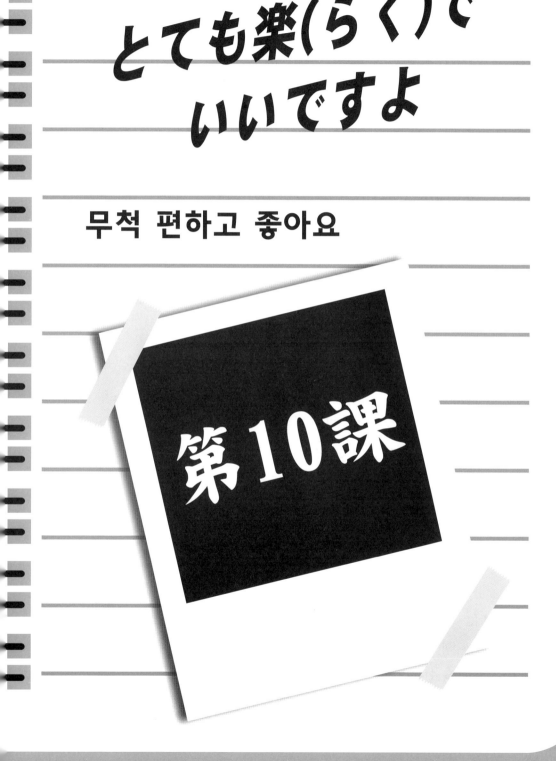

# 第10課 とても楽(らく)でいいですよ

## 무척 편하고 좋아요

### 기본문형

1-1 その靴(くつ)、歩(ある)きやすいですか。
(그 구두, 걷기가 편합니까?)

1-2 わたしの靴(くつ)は、歩(ある)きにくいです。
(제 구두는 걷기 불편합니다.)

2. とても楽(らく)でいいですよ。
(무척 {편하고 / 편해서} 좋아요.)

3. どうもわたしの靴(くつ)は歩(ある)きにくくて、困(こま)ります。
(왠지 제 구두는 걷기가 불편해서 애를 먹고 있습니다.)

### 학습내용

1-1 **「歩(ある)きやすい : 걷기 편하다」**와 같이 동사의 연용형에 접속되어, 「~(하)기 편하다 / ~(하)기 쉽다」의 의미를 나타내는 **형용사화 접사 「~やすい」**의 용법과 1-2 **「歩(ある)きにくい : 걷기 불편하다」**와 같이 동사의 연용형에 접속되어, ~(하)기 어렵다 / ~(하)기 힘들다」의 의미를 나타내는 **형용사화 접사 「~にくい」**의 용법을 학습한다.

2.**「楽(らく)でいい : {편하고 / 편해서} 좋다」**와 같이 형용동사가 후속문에 접속될 때 쓰이는 **형용동사의 「~て형」**에 관해 살펴본다.

3. **「歩(ある)きにくくて、困(こま)ります : 걷기가 불편해서 애를 먹고 있습니다」**와 같이 「~にくい」의 「~て형」이 「困(こま)る : 곤란하다 / 애먹다」의 원인 · 이유로 쓰이고 있는 문형을 연습한다.

## 회화본문

〈衝動買(しょうどうが)い〉
〈충동구매〉

山田　：李(イー)さん、[1]その靴(くつ)、歩(ある)きやすいですか。

야마다 : 이승민 씨, 그 구두, 걷기(신기)가 편합니까?

李　：ええ、[2]とても楽(らく)でいいですよ。

이승민 : 네, 무척 편하고 좋아요.

山田　：[3]どうもわたしの靴(くつ)は歩(ある)きにくくて、困(こま)ります。

야마다 : 왠지 제 구두는 걷기가 불편해서 애를 먹고 있습니다.

李　：そうですか。[4]どこで買(か)ったんですか、その靴(くつ)。

이승민 : 그렇습니까? 그 구두, 어디에서 샀습니까?

山田　：[5]ネットで一万(いちまん)ウォンで買(か)いました。

야마다 : 인터넷에서 만 원에 샀습니다.

李　：安(やす)っ！だからですよ。[6]安(やす)すぎるのも問題(もんだい)です。

이승민 : 싸군요! 그러니까 그래요. 너무 싼 것도 문제입니다.

山田　：いやあ、見(み)た目(め)は良(よ)かったし、[7]とても安(やす)かったから、つい。

야마다 : 정말, 보기 좋았고 무척 쌌기 때문에 그만 나도 모르게 사고 말았어요.

李　：衝動買(しょうどうが)いだったんですね。

이승민 : 충동구매를 했군요.

山田　：ええ、[8]まともな靴(くつ)がなかったもんですから。

야마다 : 네, 제대로 된 구두가 없어서요.

## 어휘 풀이

| | |
|---|---|
| 衝動買(しょうどうが)い | 충동구매 :「衝動(しょうどう)＋買(か)い → 衝動買(しょうどうが)い」 |
| 歩(ある)く | 걷다 |
| [歩(ある)き]やすい | [걷기] 편하다 |
| 楽(らく)でいい | {편하고 / 편해서} 좋다 :「楽(らく)で」는 「楽(らく)だ」의 「~て형」 |
| どうも | ①왠지 / 아무래도. ②도무지 / 어떻게 해도. |
| [歩(ある)き]にくい | [걷기] {불편하다 / 힘들다} |
| ~にくくて | ~하기 힘들어서 ←「~にくい＋て」 |
| 困(こま)ります | {곤란합니다 / 애를 먹고 있습니다} ←「困(こま)る」 |
| ネット | 인터넷 :「インターネット」의 준말 |
| [ネット]で | [인터넷]에서 :「~で」는 동작의 장소. |
| [一万(いちまん)ウォン]で | [만 원]에 :「~で」는 합계 · 한도. |
| 安(やす)っ！ | 「安(やす)い」의 강조형. |
| だからですよ | 그러니까 그래요. |
| 安(やす)すぎる | 너무 싸다 :「형용사의 어간＋すぎる」 |
| 見(み)た目(め)は | 보기에는 |
| つい | 그만 / 나도 모르게 / 무심결에 |
| 衝動買(しょうどうが)いだった | 충동구매를 했다 : 명사문 |
| まともな[靴] | 제대로 된 [구두] ←「まともだ」 |
| ~もんですから | 원인 · 이유를 나타내는 접속조사. ←「~ものですから」 |

## 중요 어구 해설

### [1]その靴(くつ)、歩(ある)きやすいですか
### わたしの靴(くつ)は、歩(ある)きにくいです

**□『～やすい』:『～기 편하다/～기 쉽다』(형용사화 접사)**

형용사화 접사 **『～やすい』**는 동사의 연용형에 접속되어, ①「～(하)기 편하다」, ②「～(하)기 쉽다」에 상당하는 의미를 나타내는데, 본문의 「歩(ある)きやすい : 걷기 편하다」는 ①의 용법으로 쓰이고 있다.

[例] 韓国(かんこく)は住(す)みやすいところですよ。
(한국은 살기 편한 곳이에요.)
雪道(ゆきみち)では転(ころ)びやすいです。
(눈길에서는 넘어지기 쉽습니다.)

**□『～にくい』:『～기 힘들다 / ～기 어렵다』(형용사화 접사)**

본문의 「歩(ある)きにくい」는 「걷기가 불편하다 / 걷기가 힘들다」의 뜻으로, 형용사화 접사 **『～にくい』**는 동사의 연용형에 접속되어 「～기 힘들다 / ～기 어렵다 / ～기 거북하다」「좀처럼 ～할 수 없다」와 같은 마이너스적인 의미를 나타낸다.

[例] 言(い)いにくい : 말하기 힘들다
書(か)きにくい : 쓰기 어렵다
読(よ)みにくい : 읽기 힘들다
壊(こわ)れにくい : 잘 부서지지 않다

「～やすい」와 「～にくい」는 난이(難易)를 나타내는 접미사로 생산성이 높아 대부분의 동사에 성립이 가능하다.

### [2]とても楽(らく)でいいですよ

**□『[楽]で+[いい]』:『{편하고 / 편해서}+[좋다]』**

「とても楽でいいですよ」는 「무척 {편하고 / 편해서} 좋아요」의 뜻으로 형용동사「楽(らく)だ : 편하다」의 연용형 「楽(らく)で」가 뒤에 오는 형용사 「いい : 좋다」에 연결되어 쓰이고 있다.

**○ 형용동사의 『～て형』**

(1)형용동사가 술어인 문을 뒤의 문에 연결시킬 때는 「楽(らく)だ ⇒ 楽(らく)で」와 같이 어미 「～だ」를 「～で(連用形：れんようけい)」로 바꾼다.

| | | |
|---|---|---|
| **형용사** | 安(やす)い＋いい ⇒ 安(やす)く、いい<br>({싸고 / 싸서} 좋다) | **연용중지법** |
| | 安(やす)い＋いい ⇒ 安(やす)くていい<br>({싸고 / 싸서} 좋다) | **『～て형』** |
| **형용동사** | 静(しず)かだ＋いい ⇒ 静(しず)かでいい<br>({조용하고 / 조용해서} 좋다) | **『～て형』** |

그런데 형용사와 달리 형용동사는 **연용형 『～で』**가 **『～て형』**과 **『연용중지법』**의 역할을 겸하고 있기 때문에 형태상 양자의 구별이 없다.

(2)그리고 형용사와 마찬가지로 형용동사의 「～て형」은 앞뒤 두 문장의 의미 관계에 따라 단순연결을 나타내는 경우와 원인 · 이유를 나타내는 경우가 있다.

[例] 加藤(かとう)さんは<u>親切(しんせつ)で</u>、佐藤(さとう)さんは不親切(ふしんせつ)です。

(가토 씨는 친절하고, 사토 씨는 불친절합니다.)

彼(かれ)は<u>親切(しんせつ)で</u>、友達(ともだち)が多(おお)いです。

(그는 친절해서 친구가 많습니다.)

## [3]どうもわたしの靴(くつ)は歩(ある)きにくくて、困(こま)ります

**□ 『どうも』 : 『왠지 / 어쩐지』**

「どうも」는 다양한 의미 · 용법을 지닌 부사인데, 앞에서는

**『どうも : 고마워요 / 미안해요』**,

**『どうもすみません : 대단히 미안합니다』**,

**『どうもありがとうございます : 대단히 감사합니다』**

와 같이 쓰이는 용법에 관해 학습했다.

본문의「どうもわたしの靴(くつ)は歩(ある)きにくくて困(こま)ります」는「왠지 내 구두는 걷기가 불편해서 애를 먹고 있습니다」의 뜻으로 이때의「どうも」는 한국어의「왠지 / 어쩐지」,「아무래도 / 어딘가」에 상당하는 뜻을 나타낸다.

### □ **『～にくくて困(こま)る』:『～{힘들어서 / 불편해서} 애를 먹다』**

본문의「歩(ある)きにくくて、困(こま)ります」는「걷기 {불편해서 / 힘들어서} 애를 먹고 있습니다」의 뜻으로,「～にくい」의「～て형」이「困(こま)る : 곤란하다 / 애먹다」의 원인 · 이유로 쓰이고 있다.

[例] どうもこの引出(ひきだ)しは、**閉(し)め**<u>にくくて、困(こま)ります</u>。

(왠지 이 서랍은 닫기 힘들어서 짜증나네요.)

## [4]どこで買(か)ったんですか、その靴(くつ)

### □ 일본어의 도치문(倒置文)

본문의 **『どこで買(か)ったんですか、その靴(くつ) : 그 구두, 어디에서 샀습니까?』**는「その靴(くつ)、どこで買(か)ったんですか」가 도치된 문장으로, 일상회화에서는 이와 같이 어순(語順)을 바꿈으로써 어조에 친근감이나 열의(熱意)가 가미된다.

[例] おいしいですね、このキムチ。

(이 김치, 맛있네요.)

懐(なつ)かしいですね、あの写真(しゃしん)。

(그 사진을 보니 옛날이 그립네요.)

## [5]ネットで一万(いちまん)ウォンで買(か)いました

일본어의 격조사「～で」는「～に」와 마찬가지로 다양한 의미 · 용법을 지니고 있다. 본문의「ネットで一万(いちまん)ウォンで買(か)いました : 인터넷에서 만원에 샀습니다」에서「ネットで : 인터넷에서」의「～で」는 동작이 이루어지는 장소를,「一万(いちまん)ウォンで : 만원으로」의「～で」는 합계나 한도를 나타낸다.

**○「～で」의 의미 · 용법○**

**(1)동작의 장소**

[例] 午後(ごご)は友達(ともだち)とデパートで買(か)い物(もの)をするつもりです。

(오후에는 친구와 백화점에서 장을 볼 생각입니다.)

**(2)합계나 한도**

[例] 全部(ぜんぶ)でいくらですか。

(전부해서 얼마입니까?)

**(3)원인 · 이유**

[例] きのうは、風邪(かぜ)で会社(かいしゃ)を休(やす)みました。

(어제는 감기 때문에 회사를 쉬었습니다.)

**(4)수단 · 방법**

[例] 中国(ちゅうごく)まで{船便(ふなびん)で / 航空便(こうくうびん)で}お願(ねが)いします。

(중국에 {배편으로 / 항공편으로} 보내 주세요.)

## [6]安(やす)すぎるのも問題(もんだい)です

**□「～すぎる」:「너무(많이) ～하다」(복합동사의 후항동사)**

「安(やす)すぎるのも問題(もんだい)です:너무 싼 것도 문제입니다」의 **「安(やす)＋すぎる」**는 형용사「安(やす)い」의 어간「安(やす)」에 **복합동사의 후항동사(後項動詞)「～すぎる」**가 접속된 것이다.

「過(す)ぎる」가「～すぎる」와 같이 **접미사적인 후항동사**로 쓰일 경우에는「너무 (많이) ～하다」,「지나치게 ～하다」와 같은 문법적인 의미를 나타낸다.

[例] **「형용사의 어간＋すぎる」** →「遠(とお)すぎる : 너무 멀다」

**「형용동사의 어간＋すぎる」** →「静(しず)かすぎる : 너무 조용하다」

**「동사의 연용형＋すぎる」** →「食(た)べすぎる : 과식하다」

**□「[安すぎる]の[は]」:「[～하는] 것[은]」**

「～の」가 용언의 수식을 받아 그 전체를 명사 상당어구로 만드는 용법에 대해서는 이미 학습한 바 있다. 여기서는 동사에 연결되어 명사구로 만드는 「～の」의 용례에 대해 검토한다.

[例] 家(うち)から故郷(ふるさと)までバスで行(い)くのはちょっと大変(たいへん)です。

(집에서 고향까지 버스로 가는 것은 좀 힘듭니다.)

### [7]とても安(やす)かったから、つい

**□「つい」:「그만 / 나도 모르게」**

「つい」는 한국어의 「그만」, 「나도 모르게」에 해당하는 말로 본문의 「とても安(やす)かったから、つい(너무 싸서, 나도 모르게 그만 사고 말았어요)」와 같이 자기가 의도적으로 한 행동이 아니었다는 것을 나타낼 때 쓰는 말이다.

[例] 彼(かれ)がハンサムでしたから、つい。〈デートをオーケーしました〉

(그가 잘 생겨서, 그만 〈데이트 신청을 받아들였습니다〉.)

### [8]まともな靴(くつ)がなかったもんですから

**□「～もんですから」←「～ものですから」(원인 · 이유)**

「まともな靴(くつ)がなかったもんですから:제대로 된 구두가 없어서요」의 「～ものですから / ～もんですから」는 용언의 연체형에 접속되어 원인 · 이유를 나타내는 접속조사인데, 주로 변명을 하거나 개인적인 이유를 강조해서 말할 때 쓰인다. 「～ものですから」는 스스럼없는 회화체에서 「～もんですから」와 같이 발음이 변하는 경우가 있다.

[例] つい忙(いそが)しかったもんですから、お電話(でんわ)するのを忘(わす)れてしまいました。

(그만 바쁜 나머지, 전화하는 것을 잊고 말았습니다.)

★「～てしまう」:보조동사로 「다 ～하다 / 어 버리다」「～고 말다」에 상당하는 뜻을 나타낸다.

その時(とき)は持(も)ち合(あ)わせのお金(かね)がなかったもんですから。

(그때는 수중에 돈이 없어서요.)

### 문형연습1-1

## 1. その靴(くつ)、歩(ある)きやすいですか。

(1)新(あたら)しいパソコンは使(つか)いやすいですね。[←使(つか)う＋やすい]

(새 컴퓨터는 사용하기 편하군요.)

(2)この薬(くすり)は苦(にが)くないから飲(の)みやすいですね。

[←飲(の)む＋やすい]

(이 약은 쓰지 않아서 마시기 편하군요.)

(3)新型(しんがた)のアイフォンは画面(がめん)が大(おお)きいから見(み)やすいです。[←見(み)る＋やすい]

(신형 아이폰은 화면이 커서 보기 편합니다.)

(4)この店(みせ)は雰囲気(ふんいき)もいいし、店員(てんいん)も親切(しんせつ)だから来(き)やすいですね。[←来(く)る＋やすい]

(이 가게는 분위기도 좋고 점원도 친절해서 잘 오게 되네요.)

(5)スマホは色々(いろいろ)検索(けんさく)しやすいですね。

[←検索(けんさく)する＋やすい]

(스마트폰은 여러 가지로 검색하기 편하군요.)

## 문형연습1-2

**1-2 わたしの靴(くつ)は、<u>歩(ある)きにくい</u>です。**

(1) この機械(きかい)は操作(そうさ)が複雑(ふくざつ)で、使(つか)いにくいです。[←使(つか)う＋にくい]
(이 기계는 조작이 복잡해서 사용하기 어렵습니다.)

(2)彼(かれ)の球(たま)は速(はや)くて、打(う)ちにくいです。
[←打(う)つ＋にくい]
(그의 공은 빨라서 치기 힘듭니다.)

(3)薬(くすり)が苦(にが)くて飲(の)みにくいです。[←飲(の)む＋にくい]
(약이 써서 마시기 힘듭니다.)

(4)はさみが古(ふる)くて、切(き)りにくいです。[←切(き)る＋にくい]
(가위가 오래되어서 자르기 힘듭니다.)

(5)雨(あめ)の日(ひ)は運転(うんてん)しにくいです。
[←運転(うんてん)する＋にくい]
(비오는 날은 운전하기 힘듭니다.)

문형연습2

## 2. とても楽(らく)でいいですよ。

(1)[ハンサムだ+優(やさ)しい]

彼(かれ)はハンサムで、心(こころ)も優(やさ)しいです。

(그는 잘 생겼고 마음씨도 착합니다.)

(2)[斬新(ざんしん)だ+高(たか)い]

新型(しんがた)のスマホはデザインが斬新(ざんしん)で、人気(にんき)も高(たか)いです。

(신형 스마트폰은 디자인이 참신해서 인기도 높습니다.)

(3)[楽天的(らくてんてき)だ+明(あか)るい]

母(はは)は楽天的(らくてんてき)で、性格(せいかく)も明(あか)るいです。

(어머니는 낙천적이고 성격도 밝습니다.)

(4)[苦手(にがて)だ+遅(おそ)い]

ぼくは体育(たいいく)が苦手(にがて)で、足(あし)も遅(おそ)いです。

(나는 체육에 자신이 없고 발도 느립니다.)

(5)[豊富(ほうふ)だ+安(やす)い]

この店(みせ)は品数(しなかず)が豊富(ほうふ)で、値段(ねだん)も安(やす)いです。

(이 가게는 물건 수가 풍부하고 가격도 쌉니다.)

문형연습3

3. どうもわたしの靴(くつ)は歩(ある)きにくくて、困(こま)ります。

(1)和服(わふく)は動(うご)きにくくて、困(こま)ります。[←動(うご)く＋にくい]

(일본 고유의 옷은 움직이기가 힘들어서 애를 먹습니다.)

(2)彼(かれ)は付(つ)き合(あ)いにくくて、困(こま)ります。

[←付(つ)き合(あ)う＋にくい]

(그는 사귀기 힘들어서 애를 먹고 있습니다.)

(4)あの先生(せんせい)の話(はなし)は、聞(き)き取(と)りにくくて、困(こま)ります。[←聞(き)き取(と)る＋にくい]

(그 선생님 이야기는 알아듣기가 어려워서 애를 먹습니다.)

(3)漢字(かんじ)は、覚(おぼ)えにくくて、困(こま)ります。

[←覚(おぼ)える＋にくい]

(한자는 외우기 힘들어서 애를 먹습니다.)

(5)彼(かれ)の文章(ぶんしょう)は、理解(りかい)しにくくて、困(こま)ります。

[←理解(りかい)する＋にくい]

(그의 문장은 이해하기 어려워서 애를 먹습니다.)

# 신판

# 생활일본어

이 성 규

# まだ少(すこ)ししか知(し)りません

## 아직 조금밖에 모릅니다

# 第11課 まだ少(すこ)ししか知(し)りません

## 아직 조금밖에 모릅니다

### 기본문형

1. インターネットバンキングの手続(てつづ)きをしたいんですが。
   (인터넷뱅킹 수속을 하고 싶은데요.)
2. バスの路線(ろせん)番号(ばんごう)が多(おお)くて、まだ少(すこ)ししか知(し)りません。
   (버스 노선 번호가 많아서 아직 조금밖에 모릅니다.)

### 학습내용

1. 「インターネットバンキングの手続(てつづ)きをしたいんですが：인터넷뱅킹 수속을 하고 싶은데요」의 **『～たい』**와 같이 말하는 사람의 희망을 나타내는 조동사「～たい」의 의미·용법에 관해 학습한다.

2. 「少(すこ)ししか知(し)りません：조금밖에 모릅니다」와 같이 **『～しか』**가 뒤에 부정 표현을 수반해서 **『～밖에 {～없다 / ～아니다}』**의 뜻을 나타내는 용법을 학습하고, **『～て(で)～しか～ません：～{(하)고 / (해)서} ～밖에 ～하지 않습니다』**의 문형을 익힌다.

# 회화본문

〈買(か)い物(もの)〉
〈쇼핑〉

山田　：[1]あ、そうだ。[2]買(か)い物(もの)に行(い)く前(まえ)に、銀行(ぎんこう)で[3]インターネットバンキングの手続(てつづ)きをしたいんですが。

야마다 : 아, 그렇지. 물건을 사러 가기 전에 은행에서
인터넷뱅킹 수속을 하고 싶은데요.

李　　：じゃあ、まず、銀行(ぎんこう)に行(い)きましょう。山田(やまだ)さんは、なに銀行(ぎんこう)ですか。

이승민 : 그럼, 먼저 은행에 갑시다. 야마다 씨는 무슨 은행입니까?

山田　：えーと、国民銀行(こくみんぎんこう)です。

야마다 : 음, 국민은행입니다.

李　　：[4]分(わ)かりました。それじゃあ、バスで行(い)きましょう、山田(やまだ)さん。

이승민 : 알겠습니다. 그럼, 야마다 씨, 버스로 갑시다.

山田　：はい、そうしましょう。まだ私(わたし)は[5]道(みち)がよく分(わ)かりませんから。

야마다 : 네, 그렇게 합시다. 아직 저는 길을 잘 모르니까요.

李　　：もう韓国(かんこく)のバスには慣(な)れましたか。

이승민 : 이제 한국 버스에는 익숙해졌습니까?

山田　：ええ、バスに乗(の)るのは以前(いぜん)より慣(な)れました。
でも、[6]バスの路線(ろせん)番号(ばんごう)が多(おお)くて、
まだ少(すこ)ししか知(し)りません。

야마다 : 네, 버스를 타는 것은 전보다 익숙해졌습니다.
하지만, 버스 노선 번호가 많아서
아직 조금 밖에 모릅니다.

李　　：そうですね。[7]韓国人(かんこくじん)でもバスに乗(の)らない人は、

[8]どのバスがどこへ行(い)くのか、全(まった)く分(わ)かりませんよ。

이승민 : 그렇지요. 한국 사람도 버스를 타지 않는 사람은

어느 버스가 어디에 가는지 전혀 몰라요.

# 어휘 풀이

| | |
|---|---|
| あ、そうだ | 아, 그렇지 / 아, 참<br>감동사(感動詞 : かんどうし). 상기(想起) |
| 買(か)い物(もの)に行(い)く | 물건 사러 가다. 장 보러 가다. |
| [行(い)く]前(まえ)に | [가기] 전에 |
| インターネットバンキング | 인터넷뱅킹 |
| 手続(てつづ)き | 수속 |
| ～たい | ～고 싶다 :「～たい」는 희망의 조동사. |
| [～たい]んです | [～고 싶]은데요:감정적 강조. |
| じゃあ | 그럼:「では」의 축약형 |
| まず | 우선 |
| 国民(こくみん)銀行(ぎんこう) | 국민은행 |
| 分(わ)かりました | 알겠습니다 :「分(わ)かる(알다)」⇒<br>「分(わ)かりました(알겠습니다)」 |
| [道(みち)]が分(わ)かる | [길]을 알다 |
| 分(わ)かりません | 모릅니다 :「分(わ)かります : 압니다」의 부정. |
| [バス]に慣(な)れる | [버스]에 익숙해지다 |
| [バス]に乗(の)る | [버스]를 타다 |
| [バスに乗(の)る]のは | [버스를 타는] 것은 :「～の」: 형식명사 |
| 以前(いぜん)より | 전보다 |
| 路線(ろせん)番号(ばんごう) | 노선 번호 |
| 多(おお)い | 많다 |
| [少し]しか | [조금]밖에 |
| 知(し)りません | 모릅니다 :「知(し)る : 알다」의 부정 정중체 |
| [韓国人(かんこくじん)]でも | [한국인]{도 / 이라도} |
| 乗(の)らない | 타지 않다:「乗(の)る」의 부정.<br>「～ない」: 부정의 조동사 |
| [どこへ行く]のか | [어디에 가는] 것인가 |
| 全(まった)く[+부정] | 전혀 |

## 중요 어구 해설

### [1]あ、そうだ。

**□「あ、そうだ」:「아, 그렇지 / 아, 참」(感動詞 : かんどうし)**

「そうだ」는 사전적인 의미로는「그렇다」이고, 정중체는「そうです(그렇습니다)」이다. 그런데, 본문의「あ、そうだ」와 같이 잊고 있었던 사실을 갑자기 생각해 냈을 때 쓰이는「そうだ」는 감동사(感動詞 : かんどうし ; 한국어의 감탄사에 해당함)로서, 한국어로는「(아), 그렇지」,「(아), 참」에 해당한다.

[例] あ、そうだ。あしたは女房(にょうぼう)の誕生日(たんじょうび)なんだ。
(아, 그렇지. 내일은 마누라 생일이다.)

### [2]買(か)い物(もの)に行(い)く前(まえ)に

**□「～前(まえ)に」:「～전에」**

한국어의「～(하기) 전에」에 해당하는 표현을 일본어로 나타낼 때는「동사의 기본형＋前(まえ)に」의 형태를 취한다. 일본어에서「～前(まえ)」가 형식명사이기 때문에 앞에 오는 동사는 연체형이 쓰인다.

[例] 泳(およ)ぐ前(まえ)に、準備運動(じゅんびうんどう)をしましょう。
(수영하기 전에 준비운동을 합시다.)

### [3]インターネットバンキングの手続(てつづ)きをしたいんですが

**□「동사의 연용형＋たい」:「～하고 싶다」(희망의 조동사)**

(1)「～たい」는 동사의 연용형에 접속되어 화자의 희망이나 욕구를 나타내는 조동사로 형용사형 활용을 한다. 즉,「～たい」는 어미가「～い」로 끝나기 때문에 형용사와 동일한 활용을 한다.

「する」→「したい:하고 싶다」↔「したくない:하고 싶지 않다」
「したいです:하고 싶습니다」
↔「し{たくないです / たくありません}:하고 싶지 않습니다」

## □ 手続(てつづ)きをしたいんですが

### ○『～たいんですが』

(2)희망의 조동사는 원래 말하는 사람의 바람을 나타내는 것이기 때문에, 보통 본문의 **『手続(てつづ)きをしたいんですが:수속을 하고 싶은데요』**와 같이 **감정적 강조**를 나타내는「～んです / ～のです」의 형태로 쓰이는 경우가 많다.

[例] 一度(いちど)でいいから、ぜひ彼女(かのじょ)の顔(かお)が見(み)たいのです。

(한번이라도 좋으니, 꼭 그녀의 얼굴을 보고 싶습니다.)

### ◇『～が～たい』와『～を～たい』

(3)타동사문에서 파생된「～たい」문에서 희망의 대상은「～が」로도 또는「～を」로도 나타낼 수가 있다.

**①『～が～たい』문형.**

「食(た)べる : 먹다」,「飲(の)む : 마시다」,「見(み)る : 보다」와 같이 일상적인 행위를 나타내는 동사의 경우, 특히 스스럼없는 회화체에서는「～が～たい」가 많이 쓰인다.

[例] 温(あたた)かいもの**が食(た)べたい**ね。

(따뜻한 것이 먹고 싶군.)

**②『～を～たい』문형.**

본문의 **『手続(てつづ)きをしたいんですが:수속을 하고 싶은데요』**와 같이 문장 구조가 복잡하거나 논리적인 관계가 요구되는 경우, 문장 이해라는 측면에서 본래의 타동사문에서의 격 관계를 그대로 유지하려는 경향이 있다.

[例] 事件(じけん)の真相(しんそう)をもっと詳(くわ)しく**聞(き)きたい**。

(사건의 진상을 좀 더 자세히 듣고 싶다.)

### [4]分(わ)かりました

□ **「分(わ)かりました」:「알겠습니다」**

**「分(わ)かりました」**는 동사 **「分(わ)かる : 알다」**에 「～ました」가 접속된 것으로 한국어의 「알겠습니다」에 해당하는 표현으로 **「はい、分(わ)かりました」**의 형태로 많이 쓰인다. 「はい、分(わ)かりました」보다 정중한 표현으로는 **「はい、承知(しょうち)しました」**,**「はい、かしこまりました 」**가 있다.

### [5]道(みち)がよく分(わ)かりませんから

□ **「～が分(わ)かる」:「～을 {알다 / 이해하다}」**

일본어의 「分(わ)かる」는 자동사이기 때문에 그 대상은 「～が」로 나타내지만, 한국어의 「알다」는 타동사이기 때문에 「～が分(わ)かる」는 「～를 알다」에 대응하니 주의한다.

[例] わたしは彼(かれ)の気持(きも)ちがよく分(わ)かります。

(나는 그의 기분을 잘 압니다.)

わたしは英語(えいご)がほとんど分(わ)かりません。

(저는 영어를 거의 모릅니다.)

### [6]バスの路線(ろせん)番号(ばんごう)が多(おお)くて、まだ少(すこ)ししか知(し)りません。

◇ **まだ少(すこ)ししか知(し)りません**

□ **「～しか～ない」:「～밖에 ～(없다 / 아니다)」**

(1)「まだ少(すこ)ししか知(し)りません」은 「아직 조금밖에 모릅니다」의 뜻으로 「～しか」는 뒤에 항상 부정하는 말을 수반하여 한국어의 「～밖에 (없다 / 아니다)」의 뜻을 나타낸다.

[例] お酒(さけ)は、あと2本(にほん)しかないんですよ。

(술은 앞으로 2병밖에 없습니다.)

クレジットカードの暗証番号(あんしょうばんごう)は、彼女(かのじょ)しか知(し)りません。

(신용카드 비밀번호는 그녀밖에 모릅니다.)

◇ バスの路線(ろせん)番号(ばんごう)が多(おお)くて

**□「~くて、~しか~ません」:「~(해)서, ~밖에 ~(하)지 않습니다」**

(2)본문의「バスの路線(ろせん)番号(ばんごう)が多(おお)くて、まだ少(すこ)ししか知(し)りません(버스 노선 번호가 많아서, 아직 조금밖에 모릅니다」는 원인・이유를 나타내는 **『~て형』** 뒤에 **『~しか~ません』**가 쓰인 문형이다.

[例] わたしはあまり頭(あたま)がよくなくて、この問題(もんだい)しか分(わ)かりません。

(저는 별로 머리가 안 좋아서, 이 문제밖에 모르겠습니다.)

**☆「分(わ)かる」와「知(し)る」☆**

(1)「~을 알다」에 해당하는 일본어에는「分(わ)かる」와「知(し)る」가 있는데 **『分(わ)かる』**는 사물의 실태를 마음으로 파악하는 것을 의미하며, **자동사**로서 **대상을 『~が』**로 나타낸다. 따라서「分(わ)かる」는「(자연히 / 저절로) 알게 되다」라는 성격이 강하며 무의지 작용을 가리키는 경우가 많다.

(2)이에 대해 **『知(し)る』**는 사물을 외부적으로 인식하는 것을 의미하며, **타동사**로서 대상을 **『~を』**로 나타낸다.

**◇『知(し)る』 동사의 활용**

| 긍정 | | 부정 | |
|---|---|---|---|
| **보통체** | **정중체** | **보통체** | **정중체** |
| 「× 知(し)る」<br>**『知(し)っている』**<br>(알다 / 알고 있다) | 「× 知(し)ります」<br>**『知(し)っています』**<br>(압니다 / 알고 있습니다) | 知(し)らない<br>(모르다) | 知(し)りません<br>(모릅니다) |

[例] A：あの女性(じょせい)の方(かた)を知(し)っていますか。

(저 여성분을 알고 있습니까?)

B：いいえ、知(し)りません。

(아니오, 모릅니다.)

## [7]韓国人(かんこくじん)でもバスに乗(の)らない人は

### □ [韓国人(かんこくじん)]でも:[한국 사람]{도 / 이라도}

「韓国人(かんこくじん)でも：한국 사람도」의 **『～でも』**는 특별한 경우를 예로 들어 다른 경우는 [물론 ～이다]의 의미를 나타내는데 한국어로는 「～도 / ～이라도」에 상당한다.

[例] そんなことは小(ちい)さな子供(こども)でも分(わ)かります。

(그런 것은 어린 아이들도 압니다.)

あそこは遠(とお)くて、バスでも1時間(いちじかん)かかります。

(거기는 멀어서, 버스로도 1시간 걸립니다.)

最近(さいきん)、忙(いそが)しいので、日曜(にちよう)でも会社(かいしゃ)に出(で)ます。

(요즘 바빠서 일요일도 회사에 나갑니다.)

### □[バスに]乗(の)らない：동사의 부정

### ◇동사의 부정(동사의 미연형(未然形：みぜんけい)＋ない)

「乗(の)る　→　乗(の)らない」「知(し)る　→　知(し)らない」와 같이 동사의 부정은 동사의 미연형(未然形：みぜんけい)에 부정의 조동사 「～ない」를 접속해서 만든다.

#### (1)5단동사의 부정

5단동사의 부정은 기본형의 어미, 즉 **『ーウ(-u)단』**을 미연형**『ーア(-a)단』**으로 바꾸고, 부정의 조동사 「～ない」를 접속시키는데, **『～う』로 끝나는 동사**는 「～あ」가 아니라 **『～わ』**에 「～ない」를 붙인다.

| 기본형 | 부정 |
|---|---|
| 言(い)う 말하다 | 言(い)わない 말하지 않다. |
| 行(い)く 가다<br>話(はな)す 이야기하다<br>待(ま)つ 기다리다<br>死(し)ぬ 죽다<br>帰(かえ)る 돌아오다 | 行(い)かない 가지 않다.<br>話(はな)さない 이야기하지 않다.<br>待(ま)たない 기다리지 않다.<br>死(し)なない 죽지 않다.<br>帰(かえ)らない 돌아가지 않다. |
| ある 있다 | ない 없다 :「あらない(×)」 |

**(2)1단동사와 불규칙동사의 부정**

1단동사의 부정은 기본형의 어미, 즉 **『~る』**을 탈락시키고, 부정의 조동사 **『~ない』**를 접속시킨다.

| 동사의 종류 | 기본형 | 부정 |
|---|---|---|
| 1단동사 | いる 있다<br>寝(ね)る 자다 | いない 없다<br>寝(ね)ない 자지 않다 |
| 불규칙동사 | する 하다<br>来(く)る 오다 | しない 하지 않다<br>来(こ)ない 오지 않다 |

### [8]どのバスがどこへ行(い)くのか、全(まった)く分(わ)かりませんよ

**□『~のか、分かりません』:『{~인지 / ~인가} 모르겠습니다』**

「どこへ行(い)くのか、分(わ)かりません : 어디에 가는 것인지 모르겠습니다」에서 **『~のか、分(わ)かりません』**은 용언의 연체형에 연결되어「~인지 /~인가 모르겠습니다」의 뜻을 나타낸다.

[例] 彼(かれ)は本当(ほんとう)にばかなのか、利口(りこう)なのか、よく分(わ)かりません。

(그는 정말 바보인지, 영리한지 잘 모르겠습니다.)

◇ 全く[分かりくませんよ]

**☐ 『全く+(부정)』:『전혀 / 완전히』**

「全(まった)く」는 진술부사로서 뒤에 오는 문장의 서술 내용에 따라 뜻이 달라진다. 본문의 **『全(まった)く分(わ)かりません : 전혀 모릅니다』**와 같이 뒤에 부정어나 부정적인 표현이 오면 한국어의 「전혀」,「완전히」와 같은 뜻을 나타낸다.

[例] わたしは英語(えいご)が全(まった)く分(わ)かりません。

(저는 영어를 전혀 모릅니다.)

わたしは彼(かれ)を全(まった)く知(し)りません。

(나는 그를 전혀 모릅니다.)

### 문형연습1

## 1. インターネットバンキングの手続(てつづ)きをしたいんですが。

(1)海外旅行(かいがいりょこう)に行(い)きたいんですが。[←行(い)く]
(해외여행에 가고 싶은데요.)

(2)週末(しゅうまつ)ぐらいは遊(あそ)びたいんですが。[←遊(あそ)ぶ]
★「～ぐらい:～정도 / ～만큼 /～쯤」
(주말만큼은 놀고 싶은데요.)

(3)かっこいい車(くるま)に乗(の)りたいんですが。[←乗(の)る]
★「かっこいい:멋지다」
(멋진 차를 타고 싶은데요.)

(4)サークルに入(はい)りたいのですが。[←入(はい)る]
(서클에 가입하고 싶은데요.)

(5)明日(あした)、6時(ろくじ)に起(お)きたいんですが。[←起(お)きる]
(내일 6시에 일어나고 싶은데요.)

(6)今日(きょう)はもう寝(ね)たいんですが。[←寝(ね)る]
(오늘은 이제 자고 싶은데요.)

(7)ケータイを解約(かいやく)したいんですが。[←解約(かいやく)する]
(휴대폰을 해약하고 싶은데요.)

### 문형연습2

**2. バスの路線(ろせん)番号(ばんごう)が多(おお)くて、まだ少(すこ)ししか知(し)りません。**

(1)テスト問題(もんだい)が難(むずか)しくて、これしか分(わ)かりません。
(시험 문제가 어려워서 이것밖에 모르겠습니다.)

(2)くだらない番組(ばんぐみ)が多(おお)くて、ニュースしか見(み)ません。
★「くだらない(=つまらない)」:「하찮다 / 시시하다 」
(하찮은 프로가 많아서, 뉴스밖에 안 봅니다.)

(3)この町(まち)は子供(こども)が少(すく)なくて、新入生(しんにゅうせい)が3人(さんにん)しかいません。
★「一人(ひとり)・二人(ふたり)・三人(さんにん)・四人(よにん)・五人 (ごにん)・六人(ろくにん)・七人(しちにん)・八人(はちにん)・九人(くにん / きゅうにん)・十人(じゅうにん)」
(이 마을은 어린이가 적어서 신입생이 세 명밖에 없습니다.)

(4)彼(かれ)はケチで、1日(いちにち)100円(ひゃくえん)しか使(つか)いません。
★「ケチ:인색한 것. 쩨쩨한 것. 또는 그런 사람」
(그는 구두쇠라서 하루에 100엔밖에 안 씁니다.)

(5)この頃(ごろ)は不景気(ふけいき)で、お客(きゃく)さんが1日(いちにち)に10人(じゅうにん)ぐらいしか来(き)ません。
(요즘은 불경기라서 손님이 하루에 10명 정도밖에 오지 않습니다.)

(6)彼(かれ)は仕事熱心(しごとねっしん)で、仕事(しごと)のことしか考(かんが)えません。
(그는 열심히 일하는 사람이라서 일밖에 다른 것은 생각하지 않습니다.)

(7) うちの子(こ)は勉強嫌(べんきょうぎら)いで、1日(いちにち)に10分(じゅっぷん)しか勉強(べんきょう)しません。

★「勉強(べんきょう)嫌(ぎら)い ←[勉強(べんきょう)+嫌(きら)い]」

★「1分(いっぷん)・2分(にふん)・3分(さんぷん)・4分(よんぷん)・5分(ごふん)・6分(ろくふん / ろっぷん)・7分(ななふん)・8分(はちふん / はっぷん)・9分(きゅうふん)・10分(じっぷん / じゅっぷん)」

(우리 집 아이는 공부를 싫어해서 하루에 10분밖에 공부를 안 합니다.)

# 신판

# 생활일본어

이 성 규

# 私(わたし)も 郵便局(ゆうびんきょく)に 用(よう)がありますので

저도 우체국에 볼일이 있어서요

## 私(わたし)も郵便局(ゆうびんきょく)に用(よう)がありますので

## 저도 우체국에 볼일이 있어서요

### 기본문형

1. 私(わたし)も郵便局(ゆうびんきょく)に用(よう)がありますので。
(저도 우체국에 볼일이 있어서요.)

2. ここに姉(あね)が勤(つと)めているんです。
(여기에 누나가 근무하고 있습니다.)

3. ここに名前(なまえ)と口座(こうざ)番号(ばんごう)を書(か)いてください。
(여기에 이름과 계좌번호를 쓰세요.)

### 학습내용

1. 「私(わたし)も郵便局(ゆうびんきょく)に用(よう)がありますので」는 「저도 우체국에 볼일이 있으니까요」의 뜻으로 원인 · 이유를 나타내는 **『~ので』**가 종조사적으로 사용되고 있다. 12과에서는 **『~から』**와 **유의관계(類義関係)**에 있는 **『~ので』**의 **접속조사(接続助詞:せつぞくじょし)**와 **종조사(終助詞:しゅうじょし)** 용법에 대해 학습한다.

2. 한국어의 상(相) 형식인 **『~고 있다 / ~어 있다』**에 대해 일본어에는 **『~ている』**라는 **애스펙트(アスペクト : aspect)** 형식이 있다.
12과에서는
**『使(つか)っている : 사용하고 있다』(동작의 진행)**,
**『窓(まど)が開(あ)いている : 창이 열려 있다』(결과의 상태)**,
**『優(すぐ)れている : 뛰어나다』(단순 상태)**
를 나타내는 「~ている」의 의미 · 용법에 대해 학습한다.

3. 일본어에는 **의뢰표현(依頼表現)**이 한국어에 비해 상대적으로 분화되어 있다. 12과에서는 「名前(なまえ)と口座(こうざ)番号(ばんごう)を**書(か)いてください**: 여기에 이름과 계좌번호를 {쓰세요 / 써 주세요}」와 같이 일본어의 의뢰표현의 한 형식인 **『~てください』**에 대해 학습한다.

# 회화본문

山田　：銀行(ぎんこう)で[1]インターネットバンキングの手続(てつづ)きをした後(あと)、ちょっと郵便局(ゆうびんきょく)に寄(よ)りたいんですが。

야마다 : 은행에서 인터넷뱅킹 수속을 하고 나서, 좀 우체국에 들르고 싶은데요.

李　　：[2]それはちょうどよかった。
[3]私(わたし)も郵便局(ゆうびんきょく)に用(よう)がありますので。

이승민 : 그거 마침 잘됐군.
저도 우체국에 볼일이 있어서요.

山田　：[4-1]アメリカにいる兄(あに)に、[5]ちょっと送(おく)りたい物(もの)があって。

야마다 : 미국에 있는 형에게 좀 보내고 싶은 물건이 있어서요.

李　　：[4-2]お兄(にい)さんがアメリカにいるんですか。
さあ、銀行(ぎんこう)に着(つ)きましたから、降(お)りましょう。

이승민 : 형님이 미국에 있습니까?
자, 은행에 도착했으니, 내리지요.

山田　：もう着(つ)いたんですか。あっという間(ま)ですね。

야마다 : 벌써 도착했습니까? 눈 깜짝할 사이이군요.

李　　：山田(やまだ)さん、実(じつ)は、[6]ここに姉(あね)が勤(つと)めているんです。

이승민 : 야마다 씨, 실은 여기에 누나가 근무하고 있습니다.

山田　：お姉(ねえ)さんですか。[7]それはぜひお目(め)にかかりたいですね。

야마다 : 누님 말입니까? 그거, 꼭 만나 뵙고 싶군요.

李　　：山田(やまだ)さん、[8]ここに名前(なまえ)と口座(こうざ)番号(ばんごう)を書(か)いてください。

이승민 : 야마다 씨, 여기에 이름과 계좌번호를 쓰세요.

## 어휘 풀이

| | |
|---|---|
| [した]後(あと) | [한] 다음 / 하고 나서 |
| 寄(よ)る | 들르다 |
| [寄(よ)り]たい | [들르]고 싶다 : 희망 |
| それはちょうどよかった | 그거 마침 잘 됐군 : 주관적 판단이나 평가 |
| 用(よう)がある | 볼일이 있다 |
| [用(よう)がありますので | [볼일이 있어]서요: 원인 · 이유의 접속조사. |
| ～ので | ～(어)서 / ～(이)니까 / ～(이)기 때문에 |
| 兄(あに) | 형 / 오빠 |
| 送(おく)る | 보내다 |
| [送りたいものが]あって | [보내고 싶은 것이] 있어 : 「～て」에 의한 문 중지. |
| お兄(にい)さん | 형님 / 오라버니 |
| 着(つ)く | 도착하다 |
| 降(お)りる | 내리다 |
| 着(つ)いたんですか | 도착했습니까 : 「着(つ)いた＋んですか」 |
| あっという間(ま) | 눈 깜짝할 사이에 |
| 実(じつ)は | 실은 |
| 姉(あね) | 누나 / 언니 |
| 勤(つと)める | 근무하다 : 「勤(つと)める」는 문말 종지에서는 「～ている」의 형태로 쓰인다. |
| 勤(つと)めている | 근무하고 있다 |
| ～ている | ～(하)고 있다[한다] /～어 있다[었다] |
| お姉(ねえ)さん | 누님 / 언니 |
| ぜひ | 꼭 / 반드시 |
| お目(め)にかかる | 만나 뵙다: 「会(あ)う」의 겸양어(謙譲語 : けんじょうご) I |
| [お目(め)にかかり]たい | [만나 뵙고] 싶다 : 희망 |
| 口座(こうざ)番号(ばんごう) | 계좌번호 |
| 書(か)いてください | 쓰세요 / 써 주세요 |
| ～てください | 「～(하)세요」/「～어 주세요」: 의뢰 표현 |

### [1]インターネットバンキングの手続(てつづ)きをした後(あと)

**□「～た＋後(あと)」:「～한 다음 / ～하고 나서」**

「～後(あと)」는 한국어의「～다음」에 해당하는 형식명사인데, 본문의「インターネットバンキングの手続(てつづ)きをした後(あと)：인터넷뱅킹 수속을 {한 다음 / 하고 나서}」와 같이 동사의 과거에 접속되어 쓰이면「～한 다음 /～하고 나서 (～하다)」와 같은 순차동작(順次動作)을 나타낸다.

[例] お風呂(ふろ)に入(はい)った後(あと)、寝(ね)ます。
(목욕을 하고 나서 잡니다.)

☆[참고]☆
「食事(しょくじ):식사」,「出発(しゅっぱつ):출발」과 같은 **동작성(動作性) 명사**는 단어 특성상,「～の後(あと)」의 형식도 가능하고,「～した後(あと)」와 같은 표현도 성립한다.
[例] {食事(しょくじ)の後(あと) / 食事(しょくじ)した後(あと)}、歯(は)を磨(みが)きましょう。
({식사 후/식사하고 나서} 이를 닦읍시다.)

### [2]それはちょうどよかった

**□「それはちょうどよかった」:주관적 판단이나 평가**

「それはちょうどよかった:그거 마침 잘 됐군」의「よかった」는 말하는 사람의 주관적 판단이나 평가를 나타내는 용법으로 일본어에서는 이러한 경우 **현재형**이 아니라 **과거형**이 쓰인다는 점이 특징이다. 즉, **일본어의 과거형은 ①과거사실**뿐만 아니라, **②화자의 주관적 판단이나 평가**라는 **[무드(ムード：mood)]** 또는 **[모댈리티(モダリティー：modality)]**에도 관여하고 있다.

[例] A：落(お)とした財布(さいふ)が見(み)つかりました。
(잃어버린 지갑을 찾았습니다.)

B：それはよかったですね。

(그것 참 잘됐군요.)

### [3]私(わたし)も郵便局(ゆうびんきょく)に用(よう)がありますので

「私(わたし)も郵便局(ゆうびんきょく)に用(よう)がありますので」는「저도 우체국에 볼일이 있어서요」의 뜻으로 **원인・이유를 나타내는『～ので』**가 종조사적(終助詞的)으로 쓰이고 있다.

[例] 明日(あした)から試験(しけん)があって、少(すこ)し忙(いそが)しいので。

(내일부터 시험이 있어 좀 바빠서요.)

### □『～ので』:『～(해)서 / ～(하)니까 / ～(하기) 때문에』(원인・이유)

**1. 접속**

접속조사 **『～ので』**는「～の(형식명사)＋～で」에서 발달한 말이기 때문에 용언(동사・형용사・형용동사)과 명사술어의 **연체형(連体形：れんたいけい)**에 접속한다. 이에 대해 **유의관계(類義関係)**에 있는 **『～から』**는 **종지형(終止形：しゅうしけい)**에 접속하니 주의한다.

[例] あまりたくさん{あるので / あるから}、どれがいいか分(わ)かりません。**[동사]**

(너무 많이 있어서 어느 것이 좋은지 모르겠습니다.)

あの店(みせ)は量(りょう)が多(おお)く、{おいしいので / おいしいから}、いつも混(こ)んでいます。**[형용사]**

★「混(こ)む → 混(こ)んでいる：붐비다」

(그 가게는 양이 많고, 맛이 있어서 언제나 붐빕니다.)

手続(てつづ)きは{簡単(かんたん)なので / 簡単だから}、すぐ終(お)わると思(おも)います。**[형용동사]**

★「～と思(おも)う, ～라고 생각하다」

(수속은 간단해서 금방 끝날 것 같습니다.)

あしたは{祝日(しゅくじつ)なので / 祝日(しゅくじつ)だから}、会社(かいしゃ)は休(やす)みです。**[명사술어]**

(내일은 국경일이라서 회사는 쉽니다.)

2. **의미 · 용법**

① **「〜ので」**는 문장체에서 발달한 조사이기 때문에 객관적인 서술을 요하는 **서술문**이나 공적인 성격이 강한 **상용문**, 그리고 정중함이 요구되는 **서간문** 등에 많이 쓰인다.

② 한편, **회화체**에서는 강연 · 연설 등 **격식이 요구되는 장면**이나 **손님을 상대하는 접객표현(接客表現)**에서 많이 쓰인다. 그런 점에서 **회화체에서는 「〜ので」가 「〜から」보다 정중한 느낌을 준다**.

**[4-1]アメリカにいる兄(あに)**

**[4-2]お兄(にい)さんがアメリカにいるんですか**

□ 兄(あに)：お兄(にい)さん / 姉(あね)：お姉(ねえ)さん

◇ **일본어 경어(敬語)의 특징**

일본어의 경어는 한국어에 비해 상대적으로 복잡다단하여,

①**존경어**(尊敬語：そんけいご)

②**겸양어Ⅰ**(謙譲語：けんじょうご)

③**겸양어Ⅱ**(丁重語：ていちょうご)

④**정녕어**(丁寧語：ていねいご)

⑤**미화어**(美化語：びかご)

와 같이 5분류하는 것이 일반적이다.

☆[주의]☆

**경어에 있어서 일본어와 한국어의 가장 두드러진 차이점**은 다음과 같다.
본문에서 ①야마다는 자기 형에 대해 「兄(あに)：형」, 이승민도 자기 누나에 대해 「姉(あね)：누나」와 같이 낮추어 말하고 있고, ②상대의 형님이나 누나에 대해서는 「お兄(にい)さん：형님」「お姉(ねえ)さん：누님」과 같이 높여서 표현하고 있다.

(1)**일본어**에서는 **자기 쪽 인물(가족이나 직장 동료 등)을 남에게 말할 때는 연령이나 지위 고하를 막론하고 높이지 않는다.** 따라서 남에게 자기 가족의 연장자나 자기 회사의 상사를 말할 때는 높게 대우(待遇)해서는 안 된다.

(2)한편 **상대 쪽 인물에 대해서는 나이나 지위 고하를 막론하고 무조건 올려서 말한다.**

[例] A：佐藤(さとう)さん、お祖父(じい)さんとお祖母(ばあ)さんは、いま、どちらですか。

(사토 씨, 할아버지와 할머니께서는 지금 어디에 계십니까?)

B：祖父(そふ)と祖母(そぼ)は、いま、田舎(いなか)にいます。

(할아버지와 할머니께서는 지금 시골에 있습니다.)

A：李(イー)さん、部長(ぶちょう)の渡辺(わたなべ)です。

(이승민 씨, 저희 회사의 와타나베 부장님입니다.)

B：部長(ぶちょう)、こちらは、韓国(かんこく)、ソウル商社(しょうしゃ)の李(イー)さんです。

(부장님, 이쪽은 한국 서울상사의 이승민 씨입니다.)

## [5]ちょっと送(おく)りたい物(もの)があって

### □ **「(あっ)て」:[동사의 て형]**

본문의「ちょっと兄(あに)に送(おく)りたい物(もの)があって」는「형에게 좀 보내고 싶은 물건이 있어서」의 뜻으로 **『あって』**는「ある」에 접속조사「～て」가 접속되어 원인 · 이유를 나타낸다.

### ○ **『동사＋て』**

[1] 제12과에서는 **『동사＋て』**를 학습하는데, **일본어의 동사 술어**는 그 구조가 한국어에 비해 간단하여 동사 술어를 다른 말에 연결시키거나 확장할 때는 반드시「～て」를 필요로 한다는 점에서 **접속조사『～て』**의 기능은 형용사보다 동사에 있어서 더 중요하다.

①「書(か)く : 쓰다」⇒「書(か)いて : 쓰고 / 써서」와 같이 동사를 **후속문**에 연결할 때,

②「書(か)く : 쓰다」⇒「書(か)いている:쓰고 있다」•
「書いてある:쓰여 있다」•
「書いておく:써 두다」•
「書いてみる:써 보다」•
「書いてしまう : 다 쓰다」
등과 같이 **보조동사**에 연결할 때,

③「書(か)く : 쓰다」⇒「書(か)いてやる:써 주다」•
「書(か)いてあげる:써 주다」•
「書いてくれる:써 주다」•
「書(か)いてくださる:써 주시다」
등과 같이 **수수표현**을 만들 때, 접속조사「～て」가 필요하다.

[2] 그리고 일본어 동사에서, 다음과 같이 **5단동사**에

**[5단동사＋「～て」(단순연결이나 원인·이유를 나타내는 접속조사)·**
**「～た」(과거 · 완료를 나타내는 조동사)·**
**「～たり」(열거를 나타내는 접속조사)·**
**「～たら」(가정조건을 나타내는 접속조사)]**가 접속할 때는

발음의 변화가 생기는데, 이를 **[음편(音便 : おんびん)]**이라고 하고 그 변화형을 **[음편형(音便形 : おんびんけい)]**라고 한다.

11과에서 설명한 바와 같이 **음편**에는 ①**「イ音便(いおんびん)」**, ②**「促音便(そくおんびん)」**, ③**「撥音便(はつおんびん)」**의 세 종류가 있다.

## 1. 접속

### ①イ音便(いおんびん)

기본형이 **『～く』**나 **『～ぐ』**로 끝나는 동사는 **『～て』**에 연결될 때 연용형(連用形：れんようけい)「～き」「～ぎ」가 **『～い』**로 변한다. 단,**『行(い)く』**만은 예외로「いいて」가 아니라 **『いって』**와 같이 촉음(促音：そくおん)이 되니 주의한다.

| 기본형 | 정중형(～ます형) | 음편형(～て형) |
|---|---|---|
| 書(か)く:쓰다 | 書(か)きます | 書(か)いて |
| 急(いそ)ぐ:서두르다 | 急(いそ)ぎます | 急(いそ)いで |
| 行(い)く:가다 | 行(い)きます | 行(い)って |

### ②促音便(そくおんびん)

기본형이 **『～う』『～つ』『～る』**로 끝나는 동사는 **『～て』**에 연결될 때 연용형「～い」「～ち」「～り」가 **촉음(促音)『～っ』**으로 변한다.

| 기본형 | 정중형(～ます형) | 음편형(～て형) |
|---|---|---|
| 洗(あら)う：씻다<br>待(ま)つ：기다리다<br>作(つく)る：만들다 | 洗(あら)います<br>待(ま)ちます<br>作(つく)ります | 洗(あら)って<br>待(ま)って<br>作(つく)って |

③撥音便(はつおんびん)

기본형이 **『〜ぬ』『〜ぶ』『〜む』**로 끝나는 동사는 **『〜て』**에 연결될 때 연용형「〜に」「〜び」「〜み」가 **발음(撥音 : はつおん) 『〜ん』**으로 변하고,「〜ん」의 영향으로 **『〜て』**는 **『〜で』**로 변한다.

| 기본형 | 정중형(〜ます형) | 음편형(〜て형) |
|---|---|---|
| 死(し)ぬ : 죽다<br>呼(よ)ぶ : 부르다<br>読(よ)む : 읽다 | 死(し)にます<br>呼(よ)びます<br>読(よ)みます | 死(し)んで<br>呼(よ)んで<br>読(よ)んで |

**④サ行 5단동사 : 『음편』이 발생하지 않는다**

「話(はな)す : 말하다」「押(お)す : 누르다」「貸(か)す : 빌려주다」와 같이「〜す」로 끝나는 「サ行 5단동사」는 음편이 발생하지 않는다.

따라서 이들 동사에는「〜ます」가 연결되는 형태에「〜て」를 그대로 접속시키면 된다.

| 기본형 | 정중형(〜ます형) | 음편형(〜て형) |
|---|---|---|
| 話(はな)す : 말하다 | 話(はな)します | 話(はな)して |

**⑤1단동사 / 불규칙동사 : 『음편』이 발생하지 않는다**

1단동사나 불규칙동사인「する」「来(く)る」에도 음편이 생기지 않는다. 따라서 이들 동사에는「〜ます」가 연결되는 형태에「〜て」가 접속된다.

| 동사 | **기본형** | 정중형(～ます형) | **접속형(～て형)** |
|---|---|---|---|
| 1단 동사 | 見(み)る : 보다<br>食(た)べる : 먹다 | 見(み)<u>ます</u><br>食(た)べ<u>ます</u> | 見(み)<u>て</u><br>食(た)べ<u>て</u> |
| 불규칙 동사 | 来(く)る : 오다<br>する : 하다 | 来(き)<u>ます</u><br>し<u>ます</u> | 来(き)<u>て</u><br>し<u>て</u> |

**2.『동사의 ～て형』의 의미 · 용법**

**접속조사『～て』**는 두 개 이상의 문장을 연결시키는 것이 기본적인 기능인데, 앞뒤 두 문장의 의미적 관계에 따라 ①**순차동작(順次動作)** · ②**단순연결** · ③**원인(原因)** · **이유(理由)** · ④**동작의 공존** · ⑤**병행동작(並行動作)** · ⑥**동작의 개시** · ⑦**수단(手段)** · **방법(方法)** 등의 다양한 용법을 나타낸다.

**◇ ちょっと送(おく)りたい物(もの)があって**

**□「～て。」:「문 중지 용법」**

본문의「ちょっと送(おく)りたい物(もの)があって。: 좀 보내고 싶은 물건이 있어서」와 같이 원인이나 이유를 나타내는 부분만을 표현하고, 결과나 귀결을 나타내는 부분을 생략하는 경우가 많다. 이를 **[문 중지 용법]**이라고 한다.

[例] 今日(きょう)は**急用(きゅうよう)ができ**<u>て</u>。

(오늘은 급한 일이 생겨서요.)

**☆[주의]☆**

단, **『～て형』에 의한 원인 · 이유**는 <u>「～から」나「～ので」에 비해 인과관계(因果関係)가 약하기 때문에</u>, 뒤의 문장에는 주어의 적극적인 의지를 나타내는 표현은 오지 못하고「앞 문장의 결과, 자연히 그렇게 되다, 또는 그렇게 느끼다」와 같은 의미의 문장만이 쓰일 수 있다.

[例] **遅(おそ)くなっ**<u>て</u>すみません。

(늦어서 미안합니다.)

## [6]ここに姉(あね)が勤(つと)めているんです

「ここに姉(あね)が勤(つと)めているんです」는「여기에 누나가 근무하고 있습니다」의 뜻으로「勤(つと)めている」는「勤(つと)める : 근무하다」에 **애스펙트(アスペクト ; aspect)**를 나타내는「~ている」가 접속되어 일종의 상태를 나타내고 있다.

한국어의 **『~고 있다 / ~어 있다』**에 해당하는 형식을 문법에서는 애스펙트(相 ; aspect)이라고 하는데, 일본어에서는 이를 **『~ている』**라는 형식이 담당하고 있다.

### □「~ている」의 의미 · 용법

◇ 勉強(べんきょう)している

**(1)「계속동사+ている」:「~고 있다 / ~한다」(동작의 진행 / 현상의 지속)**

「書(か)く : 쓰다」,「泣(な)く : 울다」,「見(み)る : 보다」,「勉強(べんきょう)する : 공부하다」 등의 **계속동사(継続動詞)**에 **『~ている』**가 접속되면, **『동작의 진행』**이나 **『현상의 지속』**을 나타내는데, 이때는 한국어의 **『~고 있다 / ~한다』**에 대응하는 경우가 많다.

[例] 泣(な)く: 子供(こども)が泣(な)いている。
(아이가 울고 있다.)

◇ 咲(さ)いている

**(2)「순간동사+ている」:「~어 있다 / ~었다」(결과의 상태)**

「開(あ)く : 열리다」,「咲(さ)く : 피다」,「立(た)つ : 서다」 등의 **순간동사(瞬間動詞)**에 **『~ている』**가 접속되어 쓰이면「어떤 동작이 끝나고, 그 결과로 생긴 상태가 현재 지속되고 있는 것」, 즉 **『결과의 상태』**를 나타낸다. 이때는 보통 한국어의 **『~어 있다』**에 대응하는 경우가 많은데 동사에 따라서는 **『~었다』**와 같이 과거형에 대응하는 경우가 있으니 주의한다.

[例] 咲(さ)く : 桜(さくら)の花(はな)が咲(さ)いている。
(벚꽃이 피어 있다.)

★始(はじ)まる: 試合(しあい)は始(はじ)まっている。
(시합은 시작되었다.)

☆[주의]☆

① 일본어 동사 중에는 한국어 동사와 어휘적 의미나 문법적 성질이 다른 것이 있다. 예를 들어 **한국어의 「가다」, 「오다」**는 「~고 있다(동작의 진행)」, 「~어 있다(결과의 상태)」가 모두 가능하지만, **일본어의 「行く」, 「来る」**는 「~ている」로 「결과의 상태」만을 나타내니 주의를 요한다.

[例] 彼(かれ)は出張(しゅっちょう)でアメリカに行(い)っている。

(그는 출장으로 미국에 **가 있다**.)

彼(かれ)はもうここに来(き)ている。

(그는 이미 여기에 **와 있다**.)

② 그리고 **「住(す)む : 살다」**, **「知(し)る : 알다」** 등의 동사는 현재의 상태를 나타낼 때 반드시 「~ている」형을 취하니 주의한다.

[例] 今(いま)、どこに{住(す)んでいますか / × 住みますか}。

(지금 어디에 삽니까? / 살고 있습니까?)

河野(こうの)さんを{知(し)っていますか / × 知りますか}。

(고노 씨를 압니까? / 알고 있습니까?)

◇よく似(に)ている

**(3)「형용사적 동사+ている」: 단순한 상태**

일본어 동사 중에는 **동사의 형태**를 취하고 있으면서 의미적으로는 형용사와 마찬가지로 주체의 성질이나 상태를 나타내는 일군(一群)이 있는데, 이들 동사는 종지형 용법이 없어 **문말**에서는 항상 **「~ている」** 형태로만 쓰인다.

[例] 山(やま)が高(たか)く{そびえている / × そびえる}。

(산이 높이 솟아 있다.)

この子(こ)は父(ちち)によく{似(に)ている / × 似る}。

(이 아이는 아버지를 많이 닮았다.)

### [7]それはぜひお目(め)にかかりたいですね

본문의「お目(め)にかかりたいですね : 만나 뵙고 싶군요」의 **『お目(め)にかかる』**는 **『会(あ)う : 만나다』**의 **『겸양어(謙譲語 : けんじょうご) I 』**이다.

**일본어의 [겸양어 I ]**은 상대나 제3자와 관련이 있는, 말하는 사람의 동작이나 행위를 낮춰 말함으로써 결과적으로 상대나 제3자를 높이는 기능을 하는 경어이다.

그런데 현대 한국어에는 **『お目(め)にかかる;만나 뵙다』와 같이 의미적 대응관계가 성립하는 예도 있지만** 일본어 [겸양어1]에 직접 대응하는 형식이 없기 때문에,「(제가) {~하겠습니다 / ~해 드리겠습니다}」에 상당하는 표현으로 이해하면서 가능한 한 [겸양어1]이 쓰이는 예를 많이 접하는 것이 중요하다.

### [8]ここに名前(なまえ)と口座(こうざ)番号(ばんごう)を書(か)いてください

본문의 **『書(か)いてください』**는 동사「書(か)く : 쓰다」에 의뢰 표현을 나타내는「~てください」가 접속된 것으로 한국어의「쓰세요」,「써 주세요」에 해당한다.

**□ 『~てください』:『~해 주세요 / ~하세요』(의뢰 표현)**

(1)「~てください」는 일본어 의뢰 표현의 대표적인 형식으로 한국어의「~해 주세요」,「~하세요」에 해당한다.

**『~てください』**는 **5단동사**(「話(はな)す : 말하다」 등의「~す」로 끝나는 5단동사는 제외)에는 **음편형**에 접속된다. 따라서 **『~てください』**를 학습할 때는 먼저 **『~て形』**을 만들고, 그 다음에 **『~ください』**를 접속시키는 식으로 연습하면 된다.

◇「～てください」

| 동사의 종류 | 기본형 | て형 | 「～ください」 |
|---|---|---|---|
| 5단동사 | 書(か)く | 書(か)いて | 書(か)いてください:쓰세요 / 써 주세요 |
| | 待(ま)つ | 待(ま)って | 待(ま)ってください:기다리세요 / 기다려 주세요 |
| | 入(はい)る | 入(はい)って | 入(はい)ってください:들어오세요 |
| | 飲(の)む | 飲(の)んで | 飲(の)んでください:드세요 |
| | 話(はな)す | 話(はな)して | 話(はな)してください:말해 주세요 |
| 1단동사 | 見(み)る | 見(み)て | 見(み)てください:보세요 / 봐 주세요 |
| | やめる | やめて | やめてください:그만 두세요 |
| 불규칙동사 | 来(く)る | 来(き)て | 来(き)てください:오세요 / 와 주세요 |
| | する | して | してください:하세요 / 해 주세요 |

### 문형연습1

**1. 私(わたし)も郵便局(ゆうびんきょく)に用(よう)がありますので。**

(1)これは皆(みな)さんとの約束(やくそく)ですので。
(이것은 여러분들과의 약속이니까요.)

(2)御社(おんしゃ)の製品(せいひん)は品質(ひんしつ)がいいですので。
(귀사 제품은 품질이 좋으니까요.)
★「御社(おんしゃ):귀사;상대방 회사에 대한 존경어」

(3)先生(せんせい)がみんな親切(しんせつ)ですので。
(선생님 모두 친절하니까요.)

(4)これからは気(き)をつけますので。
(앞으로는 조심할 테니까요.)

(5)課長(かちょう)の鈴木(すずき)が現地(げんち)に向(む)かいますので。
(과장인 스즈키가 현지에 갈 테니까요.)

### 문형연습2

**2. ここに姉(あね)が勤(つと)めているんです。**

**□「〜ている」:동작의 진행**

(1)A:どうしたんですか。田中(たなか)さん。
(다나카 씨, 무슨 일, 있습니까?)
B:ええ。向(むこ)うで何(なに)かが動(うご)いているんです。
[←動(うご)く]
(네. 건너편에서 뭔가가 움직이고 있습니다.)

(2)今(いま)、田舎(いなか)の両親(りょうしん)に手紙(てがみ)を書(か)いているんです。[←書(か)く]
(지금 시골 부모님에게 편지를 쓰고 있습니다.)

(3)何(なん)の本(ほん)を読(よ)んでいるんですか。[←読(よ)む]
(무슨 책을 읽고 있습니까?)

### □「〜ている」: 결과의 상태

(1)誰(だれ)もいないはずなのに、部屋(へや)の電気(でんき)がついているんです。

[←電気(でんき)がつく]

★[〜はずだ]: 틀림없이 〜다: 당연성

★[〜のに]: 〜인데: 역접의 접속조사

(아무도 없을 텐데, 방 불이 켜져 있습니다.)

(2)部屋中(へやじゅう)にゴキブリがたくさん死(し)んでいるんです。[←死(し)ぬ]

★「ゴキブリ」: 바퀴벌레

(온 방안에 바퀴벌레가 많이 죽어 있습니다.)

(3)講義室(こうぎしつ)のドアが閉(し)まっているんです。[←閉(し)まる]

(강의실 문이 닫혀 있습니다.)

### □「〜ている」: 단순 상태

(1)この針(はり)の先(さき)は鋭(するど)く尖(とが)っているんです。

[←尖(とが)っている: 尖(とが)る]

(이 바늘 끝은 날카롭게 뾰족합니다.)

(2)この子(こ)は音楽(おんがく)の才能(さいのう)がとても優(すぐ)れているんです。

[←優(すぐ)れている: 優(すぐ)れる]

(이 아이는 음악 재능이 무척 뛰어납니다.)

(3)口(くち)の上手(うま)さでは誰(だれ)よりも秀(ひい)でているんです。

[←秀(ひい)でている: 秀(ひい)でる]

★「口(くち)がうまい: 말을 잘하다」

★「うまさ: うま＋さ(명사화 접사)」:「말을 잘 하는 것」

★[誰(だれ)]より: [누구]보다

(말을 잘하는 데에서는 누구보다도 뛰어납니다.)

## 문형연습3

### 3. ここに名前(なまえ)と口座(こうざ)番号(ばんごう)を書(か)いてください。

(1)試練(しれん)に負(ま)けないで**頑張(がんば)っ**てください。

[←頑張(がんば)る]

(시련에 지지 말고 힘내세요.)

★「負(ま)ける」:지다 / 패하다

★「～ないで」:하지 않고.

(2)肉(にく)は小(ちい)さく**切(き)っ**てください。[←切(き)る]

★「切(き)る」:끊다 / 썰다 / 자르다 / 베다

(고기는 작게 썰어 주세요.)

(3)ウォンを円(えん)に**替(か)え**てください。[←替(か)える]

(원을 엔으로 바꿔 주세요.)

(4)開始(かいし)10分前(じゅっぷんまえ)には**来(き)**てください。[←来(く)る]

(개시 10분 전에는 와 주세요.)

(5)忘(わす)れ物(もの)がないか**確認(かくにん)し**てください。

[←確認(かくにん)する]

★「忘(わす)れ物(もの)」:두고 온 물건. 잊은 물건.

(잊은 물건이 없는지 확인해 주세요.)

# 신판

# 생활일본어

이 성 규

# お待(ま)たせしました

오래 기다리게 해서 죄송합니다

# 第13課 お待(ま)たせしました

## 오래 기다리게 해서 죄송합니다

### 기본문형

1. 手続(てつづ)きが簡単(かんたん)に終(お)わってしまいましたね。
(수속이 간단히 끝났군요.)
2. IC(アイシー)カードのチャージをしてから行(い)きたいんですけど。
(IC카드 충전을 하고 나서 갔으면 하는데요.)
3. 口座(こうざ)を作(つく)ったり、毎日(まいにち)預金(よきん)しに来(き)たりするお客(きゃく)もいるんです。
(계좌를 만들거나, 매일 예금하러 오거나 하는 손님도 있습니다.)

### 학습내용

1. 「手続(てつづ)きが簡単(かんたん)に終(お)わってしまいましたね : 수속이 간단히 끝났군요」와 같이 **한국어의 『다 ~하다 / ~해 버리다 / ~하고 말다』**에 해당하는 **보조동사 『~てしまう』**의 의미 · 용법에 대해 학습한다.

2. 「IC(アイシー)カードのチャージをしてから行(い)きたいんですけど : IC카드 충전을 하고 나서 갔으면 하는데요」와 같이 **순차동작(順次動作)**을 나타내는 **『~てから、~する : ~하고 나서, ~하다』**의 문형을 학습한다.

3. 「口座(こうざ)を開(ひら)いたり、毎日(まいにち)預金(よきん)しに来(き)たりするお客(きゃく)もいるんです : 계좌를 개설하거나, 매일 예금하러 오거나 하는 손님도 있습니다」와 같이 2개 이상의 동작이나 사항을 열거할 때 쓰이는 접속조사 **『~たり』**의 용법을 **『~たり~たりする : ~하거나 ~하거나 하다』**의 문형을 중심으로 검토한다.

# 회화본문

〈銀行(ぎんこう)を出(で)てから〉
〈은행을 나와서〉

山田　：李(イー)さん、[1]手続(てつづ)きが簡単(かんたん)に終(お)わってしまいましたね。

야마다 : 이승민 씨, 수속이 간단히 끝났군요.

李　：山田さん、郵便局(ゆうびんきょく)へ手紙(てがみ)を出(だ)しに行(い)きましょう。

이승민 : 야마다 씨, 우체국에 편지를 부치러 갑시다.

山田　：ちょっとその前(まえ)に、そこのコンビニで[2]IC(アイシー)カードのチャージをしてから行(い)きたいんですけど。

야마다 : 잠깐 그 전에 이 부근에 있는 편의점에서 IC카드 충전을 하고 나서 갔으면 하는데요.

---

山田　：[3]お待(ま)たせしました。

야마다 : 오래 기다리게 해서 죄송합니다.

李　：[4]郵便局は近(ちか)いですから、歩(ある)いて行きましょう。

이승민 : 우체국은 가까우니 걸어서 갑시다.

山田　：はい。ところで、李(イー)さんのお姉(ねえ)さん、とってもきれいですね。[5]お姉(ねえ)さんを一目(ひとめ)見(み)ようと、[6]お客(きゃく)もたくさん来(く)るんでしょうね。

야마다 : 네. 그런데, 이승민 씨 누님은 상당히 미인이네요.
누님을 한번 보려고 손님도 많이 오지요?

李　：ええ、姉(あね)目当(めあ)てで、わざわざ[7]口座(こうざ)を作(つく)ったり、毎日(まいにち)預金(よきん)しに来(き)たりするお客(きゃく)もいるんです。

이승민 : 네, 누나를 보려고 일부러 계좌를 만들거나, 매일 예금하러 오거나 하는 손님도 있습니다.

## 어휘 풀이

| | |
|---|---|
| 出(で)る | 나오다 / 나가다 |
| ～てから | ～한 다음 / ～고 나서 : 「～て+～から」(복합조사) |
| 手続(てつづ)き | 수속 : 훈독(訓読) |
| 簡単(かんたん)に | 간단히:「簡単(かんたん)だ:간단하다」 |
| 終(お)わる | 끝나다 / 끝내다 : 자타 양용(両用) 동사 |
| ～てしまう | 다 ～하다 / ～해 버리다 / ～하고 말다 |
| 手紙(てがみ)を出(だ)す | 편지를 부치다 |
| [手紙を出し]に行(い)く | [편지를 부치]러 가다 |
| コンビニ | 편의점:「コンビニエンス・ストア」의 준말. |
| IC(アイシー)カード | IC카드(아이시 카드):(integrated circuit card) |
| チャージ | 충전:【charge】 |
| お待(ま)たせしました | 많이 기다리게 해서 죄송합니다 |
| 歩(ある)いて行(い)く | 걸어서 가다 |
| お姉(ねえ)さん | 누님 |
| とっても | 무척 / 매우 :「とても」의 강조형. |
| 一目(ひとめ) | 한번 보는 것. |
| [見(み)]よう | [보]자:「～う / ～よう」:의지 / 권유 / 추측 |
| お客(きゃく) | 손님 |
| [来る]んでしょう | [오]지요 :「～んでしょう」는「～でしょう」보다 추측의 근거가 강하다. |
| 姉(あね) | 누나 / 언니 |
| 目当(めあ)て | 목적 / 목표 |
| [姉(あね)]目当(めあ)てで | 누나를 보려고 |
| わざわざ | 일부러 |
| 口座(こうざ)を作(つく)る | 계좌를 만들다 |
| 預金(よきん)する | 예금하다 |
| ～たり、～たりする | ～하거나 ～하거나 하다 |

## 중요 어구 해설

### [1]手続(てつづ)きが簡単(かんたん)に終(お)わってしまいましたね

**□「～てしまう」:「다 ～하다 / ～해 버리다 / ～하고 말다」(보조동사)**

**「しまう」**는 본동사로는「끝내다 / 마치다」,「치우다」 등의 뜻을 나타내지만, 보조동사 **「～てしまう」** 형태로 쓰이면 동작이나 상태의 완료나 종결을 나타내거나, 말하는 사람의 안도감이나 후회, 불만 등을 나타내기도 한다.

**○「～てしまう」의 의미 · 용법○**

(1)**「～てしまう」**가 **의지성 동사**와 같이 쓰이면 완료나 종결을 나타내는데, 이때는 한국어의「다 ～하다」,「～해 버리다」에 상당하는 뜻을 나타낸다.

[例] あの本(ほん)は、もう**読(よ)ん**でしまいました。
(그 책은 이미 다 읽었습니다.)
昔(むかし)のことは、すべて**忘(わす)れ**てしまいました。
(옛날 일은 전부 잊어 버렸습니다.)

◇ 手続(てつづ)きが簡単(かんたん)に終(お)わってしまいましたね

(2)**심리적 종결을 나타내는「～てしまう」**의 용법 중에는, 결과 내용에 따라서는 본문의「手続(てつづ)きが簡単(かんたん)に終(お)わってしまいましたね : 수속이 간단히 끝났군요」와 같이 ①안도감을 나타내거나 ②해당 결과가 바람직하지 못한 결과임을 나타낸다.

[例] 映画(えいが)を見(み)に行(い)って、1万円(いちまんえん)も**使(つか)って**しまいました。
(영화를 보러 가서 만 엔이나 쓰고 말았습니다.)

(3)그리고 **「～てしまう」**가 **무의지 동작**을 나타내는 동사와 결합하여 쓰이면, 당사자가 원하지 않는 결과임을 나타내는 용법으로 발전된다. 이런 경우의「～てしまう」는「～하고 말다」로 번역하거나 어색하면 굳이 한국어로 번역할 필요는 없다.

[例] 雨(あめ)に濡(ぬ)れて、**風邪(かぜ)を引(ひ)いて**しまいました。
★「雨(あめ)に濡(ぬ)れる」: 비에 젖다
(비에 젖어서 감기에 걸렸습니다.)

### [2]IC(アイシー)カードのチャージをしてから行(い)きたいんですけど

**□「~てから」:「 ~(한) 다음 / ~(하)고 나서 / ~(한) 지」**

「IC(アイシー)カードのチャージをしてから行(い)きたいんですけど:IC카드 충전을 하고 나서 갔으면 하는데요」의 **『~てから』**는 접속조사「~て」에 기점이나 출발점을 나타내는「~から」가 접속된 복합조사(複合助詞)로 한국어의「~한 다음」,「~하고 (나서)」,「~한　지」에 해당한다.「~てから」는「~て형」의 순차동작(順次動作)을 보다 명시적으로 나타낸 형태이다.

[例] お皿(さら)をナプキンできれいに拭(ふ)いてから、棚(たな)にしまいます。
(접시를 냅킨으로 깨끗하게 닦고 나서, 찬장에 치웁니다.)

### [3]お待(ま)たせしました

**□「お待(ま)たせしました」**

**『お待(ま)たせしました』**는 한국어의 **『{많이 /오래} 기다리셨습니다』,『{많이 / 오래} 기다리게 해서 죄송합니다』**에 해당하는 관용적 표현인데,「待(ま)つ:기다리다」의 사역형인「待(ま)たせる:기다리게 하다」에 겸양 표현1을 나타내는「お~する」가 접속된 것이다.

[例] お待(ま)たせしました。うどん定食(ていしょく)のお客様(きゃくさま)。
(우동 정식을 주문하신 손님, 많이 기다리셨습니다.)

### [4]郵便局は近(ちか)いですから、歩(ある)いて行きましょう

**□『~から、~ましょう』:『{~(어)서 / ~(하)니}, ~합시다』**

「郵便局(ゆうびんきょく)は近(ちか)いですから、歩(ある)いて行(い)きましょう」는「우체국은 가까우니 걸어서 갑시다」의 뜻으로, **『~から』** 뒤에 **권유**를 나타내는 문장이 쓰이고 있다.

[例]ここはちょっとうるさいですから、あそこに場所(ばしょ)を移(うつ)しましょう。
(여기는 좀 시끄러우니까, 저기로 장소를 옮깁시다.)

### [5]お姉(ねえ)さんを一目(ひとめ)見(み)ようと

**□『[見(み)]よう』**

본문의「お姉(ねえ)さんを一目(ひとめ)見(み)ようと:누님을 한번 보려고」의「見(み)よう」는「見(み)る」에 의지를 나타내는 조동사「~よう」가 접속된 것이다.

**○『~う・~よう』의 의미・용법○**

1. **접속**

(1)**『~う』**는

「行(い)く[가다] → 行(い)こう」

「遊(あそ)ぶ[놀다] → 遊(あそ)ぼう」

「休(やす)む[쉬다] → 休(やす)もう」

「帰(かえ)る[돌아가다] → 帰(かえ)ろう」

와 같이 **5단동사** 등의 **『미연형(未然形:みぜんけい)』**에 접속한다.

(2)「~う」의 이형태(異形態)인 **『~よう』**는

「いる[있다] → いよう」

「起(お)きる[일어나다] → 起(お)きよう」

「食(た)べる[먹다] → 食(た)べよう」

「来(く)る[오다] → 来(こ)よう」

「する[하다] → しよう」

와 같이 **1단동사 및 불규칙동사의 미연형**에 접속한다.

## 2. 의미 · 용법

**「～う · ～よう」**는 〈아직 실현되지 않은 사항을 화자가 만일 그런 일이 있다면 하고 상상하여 서술하는〉 조동사이다. 따라서 의지적 행위의 주체가 화자 자신 즉 1인칭인 경우에는 **[의지]**를, 의지적 행위의 주체가 청자 즉 2인칭인 경우에는 **[권유(제안)]**을, 의지적 행위의 대상이 제3자 즉 3인칭인 경우에는 **[추측]** 또는 **[추량(推量)]**을 나타낸다.

### 2-1 의지

[例] あしたは学校(がっこう)に行(い)こう。

(내일은 학교에 가겠다.)

あしたの朝(あさ)は早(はや)く起(おき)きよう。

(내일 아침에는 일찍 일어나자.)

### 2-2 권유(제안)

[例] さあ、みんな帰(かえ)ろう。

(자, 다들 돌아가자.)

一緒(いっしょ)に映画(えいが)を見(み)ようよ。

(같이 영화를 보자.)

二人(ふたり)でおいしいものを食(た)べようね。

(둘이서 맛있는 것을 먹자.)

### 2-3 추측

화자의 추량을 나타내는 **「～う · ～よう」**는 문장체에서는 여전히 세력을 유지하고 있으나, 구어적 표현에서는 **「～う · ～よう」**를 대신하여 **「～だろう · ～でしょう」**가 많이 쓰이고 있다.

[例] この点(てん)については次(つぎ)のようなことが言(い)えよう。

★「言(い)える」:「言(い)う」의 가능동사

(이 점에 대해서는 다음과 같은 말을 할 수 있을 것이다.)

今夜(こんや)は雪(ゆき)になるだろう。

(오늘 밤에는 눈이 올 것이다.)

この本(ほん)はたぶんよく売(う)れるでしょう。

(이 책은 아마 잘 팔리겠지요.)

### [6]お客(きゃく)もたくさん来(く)るんでしょうね

### □「～のでしょう / ～んでしょう」

**「～のでしょう」**는 준체조사(準体助詞)「の」에 주관적 추측을 나타내는 조동사 「でしょう」가 접속한 것으로 회화체에서는 **『んでしょう』**가 되는 경우가 많다.

**「～のでしょう / ～んでしょう」는 사실로서 나타나 있는 사항을 근거로 하여 화자의 추측 판단을 나타내는 형식이다.**

본문의 「お姉(ねえ)さんを一目(ひとめ)見(み)ようと、お客(きゃく)もたくさん来(く)るんでしょうね:누님을 한번 보려고 손님도 많이 오지요?」는 「李(イー)さんのお姉(ねえ)さん、とってもきれいですね:이승민 씨 누님은 상당히 미인이네요」라는 사실을 근거로 화자가 「来(く)るんでしょう」라고 판단을 내리는 것이다.

**「～のでしょう / ～んでしょう」**는 화자가 추측의 근거를 명확히 하고 있다는 점에서 「でしょう」보다 추측판단에 대한 화자의 확신이 강하게 나타난다.

[例]魚(さかな)はいるんでしょう、きっと。ほら、あそこで釣(つ)りをしていますよ。

(물고기는 틀림없이 있을 것입니다. 저기 봐요! 저기에서 낚시를 하고 있어요.)

なんでも初(はじ)めからわかっているんですから。わかっているから、やっぱりを連発(れんぱつ)するんでしょう。

(무엇이든지 처음부터 알고 있으니까. 알고 있으니까, 역시를 연발하는 것이겠지요.)

わたしたちの計画(けいかく)に無理(むり)があるから、
みんなが反対(はんたい)するんでしょうか。

(우리들 계획에 무리가 있으니까, 다들 반대하는 것일까요?)

### [7]口座(こうざ)を作(つく)ったり、毎日(まいにち)預金(よきん)しに来(き)たりするお客(きゃく)もいるんです

**□「～たり～たりする」:「～하거나, ～하거나 하다」**

본문의「口座(こうざ)を作(つく)ったり、毎日(まいにち)預金(よきん)しに来(き)たりするお客(きゃく)もいるんです : 계좌를 만들거나, 매일 예금하러 오거나 하는 손님도 있습니다」와 같이 **「～たり」**는 **「～たり(～たり)する」**의 형태로, 2개 이상의 동작이나 사항을 열거할 때 쓰는 접속조사인데, 한국어로는 **「～거나 (～거나) 하다」**, **「～기도 (～기도) 하다」**에 해당한다.

**○「～たり」의 의미 · 용법○**

1. **접속**

**「～たり」**는 용언(동사 · 형용사 · 형용동사)과 명사술어에 두루 접속하는데, 과거나 완료의 조동사인「～た」와 마찬가지로 5단동사에는 소위 음편형(音便形 : おんびんけい)에 접속한다.

| 용언의 종류 | 기본형 (현재형) | 과거 · 완료 (「～た형」) | 열거 (「～たり형」) |
|---|---|---|---|
| 동사 | 書(か)く : 쓰다<br>作(つく)る : 만들다<br>読(よ)む : 읽다<br>見(み)る : 보다 | 書(か)いた<br>作(つく)った<br>読(よ)んだ<br>見(み)た | 書(か)いたり<br>作(つく)ったり<br>読(よ)んだり<br>見(み)たり |
| 형용사 | 寒(さむ)い : 춥다<br>暖(あたた)かい : 따뜻하다 | 寒(さむ)かった<br>暖(あたた)かかった | 寒(さむ)かったり<br>暖(あたた)かかったり |
| 형용동사 | 立派(りっぱ)だ : 멋지다 | 立派(りっぱ)だった | 立派(りっぱ)だったり |
| 명사술어 | 主婦(しゅふ)だ : 주부다<br>サラリーマンだ : 회사원이다 | 主婦(しゅふ)だった<br>サラリーマンだった | 主婦(しゅふ)だったり<br>サラリーマンだったり |

## 2. 의미・용법

(1)2개 이상의 동작이나 사항을 열거한다.

[例] 夏休(なつやす)みには海(うみ)へ行(い)って**泳(およ)いだり**、山(やま)に**登(のぼ)ったり**、小説(しょうせつ)を**読(よ)んだり**して過(す)ごしました。

★「泳(およ)ぐ→泳(およ)いだり」・「登(のぼ)る→登(のぼ)ったり」

「読(よ)む→読(よ)んだり」

(여름방학에는 바다에 가서 수영하거나, 산에 오르거나, 소설을 읽거나 하며 지냈습니다.)

(2)서로 반대되는 사항을 나열한다.

[例] 作文(さくぶん)を**書(か)いたり**、**消(け)したり**しています。

(작문을 썼다 지웠다 합니다.)

★「書(か)く→書(か)いたり」・「消(け)す→消(け)したり」

このごろは**寒(さむ)かったり**、**暖(あたた)かかったり**して、天気(てんき)が定(さだ)まらない。

★「寒(さむ)い→寒(さむ)かったり」・「暖(あたた)かい→暖(あたた)かかったり」

(요즘은 춥기도 하고 따뜻하기도 해서 날씨가 일정하지 않다.)

(3)여러 가지 동작이나 사항 중에서 어느 한 가지만을 대표적인 예로 들고 나머지는 언외(言外)로 돌린다.

[例] あの人(ひと)は**うそをついたりはしません。**

★「うそをつく(거짓말하다)→うそをついたり」

(그 사람은 거짓말을 하거나 하지는 않습니다.)

문형연습1

1.手続(てつづ)きが簡単(かんたん)に終(お)わってしまいましたね。

(1)結局(けっきょく)、今日(きょう)も遊(あそ)んでしまいました。

(결국 오늘도 놀고 말았습니다.)

(2)彼女(かのじょ)は怒(おこ)って帰(かえ)ってしまいました。

(그녀는 화가 나서 돌아갔습니다.)

(3)努力(どりょく)の甲斐(かい)なく負(ま)けてしまいました。

★「甲斐(かい)」: 보람

(노력한 보람도 없이 지고 말았습니다.)

(4)いけないと知(し)りながら、また来(き)てしまいました。

★「いけない:좋지 않다. 나쁘다」

★「知(し)りながら:알면서도」:「〜ながら:역접」

(안 된다고 알면서도 또 오고 말았습니다.)

(5)勇気(ゆうき)を出(だ)して告白(こくはく)してしまいました。

(용기를 내서 고백했습니다.)

문형연습2

**2. IC(アイシー)カードのチャージをしてから行(い)きたいんですけど。**

(1)試験(しけん)が終(お)わってから、飲(の)みに行(い)きましょう。
(시험이 끝난 다음, 마시러 갑시다.)

(2)桜(さくら)が散(ち)ってから、急(きゅう)に暑(あつ)くなりました。
(벚꽃이 지고 나서 갑자기 더워졌습니다.)

(3)収入(しゅうにゅう)が増(ふ)えてから、生活(せいかつ)が変(か)わりました。
(수입이 늘고 나서 생활이 변했습니다.)

(4)彼(かれ)が来(き)てから、食事(しょくじ)を始(はじ)めましょう。
(그가 온 다음, 식사를 시작합시다.)

(5)よく事実(じじつ)確認(かくにん)してから、記事(きじ)を書(か)いてください。
(사실을 잘 확인하고 나서, 기사를 쓰세요.)

문형연습3

**3. 口座(こうざ)を作(つく)ったり、毎日(まいにち)預金(よきん)しに来(き)たりするお客(きゃく)もいるんです。**

(1)朝食(ちょうしょく)はご飯(はん)だったりパンだったりします。

[ご飯(はん)だ→ご飯(はん)だったり]・[パンだ→パンだったり]

(조식은 밥이거나 빵이거나 합니다.)

(2)国(くに)によって、物価(ぶっか)が高(たか)かったり安(やす)かったりします。

[高(たか)い→高(たか)かったり]・[安(やす)い→安(やす)かったり]

(나라에 따라 물가가 비싸기도 하고 싸기도 합니다.)

(3)店員(てんいん)によって、親切(しんせつ)だったり不親切(ふしんせつ)だったりします。

[親切(しんせつ)だ→親切(しんせつ)だったり]

[不親切(ふしんせつ)だ→不親切(ふしんせつ)だったり]

(점원에 따라 친절하기도 하고 불친절하기도 합니다.)

(4)田中(たなか)さんは、泣(な)いたり笑(わら)ったり、感情(かんじょう)の起伏(きふく)が激(はげ)しい人(ひと)です。

[泣(な)く→泣(な)いたり]・[笑(わら)う→笑(わら)ったり]

(다나카 씨는 울거나 웃거나 하는 등 감정의 기복이 심한 사람입니다.)

(5)食事(しょくじ)の後(あと)は、コーヒーを飲(の)んだり、新聞(しんぶん)を読(よ)んだり、音楽(おんがく)を聞(き)いたりします。

[飲(の)む→飲(の)んだり]・[読(よ)む→読(よ)んだり]・[聞(き)く→聞(き)いたり]

(식사 뒤에는 커피를 마시거나 신문을 보거나 음악을 듣거나 합니다.)

# 심화 학습

Ⅰ.「ある」·「いる」의 이동(異同)

Ⅱ.「から」·「ので」의 이동(異同)

## Ⅰ.『ある』·『いる』의 이동(異同)

현대일본어에서 존재를 나타내는 동사는 〈いる(Iru)〉〈ある(Aru)〉〈おる(Oru)〉가 있는데, 이들은 [존재(存在)]라고 하는 동일한 의미 분야에 속해 있으면서도 주어의 종류(有生名詞 · 無生名詞)와 경어가치, 그리고 화자의 연령별 · 지역별과 문맥적 · 상황적 조건 등에 따라 각각의 사용범위와 의미 · 용법에 있어서는 상이하다고 되어 있다.[2)]

6과에서는 사물이나 사항의 존재를 나타내는 동사 **『ある』**의 정중체인 **『あります : 있습니다』**와 그 부정인 **『ありません : 없습니다』**에 대해, 그리고 7과에서는 사람이나 동물의 존재를 나타내는 동사 **『いる : 있다』**의 정중체 **『います : 있습니다』**와 그 부정인 **『いません : 없습니다』**에 대해 학습한 바 있다.

金水敏(1987)[3)]에서는「ある」와「いる」의 이동(異同)에 관해

≪**가설** Ⅰ≫ 주어가「인간 · 동물」이면 **[イル]**를,「그 이외의 사물 · 사건」이면 **[アル]**를 사용한다. (p. 24)

≪**가설** Ⅰ(**개정판**)≫ ①주어가 자신의 의지로 움직이는 것으로 인식하면 **[イル]**를, 그렇지 않으면 **[アル]**를 사용한다. ②인간이나 동물은 일반적으로 자신의 의지로 움직이기 때문에 **[イル]**를 사용하나, 사체가 되거나 상품으로 팔릴 때는 그와 같은 능력을 상실한 것으로 간주해서 **[アル]**를 사용하는 경우가 있다. ③그리고 승용물(乗用物) 등은 원칙적으로 **[アル]**를 사용하지만 때로는 마치 자신의 의지로 움직이는 것처럼 간주하여 **[イル]**를 사용하는 경우가 있다. (p.25)

≪**가설**Ⅱ≫ 존재동사에 의한 소유문(所有文)은, 주어가 사람인 경우, **[アル]**도 **[イル]**도 사용할 수 있다. (pp. 25-26)

(1)私(わたし)には65歳(さい)になる母親(ははおや)が[ある / いる]。
[=金水敏 (3)]
(나에게는 65세가 되는 **어머니**가 있다. )

2) 이성규(2017)「日本語口語訳新約聖書における〈おる〉の使用実態」『日本言語文化』38 p. 67 韓国日本言語文化学会. 참조.

3) 金水敏(1987)「イルとアル」『ケース スタディ日本文法』(寺村秀夫·鈴木泰野田尚史矢澤真人編) pp. 24-27 桜楓社.

(2)彼(かれ)は奥(おく)さんも子供(こども)も[ある / いる]のに、ちっとも家庭(かてい)を顧(かえり)みない。[=金水敏　(7)]

(그는 **부인도 아이도** 있는데, 전혀 가정을 돌보지 않는다.)

(3)車(くるま)でくる人も[ある / いる]し、電車(でんしゃ)でくる人も[ある / いる]。[=金水敏　(4)]

(**차로 오는 사람**도 있고, **전철로 오는 사람도** 있다.)

(4)有力(ゆうりょく)な候補(こうほ)としては、山本氏(やまもとし)らのグループが[ある / いる]。[=金水敏　(8)]

(유력한 후보로서는 **야마모토 씨 그룹**이 있다.)

(5)昔(むかし)、太郎(たろう)という漁師(りょうし)が[あった / いた / (おった)]。[=金水敏　(9)]

(옛날에 **다로라고 하는 어부**가 있었다.)

≪**가설**Ⅱ(**개정판**)≫「소유문」「속성에 의한 분류」「멤버 제시」「초출 인물의 제시」 등과 같이 **〈비사건(非事件)〉 유형의 존재문**에서는 주어가 사람·동물인 경우, **[イル]도 [アル]도** 사용할 수 있다. (p.27)[번호와 밑줄 그리고 표기 방식의 변경은 저자에 의함]

그러나 언어현상을 체계적·통일적으로 설명하려는 입장에서 보면, 상기의 ≪가설Ⅰ(개정판)≫≪가설Ⅱ(개정판)≫와 같은 분류 방식에는 찬동하기 어렵다. 왜 ≪가설Ⅰ≫과 같은 원칙이 있는 데도 불구하고 ≪가설Ⅰ(개정판)≫≪가설Ⅱ(개정판)≫와 같은 예외가 존재하는지 그리고 **〈いる·ある〉〈起(お)きる·起(お)こる〉**를 제외하면 현대일본어에서 주어가 유생인가 무생인가에 따라 동사의 형태를 달리하는 예는 전무에 가깝다. 이러한 점을 고려하면 존재를 나타내는 표현에 있어서 〈いる〉와 〈ある〉가 공존하는 것이 예외적인 현상인 셈이다. 현대일본어의 존재표현에 있어서 원칙과 예외를 인정하는 것보다는 **〈ある〉의 고전적인 용법의 잔존**과 **〈いる〉 용법의 확대**가 현재 경합하고 있다고 해석하는 것이 타당하다고 판단된다. 이상을 표로 나타내면 다음과 같다.

〈 표1 〉〈ある〉〈いる〉의 역사적 변화

고전어

| 주체 | ヰル(Wiru)⇒いる(Iru)<br>움직이지 않고 있다 | アリ(Ari)⇒ある(Aru)<br>존재한다 |
|---|---|---|
| 움직이는 것(인간 · 동물) | ■ | ■ |
| 기타(식물 · 사물 · 사건) | | ■ |

현대어

| 주체 | いる(Iru)<br>존재한다 | ある(Aru)<br>존재한다 |
|---|---|---|
| 움직이는 것(인간 · 동물) | ■ | ▨ |
| 기타(식물 · 사물 · 사건) | ▨ | ■ |

## Ⅱ.『から』·『ので』의 이동(異同)

6과에서는 원인 · 이유를 나타내는 접속조사「～から」의 의 접속조사(接続助詞: せつぞくじょし)와 종조사(終助詞: しゅうじょし)의 의미 · 용법을, 12과에서는「～から」와 유의관계(類義関係)에 있는「～ので」의 접속조사(接続助詞: せつぞくじょし)와 종조사(終助詞: しゅうじょし)의 용법을 학습했고, 양자의 의미적 차이를「～から」는 구어적이며 스스럼없는 표현에 많이 쓰이고,「～ので」는 문장체적이며 격식을 차리는 표현에 많이 쓰인다는 점에서「～から」에 비해「～ので」가 더 정중하다고 할 수 있다고 설명했다.

그럼 여기서「から」의「ので」의 의미적 관련성과 차이점에 관해, 李成圭(2006)[4]의 기술내용을 인용하여 살펴보면 다음과 같다.

### 『から』·『ので』의 이동(異同)

여기에서는 李成圭(1991)의「カラとノデの異同」[5], 前田直子(まえだ なおこ:2005)의「カラ · ノデ · テ—原因 · 理由」[6]를 중심으로 永野賢(ながの まさる:1952)[7] 의 주장을 검토하고,「から」·「ので」의 이동(異同) 문제를 구체적으로 살펴보도록 하겠다.

### 1. 문제 제기

원인 · 이유를 나타내는「から」와「ので」의 차이에 대해서는 이미 많은 선행연구가 제출되어 있는데, 그 중에서「永野賢(ながの まさる:1952)」가 가장 널리 보급되어 있고 정설(定説)인 것처럼 되어 있다. 실제로 외국인을 대상으로 하는 일본어 교재를 비롯한 문법서, 사전류에서는 永野賢(1952)를 지지하고 있고, 문법설명이나 예문 제시에 있어서도 이에 따르고 있는 실정이다.「李成圭(1991)」에서는「から」와「ので」에 대해서 일본에서 간행된 일본어교과서 11종[8] 을 대상으로 양자의 사용실태 및 그

4) 李成圭(2006)『현대일본어문법연구Ⅳ』제4장 이유 · 원인 표현「「から」·「ので」의 이동(異同)」 pp.128-183 시간의 물레. 인용.

5) 李成圭(1991)「カラとノデの異同」『日語日文学研究』18輯 韓国日語日文学会.

6) 前田直子(2005)「カラ·ノデ·テ—原因·理由」『新版 日本語教育事典』所収

7) 永野賢(1952)「‘から, と’ので, とはどう違うか」『国語と国文学』二九巻二号 東京大学国語国文学会.

8) 해당 용례의 출전은 일일이 명기하지 않는다. 용례 출전 및 참고문헌에 대해서는「李成圭(1991)」을 참고할 것.

이동(異同)을 고찰했다. 그 결과,「ので」도「から」와 마찬가지로 문말제한(文末制限)이 없고, 종조사적 용법이 있다는 점에서 현재「ので」의 용법이 확대되고 있다는 사실을 확인했고, 동시에「から」와「ので」의 의미적 차이는 기본적으로 문체(文体) 및 화체(話体)의 차이에 기초하고 있다는 점을 주장했다.

## 2. 永野賢(1952)의 주장

永野賢(1952)는「から」와「ので」의 용법상의 차이에 주목하여, 양자의 의미적 차이에 대해「「から」는 표현자가 전건(前件, 이유절)을 후건(後件, 주절)의 원인・이유로서 주관적으로 판단하고 결부시키는 말씨.「ので」는 전건과 후건이 원인・결과, 이유・귀결의 관계에 있다는 사실이 표현자의 주관을 초월하여 존재할 경우, 해당 사태의 인과관계를 있는 그대로 주관을 가미하지 않고 묘사하는 말씨」(p.38)라고 주장하고 있다.

## 3.『ので』의 문말제한

永野賢(1952)에서는「から」와「ので」는 용법상 다음과 같은 차이가 있다는 점을 지적하고 있다. 즉「미래나 명령의 의미를 포함한 문이 뒤에 올 때는「から」는 사용하지만「ので」는 사용하지 않는다」(p.33)고 하고 있다. 그 증거로 [1]추량(상상・추측) [2]견해(의견・주장) [3]의지(의향・결심), [4]명령(금지), [5]의뢰(간원(懇願)・권유) [6]질문 등의 의미를 나타내는 예문을 들어,「から」에는 화자의 주관적인 이유를 나타내는 기능이 있다고 설명하고 있다. 그리고 이런 종류의「から」를「ので」로 치환할 수 없는 것은「ので」에 주관적인 이유를 나타내는 기능이 없기 때문이라고 하고 있다. 永野(1952)의 주장을 한 마디로 말하면,「ので」 문의 경우는 문말에 오는 형태에 제한이 있다는 것이다.

이 점과 관련하여『외국인을 위한 기본어용례사전1971;798』에서는 다음과 같이 기술되어 있다.「「から」에 비해 앞의 문에 의해 표현되는 원인이나 이유가 화자만의 생각에 의한 것이 아니라, 누구라도 그렇게 생각하는 것이 일반적이라고 생각되는 사항일 경우에는「ので」가 사용된다. 따라서 자기의 기분을 나타내는「～たい」「～と思(おも)う」「～なさい」 등의 말 앞에서는「ので」는 사용하지 않고「から」를 사용한다.」(「ので」항목)

그리고「ので」문의 문말제한에 대해서 吉川武時(よしかわ たけとき;1989)는「자신의 동작에 관한 주관적 판단(결심, 희망, 의지)의 경우는 말할 수 있다. 상대의 동작에 대해 명령, 금지, 충고할 경우에는 말할 수 없다. 그 중간의 경우(질문, 추량, 권유, 의뢰)는 허용되는 경우와 그렇지 못한 경우가 있다. 이에 대해「から」를 사용한 문에는 문말제한이 없다.」(p.201)고 설명하고 있다.

그러면, 외국인에게 표준적인 일본어를 가르치는 것을 목적으로 하고 있는 일본어교과서의 기술을 살펴보자. 예를 들어,『일본어표현문형 중급II(1983)』에서는「から」와「ので」의 차이를 문말제한, 정중체와의 호응관계로 설명하고 있다. 먼저「から」에 대해서는「뒤에 오는 문에 추량, 의지, 요구, 명령 등의 형태는 사용할 수 있다. 뒤의 문이 정중체인 경우에는「から」에 선행하는 형태도 정중체를 사용하는 경우가 많다.」(p.157)는 설명을 한 다음,

(1) あしたは暇(ひま)ですから、一緒(いっしょ)に買(か)い物(もの)でもしませんか。
(내일은 한가하니 함께 쇼핑이라도 하지 않겠습니까?)

(2) 朝早(あさはや)く出(で)かけましたから、夕方(ゆうがた)には帰(かえ)るでしょう。
(아침 일찍 나갔으니까, 저녁때에는 돌아오겠지요.)

(3) 何時(なんじ)に帰(かえ)るか分(わ)かりませんから、来(く)るまえに電話(でんわ)してください。
(몇 시에 돌아올지 모르니 오기 전에 전화주세요.)

(4) ひどいかぜだから、部屋(へや)で静(しず)かに休(やす)んでいなさい。
(감기가 심하니 방에서 조용히 쉬고 있어.)

(5) 明日(あした)はクラスがないから、大学(だいがく)を案内(あんない)してあげよう。
(내일은 수업이 없으니 대학을 안내해 주지.)

(6) 寒(さむ)いから、窓(まど)をしめてください。
(추우니 창을 닫아 주세요.)

(7)あすは土曜日(どようび)で授業(じゅぎょう)がないから、遊(あそ)びに行(い)きましょう。

(내일은 토요일이어서 수업이 없으니까, 놀러 갑시다.)

(8)暗(くら)くてよく見(み)えませんから、電気(でんき)をつけてくれませんか。

(어두워서 안 보이니 전기를 켜 주지 않겠습니까?)

(9)雨(あめ)が降(ふ)って道(みち)がぬかるんでいますから、回(まわ)り道(みち)をしたほうがいいですよ。

(비가 와서 길이 질퍽거리니 우회해서 가는 게 좋아요.)

(10)来週(らいしゅ)は試験休(しけんやす)みで、大学(だいがく)が休(やす)みになりますから、友達(ともだち)と一緒(いっしょ)に旅行(りょこう)しようと思(おも)っています。

(다음 주는 시험 휴가라서 대학은 쉬니까, 친구와 함께 여행하려고 합니다.)

와 같은 예를 들고 있다. 이에 대해「ので」의 경우는「뒤의 문이 정중체인 경우라고 하더라도「ので」앞에는 보통체를 사용한다. 뒤의 문에 추량, 의지, 요구, 명령 등의 형태는 사용되지 않는다.」(p.157)고 하고, 문말에 올 수 있는 형태에 제한이 있다는 점을 지적한 다음, 다음과 같은 예를 들고 있다.

(11)朝(あさ)早(はや)く出(で)かけたので、昼(ひる)まえに着(つ)きました。

(아침 일찍 출발했기 때문에, 점심 전에 도착했습니다.)

(12)今日(きょう)は忙(いそが)しいので、行(い)けません。

(오늘은 바빠서 갈 수 없습니다.)

(13)静(しず)かなので、よく勉強(べんきょう)ができます。

(조용해서 공부가 잘 됩니다.)

(14)気分(きぶん)がよくなかったので、早(はや)く寝(ね)た。

(몸이 안 좋아서 일찍 잤다.)

(15)宿題(しゅくだい)がたくさんあるので、今日(きょう)は失礼(しつれい)します。

(숙제가 많아서 오늘은 실례하겠습니다.)

(16)一度(いちど)に何(なに)もかも西洋(せいよう)と同(おな)じになることはできないので、せめて形(かたち)だけでも同(おな)じようにしたいと考(かんが)えた。

(한꺼번에 전부 서양과 같이 할 수 없어서, 적어도 외형만이라도 같게 했으면 하고 생각했다.)

(17)天気(てんき)が悪(わる)くて飛行機(ひこうき)がおくれたので、成田(なりた)でずいぶん待(ま)たされた。

(날씨가 나빠서 비행기가 지연되어서 나리타에서 무척 많이 기다려야만 했다.)

(18)お客(きゃく)さんが大勢(おおぜい)来(き)て忙(いそが)しかったので、勉強(べんきょう)できなかったのです。

(손님이 많이 와서 바빴기 때문에 공부할 수가 없었습니다.)

(19)先週(せんしゅう)は病気(びょうき)で寝(ね)ていたので、レポートが終(お)わりませんでした。

(지난주는 몸이 아파서 누워 있었기 때문에 보고서를 끝냈지 못했습니다.)

그리고 이들「ので」는「から」로 치환할 수 있다는 점을 덧붙이고 있다. 그러나 위의「から」가 사용된 (1)～(10)도「ので」로 치환해도 자연스러운 문이 되지만, 이 사실에 대해서는 전혀 언급하고 있지 않다.

이상이「から」와「ので」의 의미적 차이에 관한,「李成圭(1991)」이전의 주장이다. 그 이후의 연구성과를 반영하고 있는 前田直子(2005)에 관한 검토는 잠시 보류하고, 일단 앞에서 소개한 제가(諸家)의 주장의 타당성에 대해 검토하도록 하겠다. 상기의 주장을 수용하여 실제로 교과서의 예를 검토하면, 예외로 처리하기에는 어려울 정도로 상당수의 불일치 예에 부딪힌다. 이하에서는 소위「永野説」에 반하는 예를 들어 문말제한이라고 하는 원칙이「から」와「ので」의 차이를 설명하는 데 있어서 유효한가에 대해 검토해 보기로 한다.

## 4. 永野賢(1952)의 검토

### 4-1 추량(상상・추측)

(1)新居(しんきょ)は当分(とうぶん)アパートなので、大(おお)きなものを持(も)ち込(こ)んでもめいわくだろう。
(신혼 살이는 당분간 아파트이니 커다란 짐을 가지고 가도 폐가 되겠지.)

(2)金(かね)さえあれば最高(さいこう)に楽(たの)しい生活(せいかつ)が出来(でき)るというので、人々(ひとびと)はそれを得(え)ることに狂奔(きょうほん)し、社会全体(しゃかいぜんたい)の迷惑(めいわく)など、考(かんが)える余裕(よゆう)もないのであろう。
(돈만 있으면 최고로 즐거운 생활을 할 수 있다고 해서, 사람들은 그것을 얻는데 광분하여, 사회 전체에 끼치는 피해 등을 생각할 여유도 없을 것이다.)

(3)「君(きみ)が、あんまりひどくたたいたので、ひょっと気(き)がついたら、小便(しょうべん)に行(い)きたくなったのだろう。なんでもなかったのだ」。
(「자네가 너무 심하게 때려서 정신을 차리고 보니, 소변을 보고 싶었던 거야. 아무 일도 아니었어.」)

(4)丁寧語(ていねいご)の多(おお)くは謙譲語(けんじょうご)から生(う)まれてきているので、丁寧(ていねい)にする主体(しゅたい)は自分側(じぶんがわ)にある場合(ばあい)が多(おお)いと言(い)えるでしょう。
(대부분의 정중어는 경양어에서 나오기 때문에 정중하게 표현하는 주체는 자기 쪽에 있는 경우가 많다고 할 수 있겠지요.)

(5)今(いま)は、難(むずか)しい国際問題(こくさいもんだい)がたくさんありますので、その解決(かいけつ)はなかなか出来(でき)そうにありません。
(지금은 어려운 국제문제가 많이 있어서, 그 해결은 좀처럼 할 수 있을 것 같지도 않습니다.)

(6)僧(そう)たちの寝(ね)る時刻(じこく)は、座禅(ざぜん)をする人(ひと)があるので、まちまちですが、だいたい夜(よる)の十一時頃(じゅういちじごろ)のようです。

(스님들이 자는 시각은 좌선을 하는 사람이 있기 때문에 제 각기 다르지만, 대개 밤 11시경인 것 같습니다.)

(7)彼(かれ)は、今(いま)大学院(だいがくいん)の試験前(しけんまえ)なので、テレビなどは見(み)まいと思(おも)っているらしい。
(그는 지금 대학원 시험을 앞두고 있어서 텔레비전 같은 것을 안 보겠다고 생각하고 있는 것 같다.)

(8)「南極(なんきょく)に近(ちか)いので、暴風雨(ぼうふうう)が多(おお)く、いい天気(てんき)が三日(みっか)と続(つづ)くことはないそうです」。
(「남극에 가까워서 폭풍우가 많고 좋은 날씨가 삼일 계속되는 일은 없다고 합니다.」)

(9)友達(ともだち)に相談(そうだん)してみると、佐久間(さくま)さんと飯島(いいじま)さんは振(ふ)りそで、吉原(よしはら)さんはその日(ひ)勤(つと)めがあるので、洋装(ようそう)にしたいとのことだった。
(친구에게 의논해 보았더니, 사쿠마 씨와 이지마 씨는 '후리소데(겨드랑 밑을 꿰매지 않은 그런 소매의 일본 옷)'를 입고, 요시하라 씨는 그 날 근무가 있어서 양장을 하고 싶다고 했다.)

(1)~(4)의 경우, 문말의「~だろう / ~でしょう」는 화자의 주장, 태도를 표명하는 무드(mood, modality) 표현 중에서도 주관성이 강한 형식이다. 그래서 이들 형식은 추량의 근거의 객관성은 문제로 하지 않고, 화자 자신의 지금까지의 경험이나 지식에 기초하여 주관적인 판단을 서술하는 성격이 강하다. 그리고 (5)의「~そうだ」, (6)의「~ようだ」, (7)의「~らしい」는 추량을 나타내는 점에 있어서는「~だろう」에 비해 객관적인 근거에 입각하고 있다고 하겠다. (8)(9)와 같이 전문(伝聞)을 나타내는「~そうだ」「~とのことだ」는 타인의 표현을 차용하여 어떤 사항을 서술하거나 설명하기 위한 형식이다. 이런 점에서 전문을 나타내는 형식은 무드형식으로서의 성격이 강하다고 할 수 있을 것이다. 그러나 위의 (1)~(9)를 보면 모두「ので」가 사용되고 있다.

## 4-2 견해(의견 · 주장)

(10)しかし首相(しゅしょう)は次(つぎ)のように述(の)べた。「来年度(らいねんど)は非常(ひじょう)な財源難(ざいげんなん)のうえ、大幅(おおはば)な減税(げんぜい)を企画(きかく)しているので、各省(かくしょう)は冗費(じょうひ)を節約(せつやく)し、支出(ししゅつ)を合理化(ごうりか)し、割(わ)り当(あ)て内(ない)での重点的(じゅうてんてき)施策(しさく)について考慮(こうりょ)すべきである」。

(그러나 수상은 다음과 같은 말했다.「내년도는 재정난이 대단히 심각한데다 대폭적인 감세를 기획하고 있기 때문에 각 부는 쓸데없는 경비를 절약하고 지출을 합리화하여 할당된 예산 범위 안에서 중점적인 시책에 대해 어떻게 할 것인가 고려해야 한다.」)

(11)日常(にちじょう)会話(かいわ)はふだんの生活(せいかつ)に直結(ちょっけつ)しているので、遊(あそ)び仲間(なかま)や職場(しょくば)の人(ひと)たちの間(あいだ)ではほかの人(ひと)には通(つう)じないような特別(とくべつ)な言葉(ことば)が使(つか)われるのは当然(とうぜん)です。

(일상회화는 평소의 생활과 직결되어 있기 때문에 놀이 친구나 직장 동료들 사이에서는 다른 사람들에게는 통하지 않는 그런 특별한 말이 사용되는 것은 당연합니다.)

(12)「同(おな)じ年(とし)ごろなので、遊(あそ)び相手(あいて)にちょうどいい。」

(「나이가 같아서 노는 상대로 딱 좋다.」)

(13)「こういう時(とき)は、とかく体(からだ)の調子(ちょうし)がくずれやすくなるので、気(き)をつけないといけません。」

(「이럴 때는 자칫하면 몸의 상태가 안 좋아지기 쉬우니 조심해야 합니다.」)

(14)「いま各国(かくこく)の代表団(だいひょうだん)と会(あ)って話(はな)しているが、それぞれ友好的(ゆうこうてき)なので、うまくいくと思(おも)います。

(「지금 각 국 대표단과 만나서 이야기를 하고 있는데 다들 우호적이어서 잘 될 것 같습니다.」)

(15)「草(くさ)を食(く)った後(あと)を見(み)ますと、かみ切(き)れないで、残(のこ)っている葉(は)があるので、そう考(かんが)えました。

(「풀을 먹고 남은 것을 보면 다 뜯지 않고 남아 있는 잎이 있어서 그렇게 생각했습니다.」)

화자의 견해(의견 · 주장)를 나타내는 형식이 문말에 올 경우도 사정은 다르지 않다. 용례를 지문(地文)과 회화문(会話文)으로 나누어서 검토해도 상황은 마찬가지이다. 그리고 『외국인을 위한 기본어용례사전』의 설명에 따르면 화자의 기분을 나타내는 형식 앞에서는 「ので」는 사용하지 않는다고 되어 있으나 (14)(15)에는 「ので」가 쓰이고 있다.[9)]

**4-3 의지(의향 · 결심)**

(16)クラスの代表(だいひょう)をだれもやりたがらないので、やむをえず私(わたし)が引(ひ)き受(う)けることにした。

(반의 대표를 아무도 하지 않으려고 해서 어쩔 수 없이 제가 떠맡기로 했다.)

(17)「頭(あたま)が痛(いた)いので、先(さき)に帰(かえ)らせてもらいます。」

(「머리가 아파서 먼저 실례하겠습니다.」)

---

9)가능구문은 상태성 표현인데, 여기에 「〜ので」가 접속하여 객관적 사실 묘사 또는 화자의 견해를 표명하는 경우도 있다.

(1)このカードは海外(かいがい)でも使(つか)えるので、便利(べんり)です。
(이 카드는 해외에서도 사용할 수 있어서 편리합니다.)

(2)このペンは細(ほそ)い字(じ)が書(か)けるので、とても便利(べんり)です。
(이 펜은 가는 글씨를 쓸 수 있어서 무척 편리합니다.)

(3)この洗濯機(せんたくき)はふとんも洗(あら)えるので、とても楽(らく)です。
(이 세탁기는 이불도 빨 수가 있어서 무척 편리합니다.)

(4)この機械(きかい)は初心者(しょしんしゃ)にでも組(く)み立(た)てられるので、とても便利(べんり)です。
(이 기계는 초심자도 조립할 수 있어서 무척 편리합니다.)

(5)このコンピューターは国外(こくがい)では使(つか)えないので、とても不便(ふべん)です。
(이 컴퓨터는 해외에서는 쓸 수 없으니 무척 불편합니다.)

(18)着(き)るものもスキーの道具(どうぐ)も持(も)っていないが、スキーズボンとヤッケは友(とも)だちが貸(か)してくれるというので、それを借(か)りよう。

(입을 것도 스키 도구도 가지고 있지 않지만 스키 바지와 야케는 친구가 빌려준다고 하니 그것을 빌리자.)

(19)「ニューヨークにはアメリカの友人(ゆうじん)がおりますので、紹介状(しょうかいじょう)を書(か)いてさしあげましょう。」

(「뉴욕에는 미국 친구가 있으니 소개장을 써 드리겠습니다.」)

(20)夜(よる)は頭(あたま)があまり働(はたら)かないので、朝早(あさはや)く起(お)きて勉強(べんきょう)しようと思(おも)っている。

(밤에는 머리가 잘 안 돌아가서 아침 일찍 일어나서 공부하려고 생각하고 있다.)

(21)「忙(いそが)しくて、時間(じかん)もとれなさそうなので、また計画(けいかく)をたてなおすつもりです。」

(「바빠서 시간도 날 것 같지 않아 다시 계획을 세울 생각입니다.」)

상기의 예와 같이 화자의 의지(의향・결심)가 후건(後件, 주절)에 쓰인 경우를 검토한다. 화자의 의지를 직접적으로 표명하는 (16)에도, 그것을 간접적으로 표현하는 (17)에도「ので」가 사용되고 있다. 그리고 (18)의「〜う / 〜よう」는 화자가 지금 막 결의한 사항을 그대로 직접적으로 표현한 것으로 지속성을 전제조건으로 하지는 않는다. 따라서 이를 객관화하여 서술하는 경우에는 (20)의「〜うと思(おも)う / 〜ようと思う」와 같이「思(おも)う」를 첨가하여 표현하거나 (21)과 같이「〜つもりだ」등의 형식을 사용해야 한다. 그런데, 위의 예를 보면 전부「ので」가 쓰이고 있다.[10)]

---

10)「〜ことにしている」는 습관이나 규칙을 나타내는 형식으로 광의로 해석하면 화자의 의지, 결심을 나타낸다고도 볼 수 있다. 이러한 형식에「〜ので」가 쓰이는 예를 들면 다음과 같다.

(1)私(わたし)はご飯(はん)が好(す)きなので、できるだけ外(そと)でもご飯物(はんもの)を食(た)べることにしています。

(나는 밥을 좋아해서 되도록 밖에서도 밥 종류를 먹도록 하고 있습니다.)

(2)日本語(にほんご)の実力(じつりょく)を早(はや)くのばしたいので、一日(いちにち)も欠(か)かさず毎日(まいにち)授業(じゅぎょう)に出(で)ることにしています。

(일본어 실력을 빨리 늘리고 싶어서 하루도 빠짐없이 매일 수업에 나가도록 하고 있습니다.)

(3)最近(さいきん)ちょっと太(ふと)り気味(ぎみ)なので、体重(たいじゅう)を減(へ)らそうと思(おも)って、朝(あさ)ジョギングをすることにしています。

(요즘 좀 살찌는 것 같아서 체중을 줄이려고 아침에 조깅을 하도록 하고 있습니다.)

### 4-4 명령(금지)

(22)「私(わたし)が三度(さんど)読(よ)みますので、よく気(き)をつけてお聞(き)きなさい。」

(「내가 세 번 읽을 테니까 주의해서 잘 들어요.」)

(23) しかし、あまり運動(うんどう)をし過(す)ぎると、かえって病気(びょうき)を起(お)こすことがあるので、度(ど)を過(す)ごしてはならない。

(그러나, 너무 운동을 하면, 오히려 병이 생기는 수도 있으니, 도가 지나쳐서는 안 된다.)

문말에 명령표현이 올 때는「から」와「ので」의 사용 구분은 복잡한 양상을 보인다. 즉「ので」가 허용되는 경우와 그것이 불가능한 경우가 있다. (22)와 같이「お～なさい」에 의한 명령은 동사의 명령형보다는 정중한 표현이 되는데, 이 형식에 의한 명령표현에서는「ので」는 쓰일 수 있는 것 같다. (23)와 같이 금지의「～てはならない」가 문말의 술어에 접속되어 상대방에게 쓰일 경우에는 어떤 행위를 금한다고 하는 뜻을 나타낸다. 이 형식에 의해 표현되는 금지는「～するな」와 마찬가지로 이유를 따지지 않고 어떤 일을 금지한 경우에도 쓰이지만, 다른 한편으로는「그렇게 하는 것은 바람직하지 않다」고 하는 입장에서 어떤 행위를 인정하지 않으려고 하는 경우에도 쓰인다. 이런 의미에서「～な」보다는 간접적인 금지표현이라고 해도 무방하다. 이 경우「ので」는 허용된다.

그러나 다음과 같은 명령표현에서는「ので」는 사용할 수가 없다.

---

(4) 年(とし)のせいか、最近(さいきん)忘(わす)れっぽくなったので、些細(ささい)なことでもメモを取(と)ることにしています。

(나이 탓인가 요즘 잘 잊어버리기 때문에 사소한 일이라도 메모하고 있습니다.)

(5)今度(こんど)のプロジェクトを是(ぜ)が非(ひ)でも成功(せいこう)させたいので、みんな休暇(きゅうか)も返上(へんじょう)して仕事(しごと)に取(と)り組(く)むことにしています。

(이번 프로젝트를 무슨 일이 있어도 성공시키고 싶어서 다들 휴가를 반납하고 일에 몰두하고 있습니다.)

(6)すらっとしたスタイルになりたいので、肉類(にくるい)のような脂(あぶら)っこいものは避(さ)けて、なるべくさっぱりしたものを食(た)べることにしています。

(몸매를 날씬하게 하고 싶어서 육류와 같은 기름진 것은 피하고 되도록 담백한 것을 먹도록 하고 있습니다.)

(24)「それはほうびだから、そのつもりで受(う)け取(と)れ。」
(「그것은 상이니 그렇게 생각하고 받아.」)
(25)「それなら、ぼくが、ひとつ頭(あたま)をたたいてみるから、よく見(み)ていたまえ。」
(「그러면 내가 한번 머리를 때려 볼 테니 잘 보고 있어.」)
(26)「私(わたし)は先(さき)へ帰(かえ)るから、じゅうぶん食(た)べておくれ。」
(「나는 먼저 돌아갈 테니 실컷 먹어.」)
(27)「ここに鍵(かぎ)がありますから、あけてちょうだい。」
(「여기에 열쇠가 있으니 열어 줘요.」)

(24)와 같이 동사의 명령형을 이용한 명령은 정중함이 결여되어 있기 때문에 특수한 상황을 제외하고는 그 사용이 제한되어 있어, 남성이 절친한 사이나 손아랫사람에 대해 사용하는 것이 일반적이다. (25)의 「～たまえ」는 주로 연배의 남성이 손아랫사람에게 명령할 때 사용한다. (26)(27)은 의뢰표현을 이용하여 명령의 뜻을 표현한 것이다. (26)의 「～ておくれ」는 통상 부모가 자식에게 또는 주인이 점원에게 사용하며, (27)의 「～てちょうだい」는 여성이 친한 동료나 손아랫사람에게 사용하는 형식이다. 이와 같이 상대에 대해 어떤 동작을 할 것을 직접적으로 명령하는 문에는 일반적으로 정중도가 결여되어 있기 때문에 「ので」는 사용되지 않는다.

### 4-5 의뢰(간원(懇願)・권유)

(28)「東京飯店(とうきょうはんてん)に席(せき)を用意(ようい)しましたので、どうぞおいでになってください。」
(「도쿄반점에 자리를 마련했사오니 부디 참석해 주시기 바랍니다.」)
(29)ついては、次(つぎ)のようにささやかな披露(ひろう)の宴(えん)を催(もよお)したいと存(ぞん)じますので、御出席(ごしゅっせき)下(くだ)さるようお願(ねが)い申(もう)し上(あ)げます。
(그리고 다음과 같이 조촐한 피로연을 열고자 하오니 출석해 주시기를 부탁 드립니다.)

(30)「お父(とう)さんが車(くるま)を使(つか)ってもいいと言(い)っているので、空港(くうこう)まで私(わたし)が迎(むか)えに行(い)きましょうか。」

(「아버지께서 차를 써도 된다고 했으니 공항까지 제가 마중하러 갈까요?」)

(31)「雨(あめ)が降(ふ)りそうなので、かさを持(も)って行(い)ったほうがいいでしょう。」

(「비가 올 것 같으니 우산을 가지고 가는 게 좋겠지요.」)

(32)「ひとりではいいにくいので、みんなで言(い)ってはどうでしょうか。」

(「혼자서 말하기가 어려우니 다 같이 말하는 것이 어떻겠습니까?」)

永野(1952)에서도 의뢰표현이나 의향표현이 뒤에 올 경우, 「から」를 써야 할 곳에 「ので」가 사용되는 경우가 많다는 점을 지적하고, 그 이유에 대해서는 「「から」를 쓰면 너무 강해서 모가 나는 것이 「ので」를 쓰면 정중하고 부드러운 표현이 되어, 뒤에 오는 정중표현과 잘 호응을 하기 때문이다」(p.39), 고 하고 있다. 그리고 永野(1952)는 「뒤에 오는 문이 의뢰나 의향의 경우에 한정되지 않고, 일반적으로 정중체인 경우에는 「から」보다도 「ので」 쪽이 많이 사용된다」(p.40)는 점을 부연하고 있다. 이와 같이 永野(1952)도 문말제한에 관한 원칙, 즉 「미래나 명령의 의미를 포함한 문이 뒤에 올 때는 「ので」는 사용하지 않는다」고 하는 기준에서 일탈(逸脫)된 예에 대해서는 예외로 생각하고, 그 이유를 다른 요인에서 찾고 있다. 그런데, 이러한 설명에 의하면, 「から」가 쓰일 곳에 「ので」가 쓰이는 것은 정중체 표현에 국한되고, 그것도 극히 소수의 예외적 사항으로 처리된다. 그런데, 지금까지의 「ので」가 사용된 예를 보면 정중체가 아닌 형태로 문을 맺는 경우가 많고, 그 수도 결코 적다고 말하기 어렵다. 게다가 永野(1952)와 같이 「ので」의 사용을 정중표현으로 한정하고 예외적인 존재로 처리할 경우, 다음과 같은 정중체 의뢰표현에 나타나는 「から」와 「ので」의 사용상의 구별에 대해서는 합리적인 설명이 불가능해진다.

(33)私(わたくし)も四月(しがつ)の入社(にゅうしゃ)以来(いらい)元気(げんき)に過(す)ごしておりますので、ご安心(あんしん)くださいませ。

(저는 4월에 입사한 이후 잘 지내고 있으니 안심하십시오.)

(34)「私(わたし)が進行役(しんこうやく)をすることになりましたので、よろしくご協力(きょうりょく)下(くだ)さい。
(「제가 진행 역할을 맡기로 되었으니 잘 도와주시기 부탁드립니다.」)

(35)「現金封筒(げんきんふうとう)という特別(とくべつ)な封筒(ふうとう)があるので、それを買(か)って、その中(なか)に入(い)れて送(おく)ってください。」
(「현금봉투라고 하는 특별한 봉투가 있으니 그것을 사서 그 안에 넣어서 보내주세요.」)

(36)以上(いじょう)のようなわけで、現在(げんざい)のところは、あなたの就職希望(しゅうしょくきぼう)についてのお手伝(てつだ)いが出来(でき)ませんが、せっかく思(おも)い立(た)った道(みち)ですから、最後(さいご)まで希望(きぼう)を捨(す)てないで頑張(がんば)ってください。
(이와 같은 사정으로 현재로서는 귀하의 취직 희망을 도울 수 없습니다만, 모처럼 큰마음을 먹고 선택한 길이니 마지막까지 희망을 버리지 말고, 힘을 내시기 바랍니다.)

(37)「お薬(くすり)を出(だ)しておきますから、食後(しょくご)に飲(の)んでください。」
(「약을 처방할 테니 식후에 복용하세요.」)

(38)「みなさん、奨学金(しょうがくきん)が出(で)ますから、会計(かいけい)に行(い)ってください。」
(「여러분, 장학금이 나오니까, 경리에 가세요.」)

(33)은 신임 연수를 마친 여성이 신원보증인에게 보낸 편지문에서, (34)는 사회자의 발화에서, 그리고 (35)는 우체국 직원이 손님에게 말한 회화문에서 추출한 예이다. 이들 예는 상대방의 입장을 충분히 의식하고 있다는 점에서 격식을 차리는 표현이라고 할 수 있다. 그리고 (36)은 후배의 취직 의뢰를 거절하는 내용을 담고 있는 편지문이고, (37)은 의사가 환자에 게 말한 발화이고, (38)은 선생님이 유학생에게 말한 이야기이다. 이러한 상황에서는 필자나 화자가 독자나 청자보다 상위자라는 것이 예상된다.

이러한 관계에서는 상위자가 반드시 상대에 대해 격식을 차리는 표현을 쓰지 않으면 안 될 적극적인 이유가 없다. 이런 점을 고려하면「から」를 써도 무방한데, 실제 예에서는「ので」가 쓰이고 있다.

### 4-6 질문

(39)「あいにく課長(かちょう)が会議中(かいぎちゅう)なので、私(わたくし)が代(か)わりに承(うけたまわ)りますが、いったいどんな御用(ごよう)なのですか。
(「마침 과장님이 회의 중이니 제가 대신 말씀을 듣겠습니다. 도대체 어떤 용건이십니까?」)

(40)「遊(あそ)びにというのはおかしいですか。お寺(てら)ですので、お参(まい)りと言(い)わなければいけませんか。」
(「놀러 간다고 하는 것은 어색합니까? 절이기 때문에 참배라고 하지 않으면 안 됩니까?」)

(39)(40)과 같이 후건(後件, 주절)에 질문의 의미를 나타내는 형태가 올 때도「ので」가 쓰인다.

### 4-7 희망

(41) クラスに間(ま)に合(あ)うように起(お)きるのは、学生(がくせい)の義務(ぎむ)なので、問題(もんだい)は早(はや)く解決(かいけつ)し、よく寝(ね)るようになりたいです。
(수업에 나올 수 있도록 일어나는 것은 학생의 의무이니, 문제는 빨리 해결하고 잠을 잘 잤으면 합니다.)

(42)「まだまだ話(はな)し合(あ)いを続(つづ)けたいのですが、時間(じかん)もなくなりましたので、このへんで終(お)わりたいと思(おも)います。」
(「더 계속해서 이야기를 했으면 합니다만, 시간도 거의 다 되었고 해서 이쯤에서 끝냈으면 합니다.」)

(43)暑(あつ)すぎるので、暖房(だんぼう)をとめてほしいです。

(너무 더우니 난방을 멈춰 주었으면 한다.)

(44)「申(もう)し訳(わけ)ないんですが、明日(あした)誰(だれ)もいないので、手伝(てつだ)っていただきたいんですが。」

(「죄송합니다만, 내일은 아무도 없으니 도와 주셨으면 합니다만.」)

(41)은 화자의 희망을 직접 표출한 표현이고, (42)는 간접적으로 표현한 표현인데, 「ので」가 사용되고 있다는 점에 있어서는 차이가 없다. (43)의 「〜てほしい」나 (44)의 「〜ていただきたい」는 상대에 대해 어떤 사항의 실현을 희망하는 표현형식인데, 이 경우에도 「ので」가 쓰인다.

### 4-8 필연적 판단의 귀결

(45)漢語(かんご)と和語(わご)にはこのような違(ちが)いがあるので、話(はな)す{書(か)く}内容(ないよう)を考(かんが)えて上手(じょうず)に使(つか)い分(わ)けなければならない。

(한어와 고유어는 이와 같은 차이가 있으니 말하는(쓰는) 내용을 생각해서 잘 구별하여 사용해야 한다.)

(46)誰(だれ)も引(ひ)き受(う)けてくれないので、私(わたし)自身(じしん)がやらざるをえない。

(아무도 맡아 주지 않아서 내 자신이 하지 않을 수 없다.)

(47)資金(しきん)が思(おも)うように集(あつ)まらないので、計画(けいかく)を縮小(しゅくしょう)しないわけにはいかなかった。

(자금이 생각한 대로 모아지지 않아서 계획을 축소하지 않을 수 없었다.)

후건에 쓰이는 술어의 의미 유형에는 지금까지 검토한 것 이외에도 필연적 판단의 귀결을 나타내는 표현형식이 있는데, 이들이 문말에 올 경우에도 「ので」가 쓰인다.

이상의 검토에서 알 수 있듯이 「ので」는 「から」와 마찬가지로 추량 · 견해 · 의지 · 명령 · 의뢰 · 권유 · 질문 · 희망 등 광범위한 의미영역에 사용할 수 있다. 이 점에 대해서는 개별적으로는 이미 지적되어 있고, 趙順文(1988)의「'から', と'ので', ―永野説(ながのせつ)を改釈(かいしゃく)する(나가노설을 개석한다)」는 永野説을 비판적으로 해석하는 입장에서 포괄적인 예를 다루고 있으나, 논지는 필자의 견해와 거리가 멀다.「ので」의 용법의 확대에 대해서 原口裕(はらぐち ゆたか:1971)는「'ノデ', の定着(ていちゃく)」에서 통시적인 입장에서「ので」에 의한「から」영역의 침식 실태를 조사하여,「ので」용법이 확대되어 가는 경향에 있음을 지적하고 있다.

### 4-9『～て、～ので』

한편「～て、～ので」는「～て、～から」와 마찬가지로 두 가지 이상의 사실을 이유로 제시할 때 쓰인다.「～て」에는 앞뒤 문장을 연결시키는 용법(순차 동작, 병행 동작, 원인 · 이유, 수단 · 방법)이 있고「～ので」에는 앞뒤 문장을「원인 · 이유 → 결과 · 귀결」의 관계로 연결시키는 용법이 있다. 같은 의미 유형의 문형으로「～し～し」「～し、～ので」「～し、～から」도 있다.

(48)湿気(しっけ)が多(おお)くて、汗(あせ)が乾(かわ)かないので、体(からだ)がベトベトして気持(きもち)が悪(わる)い。
(습기가 많고 땀이 마르지 않기 때문에 몸이 끈적끈적해서 불쾌하다.)

(49)時間(じかん)がなくて、急(いそ)いでいたので、書類(しょるい)はまだまとまっていません。
(시간이 없고 바빠서 서류는 아직 정리하지 못했습니다.)

(50)疲(つか)れていて、力(りき)まなっかたので、思(おも)いもしないいい結果(けっか)が出(で)ました。
(피곤해서 힘을 들이지 않아서 뜻하지 않는 좋은 결과가 나왔습니다.)

(51)この問題(もんだい)は難(むずか)しくて、時間(じかん)がかかりそうなので、あとにします。
(이 문제는 어렵고 시간이 걸릴 것 같아서 나중에 하겠습니다.)

(52)今週(こんしゅう)は忙(いそが)しくて、時間(じかん)がとれませんので、来週(らいしゅう)に延期(えんき)していただけませんか。
(이번 주는 바쁘고 시간이 나지 않으니 다음 주로 연기해주시지 않겠습니까?)

### 4-10 종조사적 용법

永野(1952)는「から」와「ので」의 용법의 차이로「から」에는「ので」가 가지고 있지 않는 종조사적 용법이 있다는 점을 들고 있다. 예를 들어,

(53)「おじゃまじゃありません。ちょっと、そのへんまで参(まい)りましたから。
　　(「혹시 방해가 된 것은 아닙니까? 잠깐 이 근처까지 와서요.」)

(54)「どうもありがとうございます。もう、どうぞご心配(しんぱい)なく。主人(しゅじん)もすぐ来(き)ますから。」
　　(「대단히 감사합니다. 이제 아무런 걱정을 하지 않으셔도 됩니다. 남편도 곧 오니까요.」)

와 같이 문말에서「から」로 문이 종지되는 예를 말한다. 그러나「ので」에도 다음과 같은 종조사적 용법이 있고,「から」에 비해 정중한 느낌을 준다. 前田直子(2005)에서는「から」의 종조사적 용법에 대해「ので」와 달리 생략이 아닌「から」만의 고유의 용법으로 인정하는 입장을 취하고 있는데, 이에 대해서는 찬동할 수 없다.

(55)「ありがとうございます。残念(ざんねん)ですが、今日(きょう)はアルバイトがありますので。」
　　(「감사합니다. 그런데 공교롭게도 오늘은 아르바이트가 있어서요.」)

(56a)[先生]「今(いま)、仕事(しごと)でこちらへ。」
　　[선생님] (「지금 일로 이쪽에 온 것입니까?」)

(56b)[カイト]「はい、ちょっと用事(ようじ)があってそこの事務所(じむしょ)まで。申(もう)し訳(わけ)ありません。 会社(かいしゃ)に戻(もど)らなければなりませんので。」
　　[카이트] (「네, 좀 일이 있어 이 부근 사무실에 온 것입니다. 죄송합니다만,

회사에 돌아가지 않으면 안 되어서요.」)

(56a)[先生]「仕事中(しごとちゅう)じゃお茶(ちゃ)を飲(の)むわけにはいきませんね。」

[선생님] (「업무중이라면 차를 마실 수도 없겠군.」)

(57a)[会社の人]「仕事(しごと)はお客(きゃく)さん相手(あいて)だから、学生(がくせい)さんには大変(たいへん)だと思(おも)うけれども。」

[회사 사람] (「일은 손님을 상대하는 것이기 때문에 학생에게는 힘들다고 생각하는데.」)

(57b)[佐藤(さとう)]「いいえ、大丈夫(だいじょうぶ)です。辛抱強(しんぼうづよ)いほうですし。人当(ひとあ)たりも悪(わる)くないと周(まわ)りの人(ひと)に言(い)われますので。

[사토] (「아니오, 괜찮습니다. 참을성이 있는 편이고, 남을 대하는 태도도 나쁘지 않다고 주위 사람들로부터 듣고 있어서요」)

(55)는 선생님이 차를 한잔하자고 권했지만, 사정이 있어 그 권유에 응하지 못했을 때의 발화이고, (56b)은 길에서 우연히 일본어학교의 선생님을 만났지만, 일에 쫓겨서 응대할 여유가 없었을 때의 발화, (57b)는 아르바이트를 하러 온 학생이 회사 직원의 질문에 대해 걱정하지 않아도 된다는 의미의 답변을 하는 장면에서의 발화이다. 이와 같이 화자가 청자에 대해 정중한 태도를 취할 필요가 요구되는 장면, 즉 격식을 차리는 장면에서는「から」보다「ので」를 사용하는 쪽이 오히려 자연스럽다.

### 4-11『ので』용법의 특징

永野賢(1952)는「ので」용법의 특징에 대해「「ので」뒤에 오는 문은 소수의 예외(오용을 포함하여)는 있지만, 대부분이 사태의 객관적 서술이라는 점이 판명되었다.」(p.36)고 설명하고 있다. 그리고「ので」문을 6개의 의미유형으로 분류하고,「이들「ので」를「から」로 치환하면 대부분의 예가 극히 부자연스러운 말씨가 되거나 또는「ので」보다도 어색한 느낌의 문이 된다.」(p.36), 고 주장하고 있다. 다음에 永野(1952)가 들은 예 중에서 그 일부를 인용해 둔다.

(58) 水分(すいぶん)が一グラム蒸発(じょうはつ)するために、少(すく)なくとも五三九(ごひゃくさんじゅうきゅう)カロリーの熱(ねつ)を自分自身(じぶんじしん)が燃(も)えて出(だ)した熱量(ねつりょう)でまかなうので、鍋釜(なべかま)にゆく熱(ねつ)がそれだけ減(げん)じます。[물리적 현상의 기술]

(수분이 1그램 증발하기 위해 적어도 539칼로리의 열을 자기 자신이 태워 내는 열량으로 처리하기 때문에 냄비와 솥에 가는 열이 그 만큼 줍니다.)

(59) ドイツの実例(じつれい)ではこの最低(さいてい)水準(すいじゅん)が炭坑夫(たんこうふ)に保証(ほしょう)されなかったので、出炭高(しゅったんだか)が低下(ていか)した。[사회현상의 기술]

(독일의 실례에서는 이 최저 수준이 탄광 광부에게 보장되지 않았기 때문에 채탄양이 저하되었다.)

(60) あんまり働(はたら)いたので、私(わたし)はとうとう病気(びょうき)になってしまい、畑(はたけ)にも田(た)にも出(で)ることができなくなりました。[생리적 현상의 묘사]

(너무 일을 해서 저는 결국 병에 걸려 밭에도 논에도 나갈 수 없게 되었습니다.)

(61) あんなに元気(げんき)だった正広君(まさひろくん)が、車(くるま)からおりた途端(とたん)に急(きゅう)におとなしくなってしまったので、僕(ぼく)はオヤット思(おも)った。[심적 움직임의 객관적 묘사]

(그렇게 활달했던 마사히로군이 차에서 내리는 순간 갑자기 온순해졌기 때문에 나는 깜짝 놀랐다.)

(62)夜(よ)が明(あ)けたので、私(わたし)は船(ふな)べりの方(ほう)に寄(よ)って昨日(きのう)いた家(いえ)を見(み)ました。[행동의 객관적 묘사]

(날이 밝아서 나는 뱃전 쪽으로 가서 어제 있었던 집을 보았습니다.)

(63)快晴(かいせい)に恵(めぐ)まれたので、下界(げかい)をよく見下(みお)ろすことが出来(でき)た。[사물 상태의 묘사]

(쾌청한 날씨 덕분에 아래 세계를 내려다 볼 수가 있었다.)

그런데, 상기의 예를 검토하면, 대부분의 예가 지문 또는 그것에 유사한 문체의 것으로 회화문에서 추출한 예는 없다고 판단된다. 지문이라고 하는 문체가 지닌 특징에서 보면, 이들 예가 사상(事象)을 있는 그대로 객관적으로 묘사하고 있는 것은 당연한 일이다. 참고로 일본어 원어민에게 치환 가능성을 의뢰한 결과 위의 문장의 「ので」는 「から」로 바꿔도 지장이 없다는 회신을 받았다.

지엽적인 문제인지는 모르지만 다음은 「〜のだ」와 「から」의 조응(照応)에 대해 검토하겠다. 「〜のだ」는 어떤 사실이 틀림없다고 확인함으로써, 해당 사항을 강조하거나, 화자의 판단을 주장하여 청자를 납득시키는 기능을 하기 때문에 설명형(説明型)・납득형(納得型) 표현에 많이 사용된다. 永野(1952)는 「ので」 용법의 특징을 설명하는 데 있어서 「ので」가 사용된 예, 예를 들어 (59)와 같은 문을 「から」로 치환하면 「ので」를 사용한 것보다 부자연스럽지만, 다음의 (64)와 같이 문말에 「〜のだ」를 첨가하면 부자연스러움이 해소된다고 설명하고 있다.

(64)最低(さいてい)水準(すいじゅん)が保証(ほしょう)されなかったから、出炭高(しゅったんだか)が低下(ていか)したのだ。

(최저 수준이 보장되지 않았기 때문에 채탄 수준이 저하되었던 것이다.)

그 이유는 「〜のだ」가 주관적 판단을 나타내는 형식이므로 주관적 이유를 나타내는 「から」와 조응하기 때문이라고 하고 있다. 그러나 다음과 같이 문말에 「〜のだ」가 접속된 경우에도 「ので」가 사용되는 예를 볼 수 있다.

(65)「いいえ、私(わたし)はお金(かね)がないので、仕方(しかた)なく家(うち)にいるのです。

(「아니오, 저는 돈이 없어서 어쩔 수 없이 집에 있는 것입니다.」)

(66)「おまえさんに頭(あたま)をぶたれたので、わたしは悟(さと)りにはいれたのだ。

(「당신에게 머리를 맞아서 나는 득도할 수 있었던 것이다.」)

(67)「そうして今(いま)までの行(おこな)いを改(あらた)め、真面目(まじめ)に勉強(べんきょう)を続(つづ)けたので、とうとうあのようなえらい学者(がくしゃ)になることができたのである。

(「그래서 지금까지의 행동을 고치고, 진지하게 공부를 계속해서 드디어 그와 같은 위대한 학자가 될 수 있었던 것이다.」)

게다가 (67)과 같이 문장체에 쓰이고 있는 「ので」를 역으로 「から」로 치환하면 부자연스러운 표현이 된다. 또한 「～のだ」와 마찬가지로 주관적 판단을 나타내는 「～わけだ」「～ものだ」가 문말에 올 경우에도 「ので」는 사용할 수 있다는 점을 지적해 두겠다.

(68)「銅(どう)や鉄(てつ)のような物質(ぶっしつ)はそのままの姿(すがた)で、自然(しぜん)の中(なか)に存在(そんざい)することがありませんので、このようにして手(て)に入(い)れるわけです。」

(「동이랑 철과 같은 물질은 그대로의 모습으로 자연 속에 존재하는 경우가 없기 때문에 이와 같이 해서 손에 넣는 것입니다.」)

(69)「ところが、低(ひく)い所(ところ)へくると、とかく安心(あんしん)して気(き)がゆるむので、かえって怪我(けが)をしやすいものです。

(「그런데, 낮은 곳에 오면 자칫하면 안심하여 긴장이 풀리기 때문에 오히려 상처를 입기 쉬운 법입니다.」)

이상 永野賢(1952)를 중심으로 선행연구의 주장을 검토해 보았지만, 명령문의 일부를 제외하면 - 이 제한도 종래의「ので」문의 문말제한과는 성격을 달리하지만 -「ので」에도 문말제한이 없다는 점, 종조사적 용법이 있다는 점이 확인되었다. 이와 같이「ので」와「から」사이의 용법차이가 인정되지 않는다는 점에서 문말제한 및 종조사적 용법의 유무라는 관점에서 양자의 의미적 차이를 도출하려는 입장에는 찬동할 수 없다.

「から」와「ので」사이에는 이밖에도 몇 가지 용법상의 차이가 지적되고 있는데, 이러한 차이가 생기는 이유에 대해서는 다음과 같이 해석한다. 먼저 접속상의 제약으로「ので」는「から」와 달리,「～う / ～よう」「～まい」등에 붙지 않는다. 이것은「ので」가 연체형에 접속하는 어인데,「～う / ～よう」「～まい」에는 연체형 용법이 없다고 하는 소위 불변화조동사(不変化助動詞)이기 때문이다. 물론「～う / ～よう」「～まい」의 경우도 형식명사에 접속되는 용법은 있다.

그리고「から」에는 문말용법, 즉「Aだから、Bである」를 도치하여「BはAだからである」라고 표현하는 용법이 있고,「～からは」「～からには」「～からこそ」「～からといって」의 형태로 어떤 사항을 특별히 강조해서 제시하는 용법이 있는데, 이들은「ので」에 비해「から」의 사용시기가 길었기 때문에 용법이 확대된 결과 생긴 것이라고 생각한다. 이상의 사실에서「から」는 주관적 원인・이유를 나타내고,「ので」는 객관적인 원인・이유를 나타낸다고 하는 주장의 근거는 상당히 미약하다고 하지 않을 수 없다.

## 5. 前田直子(2005)

前田直子(2005)는「カラ・ノデ・テ—原因・理由」에서「から」와「ので」의 관계에 대해 다음과 같이 설명하고 있다.
「から」「ので」는 둘 다 결과가 되는 사건을 야기한 원인을 나타낸다.

(1)夏(なつ)は暑(あつ)い{から/ので}、花(はな)がすぐ枯(か)れる。
(여름은 더워서 꽃이 금방 죽는다.)
(2)薬(くすり)を飲(の)んだ{から/ので}、熱(ねつ)が下(さ)がった。
(약을 먹어서 열이 내렸다.)

그리고 주절에 나타난 화자의 판단의 근거나 명령・희망 등의 태도의 이유를 나타낸다.

(3)部屋(へや)の電気(でんき)がついているから、まだ中(なか)に人(ひと)がいるのだろう。
(방의 전기가 켜 있으니 아직 방안에 사람이 있을 것이다.)
(4)風邪(かぜ)をひくから、上着(うわぎ)を着(き)なさい。
(감기에 걸리니 윗도리를 입어.)
(5)結婚記念日(けっこんきねんび)なので、早(はや)く帰(かえ)りたい。
(결혼기념이니 일찍 돌아가고 싶다.)

「から」(정중한 경우에는「ので」)에는 원인이나 이유를 나타내지 않는다고 판단되는 경우도 있다.

(6)すぐ戻(もど)るから、ここで待(ま)っていて。
(금방 돌아올 테니까, 여기에서 기다리고 있어.)
(7)すぐ近(ちか)くだから、ちょっと寄(よ)っていこう。
(이 근방이니까 잠깐 들르고 가자.)

(8)銅(どう)メダルでいいから、表彰台(ひょうしょうだい)にあがりたい。
(동메달이라도 좋으니 표창대에 올라가고 싶다.)

주절은 작용이나 희망・의지를 나타내고, 이유를 나타내는 절은 그 실현을 용이하게 하는 정보나, 계기가 되는 사태를 나타낸다. 그리고「から」에는 실현을 강하게 바라는 전제로서 사용되는 다음과 같은 관용표현도 있다.

(9)お願(ねが)いだから、いい子(こ)でいてね。
(제발 착하지, 가만히 있어.)
(10)一度(いちど)でいいからキャビアを食(た)べたい。
(한번이라도 좋으니까 캐비아를 먹고 싶다.)

「から」와「ので」는 거의 같은 의미를 나타내지만,「ので」쪽이 정중한 문과 잘 어울린다.

(11)頭痛(ずつう)がしたので、欠席(けっせき)しました。
(두통이 있어서 결석했습니다.)

(11)의「〜したので」를「から」로 할 경우에는「しましたから」라고 하는 쪽이 좋다. 의미적으로 근사한 양자의 문법적 차이는 우선 첫 번째로「から」는 종지형에 접속하는데,「ので」는 연체형에 접속하는 점이다.

(12)未成年(みせいねん){だから / なので}、酒(さけ)は飲(の)めない。
(미성년이니까, 술은 먹을 수 없다.)

두 번째로「だろう・でしょう」「まい」나「のだ」는「から」만 접속할 수 있다.

(13)明日(あした)は晴(は)れるだろうから、スポーツ大会(たいかい)の参加者(さんかしゃ)は去年(きょねん)より増(ふ)えると思(おも)う。
(내일은 개일 테니까 체육대회 참가자는 작년보다 늘 것 같다.)

(14)退院(たいいん)したばかりなんだから、無理(むり)しないで。

(퇴원한 지 얼마 안 되니 무리하지 마세요.)

세 번째로「から」는「からか」「からこそ」「からには」와 같은 조사가 접속한 표현이 가능하다. 그리고 네 번째로「から」는「だ」를 수반하여 술어가 될 수가 있고, 분열문(分裂文)에서도 사용된다.

(15a)「なぜ休(やす)んだの?」

(왜 쉬었어?)

(15b)「忙(いそが)しかったからです」

(바빴기 때문입니다.)

(16)休(やす)んだのは忙(いそが)しかったからだ。

(쉰 것은 바빴기 때문이다.)

이 경우「から」에는 보통체(非丁寧形)가 접속된다.「から」는 단순한 생략이라고 할 수 없는 종조사적인 용법도 있어 청자에 대해 협력적인 이해나 행동을 촉구한다.

(17)じゃあ、行(い)って来(く)るから。

(그럼, 갔다가 올 테니까.)

(18)時間(じかん)通(どお)りに来(こ)なかったら許(ゆる)さないから。

(시간에 맞춰 오지 않으면 용서하지 않을 테니까.)

이상이 前田直子(2005)의 소개이다. 前田(2005)에서는 永野賢(1952)에서 주장하는「から」와「ので」의 의미적 차이 즉,「から」는 주관적인 이유를 나타내고,「ので」는 객관적인 이유를 나타낸다고 하는 점에 대해 전혀 언급하고 있지 않다. 이런 점을 감안하면「から / ので」의 논의에 있어서 그동안 문제가 되었던 의미적 차이에 관한 오류는 어느 정도 극복되었다고 평가할 만하다. 그러나「~から」만이 가지고 있는 것으로 제시된 일부 용법 중에서,「から」의 종조사적 용법을 단순한 생략이 아닌 종조사적 용법이라고 규정하고 있는데, 생략과 문 중지 용법의 차이점에 대해서는 구체적인 언급이 없기 때문에 해당 표현의 의도를 정확하게 파악하기 힘들지만, 접속조사에서 종조사로의 이행은 일반적인 현상이니 만큼 설득력이 약하다고 하지 않을 수 없다. 그리고 「から」만이 지니고 있는 다른 용법의 존재 이유에 대해서도 이미 위에서 필자의 견해를 밝혔다.

## 6. 『から』와 『ので』의 사용실태

「から」와 「ので」의 의미적 차이를 생각하기에 앞서 양자의 사용실태를 확인하기 위해 예를 지문과 회화문으로 대별하고 다시 이를 정중체와 보통체로 세분해 보았는데, 어느 경우에도 양자의 사용상의 구별은 보이지 않는다.

### 6-1 지문

#### 6-1-1 정중체

(1)工場(こうじょう)は広(ひろ)くてきれいです。毎日(まいにち)よく掃除(そうじ)をしますから、ごみはあまりありませんけれども、油(あぶら)をたくさん使(つか)いますから、油(あぶら)だらけになります。
(공장은 넓고 깨끗합니다. 매일 청소를 잘 해서, 쓰레기는 별로 없습니다만, 기름을 많이 사용하고 있기 때문에 기름투성이가 됩니다.)

(2)胃(い)や腸(ちょう)を冷(ひ)やしただけでも病気(びょうき)になることがありますから、暑(あつ)いからといって氷(こおり)や冷(つめ)たいものをやたらに飲(の)んだり食(た)べたりすることは禁物(きんもつ)です。
(위와 장을 차게 하기만 해도 병에 걸릴 수도 있으니 덥다고 해서 얼음이나 찬 것을 마구 마시거나 먹는 것은 금물입니다.)

(3)謙譲語(けんじょうご)は話(はな)し手(て)側(がわ){家族(かぞく)/仲間(なかま)など}を話題(わだい)の人(ひと)にするときに使(つか)われる場合(ばあい)が多(おお)いので、尊敬語(そんけいご)と取(と)りまちがえないように、特(とく)に注意(ちゅうい)して話(はな)さなければなりません。
(겸양어는 화자 측 가족, 사람 등을 화제의 인물로 할 때 사용되는 경우가 많아서 존경어와 혼동하지 않도록 특히 주의해서 말해야 합니다.)

(4)池田(いけだ)さんに用(よう)があったので、お電話(でんわ)しました。ちょうど、池田(いけだ)さんはお宅(たく)においででした。けれども、午後(ごご)はゴルフにお出掛(でか)けになるので、すぐお訪(たず)ねすることにしました。

(이케다 씨에게 볼일이 있어서 전화를 했습니다. 이케다 씨는 댁에 계셨습니다. 하지만, 오후에는 골프를 치러 외출하시기 때문에 곧 찾아뵙기로 했습니다.)

### 6-1-2 보통체

(5)日本(にほん)の敬語(けいご)は、このように複雑(ふくざつ)な決(き)まりがあるから、その使(つか)い方(かた)には注意(ちゅうい)を必要(ひつよう)とする。

(일본의 경어는 이와 같이 복잡한 규칙이 있으니, 그 사용법에는 주의를 필요로 한다.)

(6)終身(しゅうしん)雇用制(こようせい)は、年功序列(ねんこうじょれつ)という賃金制度(ちんきんせいど)とともに存在(そんざい)しているから、年齢(ねんれい)がすすむとともに給料(きゅうりょう)が増(ま)し、それとともに地位(ちい)が上(あ)がる。

(종신 고용제는 연공서열이라고 하는 임금제도와 함께 존재하고 있기 때문에 연령이 많아질수록 급료가 늘고, 그것과 더불어 지위도 올라간다.)

(7)仕方(しかた)がないから、すぐ学校(がっこう)の図書館(としょかん)へ行(い)ってみたが、ざんねんながら、その全集(ぜんしゅう)はなかった。

(어쩔 수 없어서 금방 학교 도서관에 가 보았지만, 안타깝게도 그 전집은 없었다.)

(8)こんなに小(ちい)さいので、火星(かせい)には大気(たいき)はない。引力(いんりょく)が小(ちい)さいので、大気(たいき)を引(ひ)き止(と)めておけなかったのである。

(이렇게 작아서 화성에는 대기는 없다. 인력이 작아서 대기를 끌어 모아 둘 수가 없는 것이다.)

(9)ちょうどポケットの中(なか)に、十円玉(じゅうえんだま)があったので、高木(たかぎ)さんに電話(でんわ)をかけようと思(おも)った。ところが、彼(かれ)の電話番号(でんわばんごう)を書(か)いておいた手帳(てちょう)がない。手帳(てちょう)は、部屋(へや)のテーブルの上(うえ)だということが気(き)づいた。仕方(しかた)がないので、コーヒーを飲(の)みながら、30分(さんじゅっぷん)以上(いじょう)も彼(かれ)が来(く)るのを待(ま)っていた。

(마침 주머니 안에 10엔짜리 동전이 있어서 다카기 씨에게 전화를 걸려고 생각했다. 그런데, 그 사람 전화번호를 써 둔 수첩이 없다. 수첩은 방 테이블 위에 두었다는 것을 알아차렸다. 어쩔 수 없어서 커피를 마시면서 30분 이상이나 그가 오는 것을 기다리고 있었다.)

지문을 다시 설명문, 예를 들어, (1)(2)(3)(4)(6)(8)과 일기문 (5)(7)(9)로 구분해 보아도 양자의 사용상의 구분은 나타나지 않는다. 다시 거론할 성질의 것은 아니지만, 만일「から」의 용법을 화자의 주관적 표현에서 구하는 입장을 취하면 지문에 나타나는「から」의 용법에 대해서는 설명이 곤란해진다.

## 6-2 회화문

### 6-2-1 정중체

(10)「それから、この会社(かいしゃ)に米人(べいじん)が一人(ひとり)おりますが、日本(にほん)に来(き)たばかりで、言葉(ことば)が通(つう)じませんから、通訳(つうやく)していただくこともあります。」

(「그리고 이 회사에 미국인이 한 사람 있습니다만, 일본에 온 지 얼마 안 되어서 말이 통하지 않아 다른 사람에게 통역을 부탁하는 경우도 있습니다.」)

(11)「女(おんな)のひとでも子供(こども)でも年寄(としよ)りでも登(のぼ)っていますから、心配(しんぱい)いりませんよ。」

(「여자아이도 어린이도 노인도 올라가고 있으니 걱정하지 않아도 됩니다.」)

(12)「途中(とちゅう)までバスで行(い)けますから、そんなに大変(たいへん)ではありません。」
(「도중까지 버스로 갈 수 있으니 그렇게 힘들지 않습니다.」)

(13)「申(もう)し訳(わけ)ございませんが、先約(せんやく)がございますので、ご希望(きぼう)に応(おう)じかねます。」
(「죄송합니다만, 선약이 있어서 바라시는 대로 응하기 어렵습니다.」)

(14)「すぐにはおもどりになりそうもないので、明日(あした)もう一度(いちど)お伺(うかが)いいたします。」
(「금방 돌아오실 것 같아서 내일 다시 한번 찾아뵙겠습니다.」)

(15)「どうもありがとうございました。これで安心(あんしん)しました。この子(こ)はよくおなかをこわしますので、こまります。」
(「대단히 감사합니다. 이것으로 안심했습니다. 이 아이는 자주 배탈이 나서 애를 먹습니다.」)

### 6-2-2 보통체

(16)「私(わたし)は長男(ちょうなん)だから、家(いえ)を継(つ)がなければならない。」
(「나는 장남이어서 집안을 이어야 한다.」)

(17)「気分(きぶん)が悪(わる)いから、保健(ほけん)センターに行(い)ってくるよ。」
(「몸이 안 좋아서 보건센터에 갔다가 올 게.」)

(18)「今週(こんしゅう)は都合(つごう)が悪(わる)いので、来週(らいしゅう)にしてもらえるとありがたいんだけど。」
(「이번 주는 사정이 안 좋아서 다음주로 해 주면 고맙겠는데.」)

(19)「あの演奏会(えんそうかい)には是非(ぜひ)行(い)きたいと思(おも)ったが、忙(いそが)しいので、行(い)くのを諦(あきら)めた。」
(「그 연주회는 무슨 일이 있어도 가고 싶었지만, 바빠서 가는 것을 포기했다.」)

회화문에 있어서도 사정은 같다. 지문의 경우와 마찬가지로 예를 정중체와 보통체로 나누어 보았지만, 상기의 예에서도「から」와「ので」의 사용 구분이 나타나지 않는다.

### 6-3『から/ので』의 혼용

여기에서 주목하고 싶은 것은 다음과 같이「から」와「ので」가 동일한 문맥이나 발화에 함께 사용되고 있는 예이다.

#### 6-3-1 지문

(20) わが国(くに)は土地(とち)の成立(せいりつ)が複雑(ふくざつ)であるから、地震(じしん)が多(おお)くて、大(おお)きなものになると、家(いえ)が崩(くず)れ地面(ちめん)が割(わ)れ、人畜(じんちく)が死傷(ししょう)することもある。また山(やま)が多(おお)いから、交通(こうつう)は不便(ふべん)であるが、処(ところ)によって気候(きこう)や地質(ちしつ)が違(ちが)っているので、天然物(てんねんぶつ)の種類(しゅるい)が比較的(ひかくてき)多(おお)い。

(우리나라는 땅의 성립이 복잡하기 때문에 지진이 많고, 큰 지진일 경우에는 집이 무너지고 땅이 갈라지고, 사람과 가축이 죽거나 부상을 입는 일도 있다. 또 산이 많아서 교통이 불편하지만, 곳에 따라서는 기후나 지질이 달라서 천연물의 종류가 비교적 많다.)

(21) 言(い)い換(か)えれば、夫婦(ふうふ)は、今(いま)は関係(かんけい)があるが、元(もと)は無関係(むかんけい)であったから、元(もと)は他人(たにん)なのであり、兄弟(きょうだい)もそのうちに無関係(むかんけい)となるかも知(し)れないので、他人(たにん)の始(はじ)まりなのである。

(표현을 달리하면 부부는 지금은 관계가 있지만, 원래는 무관계였기 때문에 원래는 타인이고, 형제도 시간이 지나면 무관계로 될지도 모르기 때문에 타인의 시작인 것이다.)

(22)お風呂(ふろ)に入(はい)って、ラジオを聞(き)いているところに、友達(ともだち)が遊(あそ)びに来(き)ました。土曜日(どようび)に一緒(いっしょ)に歌舞伎(かぶき)へ行(い)く相談(そうだん)をしました。午後(ごご)は都合(つごう)が悪(わる)いので、夜(よる)、行(い)くことにしました。五時(ごじ)に始(はじ)まりますから、五分前(ごふんまえ)に歌舞伎座(かぶきざ)の前(まえ)で会(あ)うことにしました。お食事(しょくじ)はうなぎにしました。友達(ともだち)が帰(かえ)ろうとした時(とき)、地震(じしん)が起(お)こって、停電(ていでん)になったので、びっくりしました。

(목욕을 하고 라디오를 듣고 있을 때 친구가 놀러 왔습니다. 토요일에 함께 가부키를 보러 가는 의논을 했습니다. 오후에는 사정이 안 좋아서 밤에 가기로 했습니다. 5시에 시작되니까 5분전에 가부키좌 앞에서 만나기로 했습니다. 식사는 장어로 했습니다. 친구가 돌아가려고 할 때 지진이 발생하여 정전이 되었기 때문에 깜짝 놀랬습니다.)

(23)日本(にほん)では、寒(さむ)いので、教室(きょうしつ)でオーバーをぬがなくてもいいです。けれども、たばこをのんではいけません。廊下(ろうか)でものんではいけません。廊下(ろうか)で大(おお)きな声(こえ)で話(はな)すとクラスのじゃまになりますから、静(しず)かにしなければなりません。

(일본에서는 추워서 교실에서 외투를 벗지 않아도 됩니다. 하지만, 담배를 피워서는 안 됩니다. 복도에서도 피워서는 안 됩니다. 복도에서 커다란 소리로 말하면 수업의 방해가 되니까 조용히 해야 합니다.)

(20)(21)은 보통체의 설명문인데, 「から」와 「ので」가 혼용되고 있다. (22)는 일기문에서 추출한 예인데 먼저 「ので」가 쓰이고 그 다음에 「から」가 쓰이고 있는데, 이들 문말은 동일한 형식으로 문을 맺고 있다. 한편 (23)의 경우는 허가와 금지와 같이 상반되는 내용을 나타내는 형식이 각각 문말에 쓰이고 있는데, 여기에서도 동일 조사의 사용은 피하고 있다.

### 6-3-2 회화문

(24)「この映画(えいが)は現代(げんだい)のものでしたから、だいたいのすじは分(わ)かりました。しかし、ことばが早(はや)いので、ところどころ聞(き)きとることができませんでした。」

(「이 영화는 현대물이었기 때문에 대략적인 줄거리는 알았습니다. 그러나 말이 빨라서 군데군데 알아들을 수 없었습니다.」)

(25)「いいえ、以前(いぜん)、冬休(ふゆやす)みに京都(きょうと)と奈良(なら)へ行(い)ったことがありますから、一通(ひととお)りは見物(けんぶつ)したんですが、この前(まえ)はあいにく天気(てんき)が悪(わる)かったり、旅行先(りょこうさき)で病気(びょうき)になったりしましたので、今度(こんど)はゆっくり見物(けんぶつ)して歩(ある)こうと思(おも)うんです。」

(「아니요. 전에 겨울방학 때 교토와 나라에 간 적이 있어서, 대강 구경했습니다만, 요전에는 공교롭게 날씨가 나빴기 때문에 현지에서 병에 걸려서 이번에는 천천히 구경하며 걷으려고 합니다.」)

(26a)「翻訳料(ほんやくりょう)については、この前(まえ)お話(はな)しした条件(じょうけん)でよろしいでしょうか。」

(「번역료에 대해서는 요전에 말씀드린 조건이면 될까요?」)

(26b)「はい、結構(けっこう)です。」

(「네, 괜찮습니다.」)

(26a)「曜日(ようび)のほうは、出(で)きるだけご希望(きぼう)に沿(そ)うようにいたしますから。」

(「요일은 가능한 한 희망하시는 쪽으로 하겠습니다.」)

(26b)「そうですか。どうも勝手(かって)を申(もう)しまして。」

(「그렇습니까? 무리한 말씀을 드려 죄송합니다.」)

(26a)「いえいえ、それでは、上(うえ)の者(もの)とも相談(そうだん)いたしまして、明日中(みょうにちちゅう)にご返事(へんじ)いたしますので。」

(「아니에요. 그럼, 윗사람과도 의논해서 내일 중에 그 결과를 말씀드리겠습니다.」)

(26b)「どうぞよろしくお願(ねが)いいたします。」

(「아무쪼록 잘 부탁드립니다.」)

(27a)「そうですか。それで、毎日(まいにち)病院(びょういん)に通(かよ)っているんですか。」

(「그렇습니까? 그래서 매일 병원에 다니고 있는 것입니까?」)

(27b)「いいえ。一日(いちにち)おきに行(い)っています。体(からだ)が疲(つか)れますから、あまり行(い)きたくないんです。でも、きずが心配(しんぱい)なので、続(つづ)けて通(かよ)っています。」

(「아니오. 하루걸러 다니고 있습니다. 몸이 피곤하니까 별로 가고 싶지 않습니다. 하지만, 상처가 걱정되어서 계속 다니고 있습니다.」)

(28)「気(き)まぐれでわがまま者(もの)の私(わたくし)のことですから、気(き)の向(む)いた所(ところ)へ行(い)くので、別(べつ)にこれという予定(よてい)があるわけじゃないんです。」

(「변덕스럽고 제 멋대로 행동하는 저인지라 마음이 내키는 곳에 가기 때문에 특별히 이렇다 할 예정이 있는 것은 아닙니다.」)

(29)「有難(ありがと)うございます。ふだんは丈夫(じょうぶ)な父(ちち)ですから、こんなことになるとはゆめにも考(かんが)えておりませんので……。」

(「감사합니다. 평소 건강하신 아버지라서, 이렇게 될 줄이야 꿈에도 생각하지 못해서요.」)

회화문에 있어서도 사정은 다르지 않다고 할 수 있다. 즉 (25)를 보면, 문말은「~のだ」로 맺고 있는데, 이 문에서도「から」가 먼저 사용되고, 그 다음은「ので」로 변하고 있다. (26)과 같은 종조사적 용법에 있어서도 사정은 마찬가지이다. (28)(29)는 이유 표현이 중복되어 사용되고 있는 예이지만, 이 경우도 동일 조사의 반복은 피하고 있다.

이상의 검토에서 분명해진 것은「から」와「ので」의 병용이 폭넓게 이루어지고 있다는 사실이다. 이와 같이「から」와「ので」가 병용될 수 있다는 것은 양자의 의미적 차이가 특별히 문제가 안 되는 경우에는 양자의 치환이 가능하다는 것을 의미한다. 그리고 단조로운 표현에 변화를 부여하려고 할 경우, 오히려 이와 같은「から」와「ので」의 혼용이 전후 연결을 자연스럽게 하고 있다고 판단된다. 이것은 동어반복(同語反復)을 피함으로써 어조를 가다듬는 것과 동일한 효과를 지닌다. 이와 같은 표현상의 기교가 가능해지는 것은「から」와「ので」 사이가 어떤 조건 하에서는 양자의 의미적 차이가 중화(中和)될 수 있을 정도로 근접되어 있기 때문이라고 생각한다.

## 7.『から』와『ので』의 차이

그럼,「から」와「ので」 사이에 의미적 차이가 전혀 없는가 하면 그렇지는 않다. 다음과 같이 양자 사이에는 치환이 불가능하거나 치환할 경우 오히려 부자연스러운 경우가 존재한다.「から」와「ので」는 병용되어 점차 공통의 의미용법을 확대하고 있지만, 한편으로는 하나의 의미분야에 두 개의 형식이 공존하고 있기 때문에 의미의 차이가 나오는 경우가 있다. 의미의 차이가 현저히 나타나는 경우에 양자를 치환하면 부자연스럽거나 또는 어색한 느낌을 지울 수 없다. 그리고 일부 용법에 있어서는 각각 본래 지니고 있는 의미특성에 의해 그 사용이 고정된 예도 있다. 이와 같이 어떤 특정의 용법만이 성립하는 경우에는 치환 그 자체가 불가능하다.

### 7-1『から』 쪽이 자연스러운 경우

먼저「ので」로 치환할 수 없는「から」의 용법부터 검토하면 다음과 같다. 다음 예의「から」를「ので」로 치환하면 부자연스럽거나 어색해진다. 특히「から」로 고정된 관용적 용법의 경우에는「ので」로의 치환은 불가능에 가깝다.

### 7-1-1 전건이 강조된 경우

(1)「教(おし)えてあげたのに、君(きみ)がその通(とお)りにしないのだから、私(わたし)ももう何(なに)も言(い)うまい。」

(「가르쳐 주었는데 자네가 그 대로 하지 않으니 나도 이제 아무 말도 안 하겠어.」)

(2)南京(なんきん)を中心(ちゅうしん)とする中国南方(ちゅうごくなんぽう)は、春秋時代(しゅんじゅうじだい)から三国時代(さんごくじだい)まで呉(ご)といったのであるから、おそらく陽子江(ようすこう)沿岸地方(えんがんちほう)の音(おん)であろう。

(남경을 중심으로 하는 중국 남방은 춘추시대에서 삼국시대까지 오나라이었기 때문에 아마 양자강 연안 지방의 음일 것이다.)

(3)朝寝坊(あさねぼう)の彼(かれ)のことだから、七時(しちじ)に間(ま)に合(あ)うはずがない。

(그는 늦잠을 자는 사람이니까, 7시에 시간을 맞춰 올 리가 없다.)

(4)「十時発(じゅうじはつ)の札幌行(さっぽろゆ)きに乗(の)るわけですから、遅(おそ)くとも九時半(くじはん)までには搭乗手続(とうじょうてつづ)きをすませて下(くだ)さい。

(「10시에 출발하는 삿포로행을 타니까, 늦어도 9시 반까지는 탑승수속을 마쳐 주세요.」)

「から」 앞에「～のだ」「～ことだ」「～わけだ」와 같은 추론 형식이 올 경우에는「ので」로 치환할 수 없다. 추론을 나타내는 형식은 화자의 판단을 단정적으로 주장하는 특성을 지니고 있기 때문에 결과적으로 상대에게 강요하는 듯한 인상을 준다. 이런 의미적 특성과「ので」가 나타내는 정중함은 의미적으로 상충하기 때문에「ので」를 쓸 수 없는 것이다.

### 7-1-2 스스럼없는 표현

(5)「でも、あとでちゃんと思(おも)い出(だ)してくれたから、いいじゃないか。」
(「하지만, 나중에 제대로 기억해 주었으니 됐잖아?」)

(6)「先(さき)の長(なが)いことも無(な)い者(もの)だから、みんなよく頼(たの)むぜ。」
(「이제 얼마 남지도 않은 사람이니까 다들 잘 부탁해.」)

(7)「よしよし、わたしの力(ちから)のおよぶかぎり手伝(てつだ)って敵(てき)を打(う)たせてあげるから心配(しんぱい)するな。」
(「알았어. 내 힘이 미치는 데까지 도와서 적을 쓰러뜨려 줄 테니 걱정하지 마.」)

(8)「帰(かえ)りは遅(おそ)くなるからね、起(お)きて待(ま)ってなくてもいいわ。
(「귀가는 늦을 테니까, 안 자고 기다리고 있지 않아도 돼.」)

(9)「だって、まだはっきり決(き)まったわけじゃないんだから、少(すこ)し気(き)が早(はや)すぎるよ。」
(「하지만 아직 확실히 정해진 것도 아니니 좀 생각이 너무 급해.」)

(10)「仕方(しかた)がないからまあ和製(わせい)でがまんするんだね。」
(「도리 없으니, 음 국산으로 참아 줘.」)

일본어의 구어체 말씨에서는 화자와 청자의 관계에 따라 레벨이 다른 표현이 사용되고, 어느 레벨에서 말하는가에 따라 문말의 형태도 달라진다. 청자가 화자보다 손윗사람인 경우에는 경어가 사용되지만, 친한 친구나 동료, 가족 사이에서는 스스럼없는 표현을 사용하는 것이 일반적이다. 예를 들어, (5)와 같이 남편이 처에게 말할 때, (6)과 같이 아버지가 가족에게 말할 때, (7)과 같이 연장자가 아랫사람에게 말할 때와 같이 격식을 차리지 않아도 되는 그런 장면에서는 스스럼없는 표현이 사용된다. 이것은 (8)의「いいわ」, (9)의「だって」, (10)의「～んだね」등의 표현에서도 확인할 수 있다. 그런데, 이와 같은 스스럼없는 표현에서는 격식을 차리는 어감을 지닌「ので」를 사용할 수는 없다.

### 7-1-3 「から」로 고정된 관용적 용법

(11)「何(なん)でもいいから、早(はや)く歌(うた)ってください。」
(「뭐라도 상관없으니 빨리 노래를 하세요.」)

「何(なん)でもいい」라고 하는 것은 노래를 부르게 하는 이유는 되지 않는다. (11)의 「から」는 「歌(うた)を頼(たの)む ; 노래를 부탁하다」의 이유 설명이 아니고, 「노래를 부탁하게 된 이유의 정당화」에 쓰이고 있는 것이다. 말하자면 이 「何(なん)でもいい」는 후건(後件, 주절)이 성립하기 위한 이유를 설명하는 것이 아니라 어떤 사항의 실현을 향한 화자의 심적인 태도를 나타내는 것이다.

(12)「一生(いっしょう)に一度(いちど)でいいから、王様(おうさま)のような生活(せいかつ)がしてみたい。」
(「평생에 한번이라도 좋으니 임금님 같은 생활을 해 보고 싶다.」)

이런 종류의 「から」는 (12)와 같이 화자의 희망을 나타내는 강조표현에 사용되는 경우도 있다.

(13)「よろしいではありませんか。せっかくいらっしゃったんですから、お茶(ちゃ)でもあがって……。[雀(すずめ) → おばあさん]」
(「괜찮지 않습니까? 모처럼 오셨으니까, 차라도 드시고,….[참새 → 할머니]」)

「から」로 고정된 용법에는 (13)의 「せっかく～から」와 같은 표현을 들 수 있다.

### 7-2 「ので」 쪽이 자연스러운 경우

다음은 「から」보다 「ので」 쪽이 자연스러운 경우를 살펴보자. 여기에서는 혼동을 피하기 위해, 문어체, 구어체라는 호칭을 쓰지 않고, 문장체적 표현과 격식을 차리는

표현으로 구분한다. 이들 표현은 어떤 부분에서는 연속되어 있어 양자 사이에 분명한 선을 긋는 것은 용이하지 않지만, 기술의 편의상 구분하여 검토하기로 한다.

### 7-2-1 문장체적 표현

(14)私(わたくし)ことこのたび結婚(けっこん)しましたので、下記(かき)のとおりお届(とど)けいたします。

(저는 이번에 결혼하였기에 다음과 같이 혼인 신고를 합니다.)

(15)標記(ひょうき)について、左記(さき)のとおり開催(かいさい)しますので、ご出席(しゅっせき)ください。

(표기에 대해 왼쪽과 같이 개최하오니, 출석해 주시기 바랍니다.)

(16)今回(こんかい)の出火事故(しゅっかじこ)は、すべて工場管理(こうじょうかんり)の責任者(せきにんしゃ)たる小職(しょうしょく)の失態(しったい)でありますので、辞職(じしょく)して責任(せきにん)を負(お)いたいと存(ぞん)じております。

(이번 화재사고는 모두 공장관리의 책임을 맡고 있는 소인의 실수인 바, 사직하여 책임을 졌으면 합니다.)

(17)式(しき)は〇〇市民会館(しみんかいかん)で挙(あ)げられますので、その後(のち)友人(ゆうじん)知人(ちじん)相集(あいあつ)まって、お二人(ふたり)の新(あたら)しい門出(かどで)を祝福(しゅくふく)したいと存(ぞん)じております。

(식은 〇〇시민회관에서 거행되고 그 후 친구, 지인들이 다 모여 두 사람의 새로운 인생의 출발을 축하했으면 합니다.)

(18)右期日(みぎのきじつ)までに必(かなら)ず全額(ぜんがく)御送金(ごそうきん)いたしますので、御迷惑(ごめいわく)ながら今回(こんかい)かぎりのお願(ねが)いとしてまげて御了承(ごりょうしょう)たまわりたく、伏(ふく)してお願(ねが)い申(もう)し上(あ)げます。

(오른쪽에 기재된 기일까지 반드시 전액 송금할 예정이오니, 폐를 끼칩니다만, 이번 한 번만 부디 봐 주시기를 머리 숙여 부탁드립니다.)

(14)의 혼인신고, (15)의 통지문, (16)의 사직원 등은 공적인 성격이 강한 문장으로 항상 정중한 서식을 필요로 한다. 그리고 (17)과 같이 결혼축하연을 안내하는 안내장이라든가 (18)과 같이 대금 지불의 유예를 부탁하는 상용문 등도 같은 유형에 속한다. 이와 같은 사회적, 공적인 성격의 문장에서는 「ので」를 사용하는 것이 일반적이다.

(19)明後日(みょうごにち)の朝(あさ)母(はは)は帰郷(ききょう)の予定(よてい)ですので、母(はは)を送(おく)ってから、午後(ごご)にでも電話(でんわ)でご都合(つごう)を伺(うかが)った上(うえ)で、おわびかたがたお宅(たく)へお伺(うかが)いいたしたいと存(ぞん)じます。

(모레 아침 어머니는 고향으로 돌아갈 예정이어서 어머니를 보내고 나서 오후에라도 사정을 전화를 여쭤본 다음, 사과 말씀도 드릴 겸 댁에 찾아뵐까 생각하고 있습니다.)

(20)商業高校(しょうぎょうこうこう)出身(しゅっしん)ですので、お店(みせ)の事務(じむ)も教(おし)えていただければ何(なん)とかできましょうし、娘時代(むすめじだい)はわが家(や)で店頭(てんとう)にもたっておりましたので、店頭(てんとう)での仕事(しごと)もできると存(ぞん)じます。

(상업학교 출신이어서 상점의 사무도 가르쳐 주시면 어떻게 할 수 있을 것이고, 어릴 때는 우리 집에서 가게 일도 했기 때문에 가게 일도 할 수 있으리라 사료됩니다.)

(21)私(わたくし)は職業柄(しょくぎょうがら)、政治関係(せいじかんけい)の組織(そしき)に加(くわ)わらないことにしておりますので、入会(にゅうかい)の義(ぎ)は御遠慮(ごえんりょ)させていただきます。

(저는 직업상 정치 관련 조직에 가입하지 않고 있기 때문에 입회 건은 사양하겠습니다.)

편지문(서간문)은 그 성격상 회화문보다 한층 더 높은 정중도가 요구된다. 따라서 동년배의 친한 사이의 소식을 제외하고는 손아랫사람에게도 거의 예외 없이 정중체를

사용하는 것이 관례로 되어 있다. (19)는 지인의 가게에 여동생을 추천하는 의뢰의 편지, (20)은 정치가의 후원회 가입을 거절하는 내용을 담고 있기 때문에 겸손하고 정중한 표현이 사용되고 있다. 이와 같은 내용의 편지문에서는「ので」를 사용하는 것이 한층 자연스럽다.

### 7-2-2 격식을 차리는 표현

(22) しかし通信機関(つうしんきかん)の故障(こしょう)はまもなく復旧(ふっきゅう)したので、目下(もっか)のところでは通信(つうしん)にはさしつかえない模様(もよう)です。
(그러나 통신기관의 고장은 곧 복구되었기 때문에 현재로서는 통신에는 지장이 없는 상황입니다.)

(23)「東京(とうきょう)、千葉(ちば)は、震度(しんど)3の弱震(じゃくしん)と発表(はっぴょう)されましたが、突(つ)きあげるような激(はげ)しい縦(たて)ゆれがありましたので、あわてた人(ひと)もおおぜいいたようです。」
(「도쿄, 치바는 진도 3의 약진이라고 발표되었습니다만, 밀어 올리는 듯한 거센, 상하 흔들림이 있어서 당황한 사람도 많이 있었던 것 같습니다.」)

(22)(23)과 같은 뉴스는 많은 사람들에게 국내외에서 일어난 사건, 사고 등을 가능한 한 간결하고 알기 쉽게 알리는 것을 목적으로 하고 있기 때문에 딱딱한 문체를 사용한다. 뉴스와 같은 격식을 차리는 장면에서는 일반적으로「ので」를 사용한다.

(24)「なにしろ、変化(へんか)は毎年(まいねん)、加速的(かそくてき)にスピードを増(ま)してきておりますので、私(わたくし)どもの勉強(べんきょう)も日々(ひび)これ新(あら)たなりで、加速化(かそくか)しなければなりません。何(なん)といっても人材(じんざい)の成長次第(せいちょうしだい)で決(き)まりますので、今年(ことし)は人材開発(じんざいかいはつ)には費用(ひよう)と時間(じかん)は惜(お)しまないつもりでございます。大(おお)いに御期待(ごきたい)ください。

(「아무튼 변화는 매년 매우 빠른 속도로 진행되고 있어서 저희들의 공부도 나날이 새로워지고, 가속화하지 않으면 안 됩니다.뭐니 뭐니 해도 인재 육성 여하에 따라 결정되니 금년은 인재개발에는 비용과 시간을 아끼지 않을 생각입니다. 크게 기대하시기 바랍니다. 」)

(25)「これからは、ささやかながら御恩返(ごおんがえ)しをせねばならないと思(おも)っておりますので、あまり期待(きたい)なさらず御期待(ごきたい)ください。」

(「앞으로는 사소하게나마 은혜를 갚아야 된다고 생각하고 있사오니 큰 기대는 하시지 마시고 기대해 주십시오.」)

(26)「大学(だいがく)では音楽同好会(おんがくどうこうかい)に入(はい)りましたが、少(すこ)し音楽(おんがく)がわかりかけてきた程度(ていど)なので、これからの趣味(しゅみ)のひとつにしていきたいと、思(おも)っています。会社(かいしゃ)に音楽部(おんがくぶ)があると伺(うかが)っていますので、入部(にゅうぶ)したいと思(おも)っています。

(「대학에서는 음악동호회에 들어갔습니다만, 약간 음악을 이해하기 시작한 정도이오나, 향후 취미의 하나로 해 나가려고 생각하고 있습니다. 회사에 음악부가 있다고 들었습니다만, 그 모임에 가입했으면 합니다.」)

일반적으로 공식 석상에서의 인사말에서는 사적인 회화에 비해 정중하고 격식을 차린 표현을 사용하는 것이 관례이다. (24)는 촌장의 신년 인사, (25)는 성인 대표에 의한 성년식의 인사말, (26)은 배속 받은 곳에서의 신입사원의 자기소개로 많은 사람들

앞에서 하는 인사말이다. 이와 같이 격식을 차리는 장면에서는「ので」를 사용하는 것이 바람직하다.

(27)「何(なに)しろ手不足(てぶそく)で十分(じゅうぶん)手(て)がまわりかねますので、今日(きょう)明日(あした)という訳(わけ)にはいきませんが、都合(つごう)のつき次第(しだい)調(しら)べてみます。

(「아무튼 일손이 부족하여 충분히 신경을 쓸 수 없기 때문에 오늘내일은 어렵습니다만, 사정이 허락되는 대로 조사해 보겠습니다.」)

(28)「すみません。今(いま)来客中(らいきゃくちゅう)なので、後(あと)でこちらからお電話(でんわ)してもよろしいですか。」

(「미안합니다. 지금 손님을 상대하고 있어서 나중에 저희 쪽에서 전화를 드려도 괜찮겠습니까?」)

(29)「実(じつ)は家内(かない)とこの辺(あたり)まで来(き)ましたので、お邪魔(じゃま)でなかったら、ちょっとお寄(よ)りしたいと思(おも)いまして。」

(「실은 집사람과 근처까지 와서 방해가 되지 않는다면 잠시 들렀으면 해서요.」)

(30)「はあ、昨年(さくねん)までは出版社(しゅっぱんしゃ)に勤(つと)めたのですが、子供(こども)ができましたのでやめて、今(いま)は家庭(かてい)におります。

(「네, 작년까지는 출판사에 근무했습니다만, 아이가 생겨서 그만두고, 지금은 집에 있습니다.」)

앞에서 검토한 (24)～(26)은 공식 석상에서 많은 사람들을 대상으로 하는 인사말이고, 위의 (27)～(30)은 소위 접객표현(接客表現)으로 사적인 회화라는 점에서 차이가 있지만, 양자 모두 격식을 차리는 장면에서의 표현이라는 점에서는 공통점이 있다. (27)(28)과 같이 상대가 손님이라든가 (29)(30)과 같이 상위자인 경우에는 화자는 항상 격식을 차리는 표현을 사용해야 한다. 이와 같은 장면에서는「から」보다「ので」쪽을 사용하는 것이 일반적이다.

### 7-2-3『ので』로 고정된 관용적 용법

(31)むかしむかし、ある所(ところ)におじいさんとおばあさんがありました。子供(こども)がいないので二人(ふたり)で寂(さび)しく暮(く)らしていました。

(옛날 옛적에 어떤 곳에 할아버지와 할머니가 살고 있었습니다. 아이가 없어서 두 사람은 쓸쓸하게 지내고 있었습니다.)

(32)おじいさんは子供(こども)がいないので、自分(じぶん)の子供(こども)のようにかわいがって、朝晩(あさばん)そのすずめに食(た)べ物(もの)をやっていました。

(할아버지는 아이가 없어서 자기 자식처럼 귀여워하며 아침저녁 그 참새에게 먹을 것을 주었습니다.)

(31)은『桃太郎(ももたろう)』의 모두 부분, 그리고 (32)는『したきりすずめ』의 해설 부분에서 추출한 예이다. 이와 같이 아동을 대상으로 하는 옛날이야기, 동화에서는 이른 시기에「ので」로 고정된 용법이 보인다. 이미 사적인 연구를 통해 분명해진 사실이지만,「から」와「ので」가 병용하게 되자, 지문에서는「ので」가 점차 세력을 확대하고,「から」를 구축하는 변화가 일어난다. 이러한 변화의 결과는 아동을 대상으로 하는 교과서에 이른 시기에 반영되어 대폭적인 개편이 행해지게 된다. 그 결과 (31)(32)와 같은 장르에서는「ので」에 의해 그 용법이 고정된다.

지금까지 검토한 바와 같이 현재「から」와「ので」는 광범위에 걸쳐 병용되고 있는데, 한편으로는 하나의 의미분야에 양자가 경합을 하고 있기 때문에 어느 한쪽의 용법의 성부가 문제가 되는 경우도 있다.

「から」와「ので」의 성립・발달에 관해서는 原口裕(はらぐちゆたか:1971)[11], 吉井良人(よしいよしと:1977)[12] 에 의해 밝혀진 사실이 많다. 이들의 연구에 의하면,「から」는 18세기 초엽에 용례가 나타나고, 18세기 말기에는 이유표현의 중심적 위치

11) 原口裕(1971)「ノデの定義」『静岡女子大学研究紀要』4.
12) 吉井良人(1977)「近代東京語因果関係表現の通時的考察ー「から」と「ので」を中心としてー」『国語学』110集, 国語学会.

를 점하게 되었다고 보고되고 있다. 한편「ので」는 18세기 후반에 이르러, 접속조사화의 경향이 보이고, 그 후 점차 세력을 확대하여, 1878년에 들어와「から」와 병용하게 되었다고 한다. 물론 이것은 어디까지나 문헌상 자료에 의한 결과에 지나지 않는다. 그리고 京極興一(きょうごくこういち:1986)[13] 는 일본의 소학교 국어교과서를 대상으로 하여「から」와「ので」의 사용과 변천을 고찰하여,「ので」는 처음에는 지문에서 모습을 보이고, 그 결과 지문에서는「から」의 쇠퇴와「ので」의 신장이 눈에 띄게 되고, 점차 회화문에서도「から」의 영역도 침식하게 되는 점을 지적하고 있다. 그리고 지문에서「から」가 쇠퇴하게 된 이유에 대해서는「から」의 강요하는 듯한, 비속한 어감 의식이 배경에 있었다는 점을 들고 있다.

이상의 역사적 연구 성과를 바탕으로 생각하면, 현대일본어에 있어서「から」와「ので」가 널리 병용되고 있는 사실을 용이하게 이해할 수 있고,「ので」의 여러 용법이 확대하고 있는 현상을 무리 없이 설명할 수 있다고 판단된다. 현재 병용상태에 들어간「から」와「ので」에 대해 주관・객관이라는 기준을 가지고 양자의 의미적 차이를 설명하려고 하는 것은 무리라고 생각한다. 게다가 언어주체가 항상 주관・객관이라는 기준 하에서「から」와「ので」를 구별하여 사용하고 있다고 생각하는 것은 지나친 비약이다.「から」와「ので」의 의미적 차이를 정확하게 파악하기 위해서는 원인・이유 표현에 있어서 양자가 병용되고 있다고 하는 사실을 있는 그대로 수용하는 것이 중요하다. 현재「から」와「ので」는 지문에서도 회화문에서도 경합하고 있다.

지문과 같은 객관적 서술 묘사의 경우는「ので」 쪽이 우세하고, 특히 상당히 딱딱한 문체로 쓰여지는 학술논문이라든가 실용문・상용문 등 사회적, 공적 성격이 강한 것에는「ので」가 일반적이라고 할 수 있을 것이다. 한편, 옛날이야기, 동화와 같이 이른 시기에「から」를 대신하여「ので」로 고정된 예를 제외하면 소설・수필・일기 등, 구어적인 색채가 강하게 나타나 있는 문학작품에서는「から」의 사용빈도가 여전히 높다.

회화문에서「から」와「ので」는 화체적(話体的) 차이를 보인다. 지문에서는「ので」에게 자리를 양보하고 있는「から」가 회화문에서는「ので」에 비해 구어적인 느낌, 스스럼없는 느낌을 수반하기 쉽다. 그래서 뉴스・연설・강연과 같은 격식을 차리는 장면

13) 京極興一(1986)「接続助詞からとのでの史的考察ー小学校国語教科書を対象としてー」『国語と国文学』第七百四十八号,東京大学国語国文学会.

에서의 구어적 말씨라든가 접객표현 등에서는「から」의 사용빈도가 낮아지는 것이다.「ので」가 이유표현으로서 최초로 진출한 곳은 지문의 세계이다. 이후 용법이 확대됨에 따라「から」의 영역을 침범하게 되는데, 아직 본래의 용법에서 남아 있는 어감이 강하다.「ので」가「から」에 비해 문장체적 느낌, 격식을 차리는 느낌을 수반하면서 정중표현에 자주 사용되는 것은 이러한 연유 때문일 것이다.

## 8. 맺음말을 대신하여

마지막으로 회화문에서「ので」보다「から」쪽이 많이 쓰이고 있는 점에 대해 부언하면 다음과 같다. 위에서 설명한 바와 같이 현재「から」와「ので」는 많은 경우 치환이 가능할 정도로 양자 사이에는 근본적인 의미적 차이는 느낄 수 없게 되었다. 그러나 하나의 의미분야에 두 개의 형식이 경합하고 있기 때문에 양자 사이에는 기능분담이 이루어지고 있다. 예를 들어, 화자가 청자를 의식하여 자신의 발언에 주의할 경우에는「から」보다「ので」가 선택된다. 현실세계에서 우리들이 관여하고 있는 일상회화의 양상을 보면, 일반적으로 가정적, 사적인 회화에 비해 사회적, 공적인 회화가 요구되는 장면이나 상황은 비교적 한정되어 있다. 따라서「ので」쪽이 사용되어야 할 장면은「から」에 비해 적은 것이다.

현대일본어에 있어서「から」와「ので」는 원인 · 이유표현이라고 하는 공통 분야에서 영역 싸움을 벌이면서 한편으로는 각자의 기능을 다하고 있다고 할 수 있다. 양자의 의미적 차이를 무리하게 주관 · 객관이라는 대립개념으로 파악하는 것보다는 양자가 경합하고 있는 상태를 있는 그대로 받아들이고 해석하는 것이 타당하다고 할 수 있다.

## 중요어구해설 색인

각과 〈중요어구해설〉에서 다룬 문법 사항을 「あ・い・う……」순서로 정리했다. 그리고 표제어의 용법에 대해서는 가능한 한 (　)에 명시했고, 의미・용법을 이해하기 어려운 경우에는 편의상 용례를 추가했다.

### [あ]



### [い]



### [う]

## [く]



## [け]



## [こ]

**[さ]**



**[し]**



**[す]**



**[せ]**

## [ち]



## [つ]



## [て]

## [と]

## [な]



## [に]



## [ね]



## [の]

## [は]



## [へ]



## [ま]

# [부록] 본서에서 채택하는 활용표(活用表)

## 1. 동사(動詞) 활용표(活用表)

| 동사의 종류 | | 5단동사(五段動詞) | | | | | | |
|---|---|---|---|---|---|---|---|---|
| 기 본 형 | | 言(い)う | 行(い)く | 騒(さわ)ぐ | 話(はな)す | 読(よ)む | 帰(かえ)る | 書(か)く |
| 어 간 | | i | ki | sawag | hanas | yom | kaer | kak |
| 未然形 | 부정 | 言わない | 行かない | 騒がない | 話さない | 読まない | 帰らない | 書かない |
| | 의지/권유/추량 | 言おう | 行こう | 騒ごう | 話そう | 読もう | 帰ろう | 書こう |
| | 수동/존경 | 言われる | 行かれる | 騒がれる | 話される | 読まれる | 帰られる | 書かれる |
| | 사역 | 言わせる | 行かせる | 騒がせる | 話させる | 読ませる | 帰らせる | 書かせる |
| | 가능 | 言える | 行ける | 騒げる | 話せる | 読める | 帰れる | 書ける |
| 連用形 | 정중 | 言います | 行きます | 騒ぎます | 話します | 読みます | 帰ります | 書きます |
| | 희망 | 言いたい | 行きたい | 騒ぎたい | 話したい | 読みたい | 帰りたい | 書きたい |
| | 중지 | 言い | 行き | 騒ぎ | 話し | 読み | 帰り | 書き |
| | ～て형(접속) | 言って | 行って | 騒いで | 話して | 読んで | 帰って | 書いて |
| | 과거/완료 | 言った | 行った | 騒いだ | 話した | 読んだ | 帰った | 書いた |
| | ～たり형(열거) | 言ったり | 行ったり | 騒いだり | 話したり | 読んだり | 帰ったり | 書いたり |
| | ～たら형(조건) | 言ったら | 行ったら | 騒いだら | 話したら | 読んだら | 帰ったら | 書いたら |
| 終止形 | | 言う | 行く | 騒ぐ | 話す | 読む | 帰る | 書く |
| 連体形 | | 言う＋名 | 行く＋名 | 騒ぐ＋名 | 話す＋名 | 読む＋名 | 帰る＋名 | 書く＋名 |
| 仮定形 | | 言えば | 行けば | 騒げば | 話せば | 読めば | 帰れば | 書けば |
| 命令形 | 회화체 | 言え | 行け | 騒げ | 話せ | 読め | 帰れ | 書け |
| | 문장체 | 言え | 行け | 騒げ | 話せ | 読め | 帰れ | 書け |

| 동사의 종류 | | 1단동사(上一段動詞) | | 1단동사(下一段動詞) | | カ変動詞 | サ変動詞 |
|---|---|---|---|---|---|---|---|
| 기 본 형 | | いる | 起(お)きる | 出(で)る | 食(た)べる | 来(く)る | する |
| 어 간 | | i | oki | de | tabe | k | s |
| 未然形 | 부정 | いない | 起きない | 出ない | 食べない | 来(こ)ない | しない |
| | 의지/권유/추량 | いよう | 起きよう | 出よう | 食べよう | 来(こ)よう | しよう |
| | 수동/존경 | いられる | 起きられる | 出られる | 食べられる | 来(こ)られる | される |
| | 사역 | いさせる | (起こす) | 出させる | 食べさせる | 来(こ)させる | させる |
| | 가능 | いられる | 起きられる | 出られる | 食べられる | 来(こ)られる | できる |
| 連用形 | 정중 | います | 起きます | 出ます | 食べます | 来(き)ます | します |
| | 희망 | いたい | 起きたい | 出たい | 食べたい | 来(き)たい | したい |
| | 중지 | おり | 起き | 出 | 食べ | 来(き) | し |
| | ～て형(접속) | いて | 起きて | 出て | 食べて | 来(き)て | して |
| | 과거완료 | いた | 起きた | 出た | 食べた | 来(き)た | した |
| | ～たり형(열거) | いたり | 起きたり | 出たり | 食べたり | 来(き)たり | したり |
| | ～たら형(조건) | いたら | 起きたら | 出たら | 食べたら | 来(き)たら | したら |
| 終止形 | | いる | 起きる | 出る | 食べる | 来(く)る | する |
| 連体形 | | いる＋名 | 起きる＋名 | 出る＋名 | 食べる＋名 | 来(く)る＋名 | する＋名 |
| 仮定形 | | いれば | 起きれば | 出れば | 食べれば | 来(く)れば | すれば |
| 命令形 | 회화체 | いろ | 起きろ | 出ろ | 食べろ | 来(こ)い | しろ |
| | 문장체 | いよ | 起きよ | 出よ | 食べよ | | せよ |

## 2. 형용사(形容詞) 활용표(活用表)

| 기 본 형 | | ない | よい/いい | かなしい |
|---|---|---|---|---|
| 어 간 | | na | yo/i | kanashi |
| 未然形 | 추측(현재) | なかろう | よかろう | かなしかろう |
| | 추측(과거) | なかったろう | よかったろう | かなしかったろう |
| 連用形 | 부 정 | (なくはない) | よくない | かなしくない |
| | 중 지 | なく | よく | かなしく |
| | ～て형 (접속) | なくて/ないで | よくて | かなしくて |
| | 연 용 | なく [+なる] | よく [+なる] | かなしく [+なる] |
| | 과 거/완 료 | なかった | よかった | かなしかった |
| | ～たり형 (열거) | なかったり | よかったり | かなしかったり |
| | ～たら형 (조건) | なかったら | よかったら | かなしかったら |
| 終止形 | 보통체 | ない | よい/いい | かなしい |
| | 정중체 | ないです | いいです | かなしいです |
| 連体形 | | ない+名 | よい/いい+名 | かなしい+名 |
| 仮定形 | | なければ | よければ | かなしければ |
| 命令形 | | 없음 | 없음 | 없음 |
| 名詞形 | | なさ | よさ | かなしさ |

## 3. 형용동사(形容動詞) / 명사술어(名詞述語) 활용표(活用表)

| 종 류 | | 형용동사(形容動詞) | | 명사술어 |
|---|---|---|---|---|
| 기 본 형 | | きれいだ | 便利(べんり)だ | [美人]だ |
| 어 간 | | kirei | benri | [便利] |
| 未然形 | 추측(현재) | きれいだろう | 便利だろう | [美人]だろう |
| | 추측(과거) | きれいだったろう | 便利だったろう | [美人]だったろう |
| 連用形 | 부 정 | きれいで(は)ない | 便利で(は)ない | [美人]で(は)ない |
| | 중 지 | きれいで | 便利で | [美人]で |
| | ～て형 (접속) | きれいで | 便利で | [美人]で |
| | 연 용 | きれいに [＋なる] | 便利に [＋なる] | [美人]に [＋なる] |
| | 과거완료 | きれいだった | 便利だった | [美人]だった |
| | ～たり형 (열거) | きれいだったり | 便利だったり | [美人]だったり |
| | ～たら형 (조건) | きれいだったら | 便利だったら | [美人]だったら |
| 終止形 | 보통체 | きれいだ | 便利だ | [美人]だ |
| | 정중체 | きれいです | 便利です | [美人]です |
| 連体形 | | きれいな＋名 | 便利な＋名 | [美人]の＋名 |
| 仮定形 | | きれいなら(ば) | 便利なら(ば) | [美人]なら(ば) |
| 命令形 | | 없음 | 없음 | 없음 |
| 名詞形 | | きれいさ | 便利さ | [美人] |

## 저자 약력

● **이 성 규**(李成圭)

忠北 清州 出生

(현) 인하대학교 교수

(현) 한국일본학회 고문

(전) KBS 일본어 강좌『やさしい日本語』진행

(전) 한국일본학회 회장(2007.3.~2009.2.)

한국외국어대학교 일본어과 졸업

일본 쓰쿠바(筑波)대학 대학원 문예・언어연구과(일본어학) 수학

언어학박사(言語学博士)

전공 : 일본어학(일본어문법 일본어경어) / 일본어교육

저서

『도쿄일본어 1, 2, 3, 4, 5』, 시사일본어사. (1993~1997)

『現代日本語研究 1, 2』, 不二文化社. (1995) 〈共著〉

『仁荷日本語 1, 2』, 不二文化社. (1996) 〈共著〉

『홍익나가누마 일본어 1, 2, 3』, 홍익미디어. (1996) 〈共著〉

『홍익일본어독해 1, 2』, 홍익미디어. (1997) 〈共著〉

『도쿄겐바일본어 1, 2』, 不二文化社. (1998~2000)

『現代日本語敬語の研究』, 不二文化社. (1999) 〈共著〉

『日本語表現文法研究 1』, 不二文化. (2000)

『클릭 일본어 속으로』, 가산출판사. (2000) 〈共著〉

『実用日本語 1』, 가산출판사. (2000) 〈共著〉

『日本語 受動文 研究의 展開1』, 不二文化. (2001)

『도쿄실용일본어』, 不二文化. (2001) 〈共著〉

『도쿄 비즈니스 일본어1』, 不二文化. (2003)

『日本語受動文の研究』, 不二文化. (2003)
『日本語 語彙論 구축을 위하여』, 不二文化. (2003)
『일본어 어휘Ⅰ』, 不二文化. (2003)
『日本語受動文 用例研究1』, 不二文化. (2003) 〈共著〉
『日本語受動文 用例研究Ⅱ』, 不二文化. (2003)
『일본어 조동사 연구Ⅰ』, 不二文化. (2004) 〈共著〉
『일본어 조동사 연구Ⅱ』, 不二文化. (2004) 〈共著〉
『일본어 문법연구 서설』, 不二文化. (2005)
『日本語受動文 用例研究Ⅲ』, 不二文化. (2005) 〈共著〉
『일본어 조동사 연구Ⅲ』, 不二文化. (2006) 〈共著〉
『현대일본어 경어의 제문제』, 不二文化. (2006) 〈共著〉
『현대일본어 문법연구Ⅰ』, 시간의물레. (2006) 〈共著〉
『현대일본어 문법연구Ⅱ』, 시간의물레. (2006) 〈共著〉
『현대일본어 문법연구Ⅲ』, 시간의물레. (2006) 〈共著〉
『현대일본어 문법연구Ⅳ』, 시간의물레. (2006) 〈共著〉
『일본어 의뢰표현Ⅰ - 肯定의 依頼表現의 諸相 -』, 시간의물레. (2007)
『일본어 의뢰표현 - 부정의 의뢰표현의 제상 -』,시간의물레. (2016)
논문 다수 있음.

신판 생활 일본어

▶
초판 1쇄 ◎2017년 8월 17일
초판 2쇄 ◎2019년 9월 17일
저　　자 ◎이 성 규
펴 낸 이 ◎권 호 순
펴 낸 곳 ◎시간의 물레

▶
등　　록 ◎2004년 6월 5일
등록번호 ◎제1-3148호
주　　소 ◎서울시 마포구 마포대로 4다길 3, 1층
전　　화 ◎(02)3273-3867
팩　　스 ◎(02)3273-3868
전자우편 ◎ timeofr@naver.com
블 로 그 ◎ http://blog.naver.com/mulretime
홈페이지 ◎ http://www.mulretime.com

▶ISBN 978-89-6511-197-9 (13730)

정가 20,000원



국립중앙도서관 출판예정도서목록(CIP)

(신판) 생활 일본어 = 生活 日本語 / 저자: 이성규. -- 서울
: 시간의 물레, 2017
p. ; cm

본문은 한국어, 일본어가 혼합수록됨
ISBN 978-89-6511-197-9 13730 : ₩18000

일본어[日本語]

730-KDC6
495.6-DDC23　　CIP2017018153